AF533074

B
V
72

Ulrich Geilmann

Jüdische Schachmeister aus Deutschland

Kurzbiografien
mit 47 Partien und 55 Schachaufgaben
sowie einem Vorwort von IM Herbert Bastian

Joachim Beyer Verlag

ISBN 978-3-95920-210-7

1. Auflage 2024

Ein Imprint des Schachverlag Ullrich, Zur Wallfahrtskirche 5, 97483 Eltmann

Schachaufgaben: *Fränk* Stiefel

Bildnachweis:

Public Domain (bzw. wie angegeben), Ulrich Geilmann

Archiv Verlag S. 36, 77, 128

Herausgeber: Robert Ullrich

Inhaltsverzeichnis

Vorwort von IM Herbert Bastian

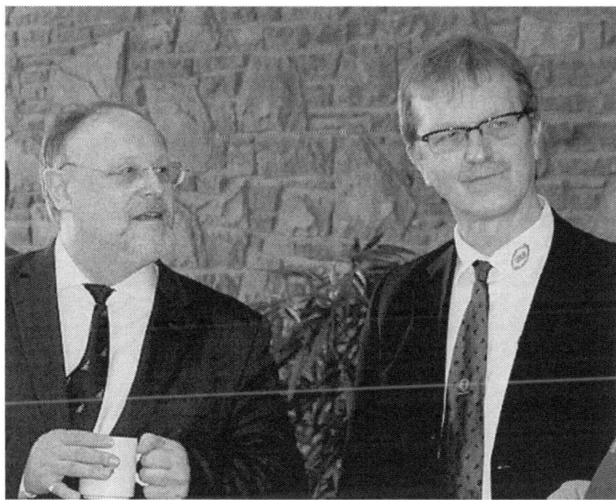

Im Jahre 1898 wurde in Berlin der erste Jüdische Turn– und Sportverein *Bar Kochba* gegründet. Nachfolgend gab es in ganz Deutschland etwa 90 jüdische Sportvereine, die sich zum Teil den Beinamen *Makkabi* gaben[1]. Hierunter befanden sich auch einige Abteilungen, die sich dem Schachspiel widmeten.

Mit der Machtergreifung der Nazis wurden diese Vereine verboten und ihre Mitglieder verfemt[2].

Nach der *Schoah*[3] folgte, zunächst allerdings noch sehr zögerlich, auch die Wiederbelebung einzelner Makkabi–Vereine in ganz Europa. In Deutschland gibt es heute aktuell wieder 37 Ortsvereine von Aachen bis Wuppertal. Vielfach wird Schach angeboten[4].

Über die bedeutende Rolle jüdischer Schachspieler für die Entwicklung des Schachs in Deutschland wird heute kaum noch gesprochen. In der Schachliteratur fehlt dieses Thema fast gänzlich.

Dazu vielleicht ein kleines Beispiel: 1875 wurde der erste Dortmunder Schachverein gegründet. Einer der Gründerväter war der jüdische Herrenschneider *Salomon Elkan*, der als Klubpräsident und auch später noch als Ehrenpräsident ein Motor der Entwicklung des Schachsports in Dortmund war. Zu seinen Ehren wird im Rahmen des Dortmunder *Sparkassen Chess–Meetings* regelmäßig der *Salomon–Elkan–Preis* an Persönlichkeiten und Institutionen verliehen, die sich besonders um das weltweit renommierte Turnier verdient gemacht haben.

---

1 Nach Jehuda haMakabi oder Judas Makkbäus († 160 v. Chr), jüdischer Priester und Anführer des nach ihm benannten Makkabäeraufstands gegen das Reich der Seleukiden.

2 Arnd Krüger: Once the Olympics are through, we'll beat up the Jew. German Jewish Sport 1898–1938 and the Anti–Semitic Discourse, in: Journal of Sport History, 1999 Vol. 26 Nro. 2 S. 353–375.

3 Massenhafte, systematische Verfolgung, Deportation, Vertreibung, Gettoisierung und Vernichtung europäischer Juden durch das nationalsozialistische Deutschland (Holocaust)

Sein Sohn Benno dürfte übrigens zu den wichtigsten Künstlern der Stadtgeschichte gehören. Er schuf während seiner Zeit in London 1950 als Auftragsarbeit den berühmten *Fighting Cock*, das Emblem von Tottenham Hotspurs. Seine berühmteste Arbeit ist allerdings die *Große Menorah*, die seit 1958 als offizielles Geschenk Englands an Israel vor der Knesset in Jerusalem steht. Fraglos ist er aber zugleich ein interessanter Fußballpionier. Er brachte nicht nur den Fußball in die Stadt und war Mitbegründer des ersten Dortmunder Fußballvereins, sondern beteiligte sich als junger Münchener Kunststudent überdies Ende Februar 1900 an der Gründung des FC Bayern.

Doch zurück zu diesem Buch! Als mich nun mein Freund Ulrich Geilmann, den ich bislang nur als versierten Schachfunktionär und eher belletristisch orientierten Autor kannte, ansprach und um ein passendes Vorwort bat, war ich zunächst durchaus skeptisch. Die Lektüre seiner recht gut recherchierten Ausarbeitungen überzeugte mich jedoch davon, dass das Buch, das Sie nun in Ihren Händen halten, eine tiefe Rechtfertigung hat.

Ulrich Geilmann ist Mitglied der *Emanuel Lasker Gesellschaft*. Der Verein, der 2001 u.a. auf eine Initiative von Paul Werner Wagner gegründet wurde, widmet sich der Förderung des Schachs als Kultur- und Bildungsgut. Zudem soll das schachliche und kulturelle Erbe von Emanuel Lasker, dem bislang einzigen deutschen Schachweltmeister bewahrt werden[5]. Dazu gehört selbstverständlich auch seine jüdische Herkunft.

In diesem Dunstkreis stolperte der Autor quasi über das Thema. Dabei geht er aber nicht nur auf die großen Meister (wie Dufresne, Lasker, Tarrasch oder Zukertort) ein, sondern erinnert auch an weniger bekannte Namen und zeigt, soweit dies aufgrund der Quellenlage überhaupt möglich war, auch ihre schachlichen Qualitäten auf. Partieauswahl, Analyse und Kommentierung beweisen zudem, wie ‚modern' die Spielauffassung dieser historischen Schachgrößen zum Teil bereits war.

Jedes Kapitel ist insofern eine kleine Offenbarung. Viele dieser Spieler könnten auch heute noch problemlos im Turniersaal bestehen; sie wären selbst für arrivierte Großmeister ernstzunehmende Gegner! Jedenfalls lohnt die Erinnerung an sie.

Nach der Spasski-Biografie, die Ulrich zusammen mit seinen Schachfreunden Manfred Herbold und ‚Fränk' Stiefel entwickelt hat[6], stellt dieses Buch also einen weiteren schachgeschichtlichen Beitrag dar, der es Wert ist, gelesen zu werden.

Herbert Bastian

Ihr

Herbert Bastian

---

4 https://www.makkabi.de/ueber-uns/

5 https://www.lasker-gesellschaft.de/emanuel-lasker-gesellschaft/

6 Frank Stiefel, Manfred Herbold, Ulrich Geilmann: Boris Spasski – Der Leningrad Cowboy, Ein Schachleben (Buch mit CD), Maya & Paul-Verlag, 1. Auflage 2021

Jüdisches Schach in Deutschland – ein Rückblick

Warum dieses Buch? Die Antwort ist eigentlich ganz einfach: Kaum ein anderes Spiel wurde so von Menschen jüdischen Glaubens beeinflusst wie das moderne Schach.

Dabei ist die Liste von Schachmeistern mit jüdischem Stammbaum bemerkenswert lang; dies gilt nicht nur für die Weltspitze mit den Weltmeistern und Schachlegenden Dr. Emanuel Lasker, Michail Botwinnik, Michail Tal, Robert ‚Bobby' Fischer und Garri Kasparow[7]; auch in Deutschland wurde das Schach maßgeblich durch jüdische Meisterspieler geprägt. Diese Publikation soll hier (selbstverständlich ohne jeden Anspruch auf Vollständigkeit) einen kleinen Einblick gewähren.

Im jüdischen Volk hatte Schach ohne Zweifel schon immer seinen besonderen Platz. Dabei widmeten bereits die gebildeten Juden des Mittelalters dem Schachspiel eine außerordentliche Aufmerksamkeit, die über den reinen Zeitvertreib hinausreichte. Vielleicht lassen sich so die ansehnlichen Erfolge der jüdischen Schachspieler in den vergangenen zwei Jahrhunderten deuten[8].

Es gibt eine Vielzahl von Erklärungsversuchen, warum gerade Schach auf Menschen jüdischen Glaubens eine solche Anziehungskraft ausübt[9]. So lehrt der Talmud u. a. abstrakt-logisches Denken, Analyse und Problemlösung. Verallgemeinernd betrachtet, sind dies Fähigkeiten, die auch im Schach äußerst nützlich sind. Andere Auslegungen heben hervor, dass die traditionelle jüdische Gemeinschaft großen Wert auf Lerneifer, Bildung, Zielstrebigkeit und Intellekt legt, was vielleicht ebenfalls dazu beigetragen haben könnte, dass viele talentierte Schachspieler aus dem Judentum hervorgegangen sind. Allerdings ist das möglicherweise genauso unsinnig, wie ‚*dem Deutschen'* einen übertriebenen Hang zu Obrigkeitshörigkeit, Pünktlichkeit, Genauigkeit und Ordnungsliebe nachzusagen. Das mag für einzelne Individuen gelten, doch ob dies dann gleichermaßen für die gesamte Bevölkerungsgruppe zutrifft, ist andererseits doch ziemlich fragwürdig. Es ist vielleicht naheliegender, dass jüdische Einwanderer das Spiel aus dem Orient mitbrachten[10] und deshalb einfach einen gewissen kognitiven Vorsprung hatten.

In Europa ist das Schach jedenfalls erst nach und nach zum Lieblingsspiel des Bürgertums geworden[11]. Gespielt wurde zunächst in kleinem Kreis; Wettkämpfe zwischen starken Spielern waren eher die Ausnahme. Das Vereinswesen steckte noch in den Kinderschuhen.

Schachfreunde trafen sich zunächst in den Cafés der europäischen Metropolen. Es wurde dort über Gesellschaft und Politik debattiert. Das rationale Schachspiel passte gut in den Zeitgeist der Aufklärung[12]. Ein Beispiel hierfür ist die Schachfreund-

---

7 Vergl. https://www.jewikijewiki.net – Liste jüdischer Schachspieler, Schachkomponisten, Schachautoren etc.

8 Vergl. https://www.juedische-allgemeine.de/religion/spiel-der-koenige- 9 Ebenda.

10 Ebenda.

11 Lars Clausen: Krasser sozialer Wandel. Leske + Budrich, Opladen 1994, S. 130 ff.

12 https://www.schachbund.de/schachgeschichte-nachricht/die-ersten-schachclubs.html

schaft zwischen Moses Mendelssohn (1729 – 1786) und Gotthold Ephraim Lessing (1729 – 1781)[13].

Das organisierte Schach in Deutschland entstand allerdings erst Ende des 19. Jahrhunderts. Nach englischem und französischem Vorbild formten sich dabei zunächst Herrenclubs, in denen auch Schach gespielt wurde. Bis zum Schachverein war es aber nicht mehr weit.

Als ältester deutscher Schachverein gilt der Berliner Schachclub von 1803. Weitere Vereine gründeten sich beispielsweise 1817 in Bonn und 1830 in Hamburg[14]. 1877 wurde schließlich der *Allgemeine Deutsche Schachbund* gegründet[15]. Später entwickelten sich parteipolitisch und kirchlich orientierte Zusammenschlüsse.

Anfang der 1930er Jahre waren vermutlich bis zu 40.000 Schachspieler in Verbänden organisiert[16]. 1931 zeigten sich aber auch die ersten Vorboten der dunklen Jahre.

So gründete sich in Berlin der *Großdeutsche Schachbund* (GSB). Der Verband verstand sich dabei zunächst als Dachmarke für nationalsozialistisch orientierte Vereine. Mit der Machtergreifung der NSDAP und der nachfolgenden Gleichschaltung ab 1933 wurden dann aber auch alle anderen Schachvereinigungen dem GSB einverleibt[17].

Die Folgen? Alle jüdischen Schachfunktionäre mussten von ihren Ämtern zurücktreten; auch durften Juden nicht mehr Mitglieder von Schachvereinen innerhalb des GSB sein. So wurde beispielsweise auch der damals bereits entthronte Schachweltmeister Emanuel Lasker aus der Berliner Schachgesellschaft ausgeschlossen, deren Ehrenmitglied er war[18].

Als Reaktion auf diese Willkürakte wurden anfangs noch als Gegenbewegung einige rein jüdische Schachvereine gegründet, die teilweise sogar bis 1938 Bestand hatten. 1935 und 1937 fanden außerdem *Jüdische Meisterschaften* statt[19]. Doch all dies war nur von kurzer Dauer.

Der Druck wuchs mit jedem Jahr. So gab der GSB ab 1936 eine Schriftenreihe heraus. In diesen Abhandlungen wurden beispielsweise zunächst einige nach jüdischen Schachspielern benannte Eröffnungsvarianten umbenannt. Abgedruckte Partien mit jüdischer Beteiligung sind zudem stets von den beteiligten *arischen* Meistern gewonnen worden. Dem Schachpublikum wurden insofern systematisch viele der besten Schachpartien dieser Ära vorenthalten – waren doch die führenden Schachspieler im Zeitraum zwischen 1880 und 1930 größtenteils jüdischen Glaubens[20].

---

13 Der Philosoph Mendelssohn und der Dramatiker Lessing sollen sich dem Vernehmen nach beim Schachspiel kennengelernt haben. Stephen Tree: Moses Mendelssohn. Rowohlt, Reinbek bei Hamburg 2007

14 Ebenda.

15 Ebenda

16 Ralf Woelk: Schach unterm Hakenkreuz. Politische Einflüsse auf das Schachspiel im Dritten Reich, Pfullingen 1996, S. 15.

17 Ebenda, S. 24 ff.

18 Richard Forster, Michael Negele, Raj Tischbierek: Emanuel Lasker, Volume III, Exzelsior Verlag, Berlin 2022, S. 249 ff.

19 a.a.O. Ralf Woelk: Schach unterm Hakenkreuz S. 30 ff.

20 Ebenda.

Mit Kriegsbeginn bemühte sich der GSB dann, das Schach zudem begrifflich zu militarisieren und die psychologische Bedeutung des *geistigen Wehrspiels* für die Kriegsanstrengungen herauszustreichen[21].

In dieses Bild reiht sich auch nahtlos die aus heutiger Sicht schlicht unsägliche Artikelserie des damaligen Schachweltmeisters Alexander Aljechin aus den Jahren 1941/1942 über *Jüdisches und arisches Schach* ein, in der irrsinniger Weise nachgewiesen werden sollte, dass *Arier* aufgrund ihrer Anlagen und ihres Kampfgeistes die besseren Schachspieler wären[22].

Begleitet wurden solche Versuche durch eine martialischrassistische Rhetorik in verschiedenen Veröffentlichungen. Beispielhaft sei an dieser Stelle ein Aufsatz von Emil Joseph Diemer in der *Deutschen Schachzeitung* genannt[23]; auch er versuchte, die Überlegenheit des *arischen Schachs* über die vermeintlich feige Spielführung von Juden nachzuweisen.

Das alles war allerdings nur der fade Vorgeschmack auf eines der größten Verbrechen der Menschheitsgeschichte – die planmäßige Ermordung jüdischer Menschen, Oppositioneller und weiterer Randgruppen unter dem nationalsozialistischen Unrechtsregime. Diejenigen, die erahnten, was auf sie zukommen würde, flohen aus dem Machtbereich der barbarischen Nazischergen, falls sie es sich irgendwie leisten konnten. Für die große Mehrheit der Juden in ganz Europa endete die Verblendung des deutschen Volkes aber in brutaler Vernichtung, dem Holocaust[24]. Der Alptraum findet erst nach Kriegsende im Mai 1945 ein Ende.

Mit dem vorliegenden Buch soll nunmehr der Versuch unternommen werden, die Rolle jüdischer Meisterspieler, Problemkomponisten, Turnierorganisatoren, Verleger, Autoren und Mäzene für die Geschichte und Entwicklung des Schachspiels in Deutschland prägnant in den Blick zu nehmen[25]. Jedem Meisterspieler wird in diesem Zusammenhang unter Bezug auf sein Geburtsjahr ein eigenes Kapitel gewidmet. Soweit es die Quellenlage zulässt, werden dabei neben einer kurzen Darstellung biografischer Daten auch Beispiele zum schachlichen Wirken angeführt. Partieanalysen und Kommenterung stammen dabei vom Autor.

---

21 Ebenda.

22 https://de.chessbase.com/post/ueber-aljechins-juedisches-und-arisches-schach

23 Edmund Bruns: Das Schachspiel von Juden aus nationalsozialistischer Sicht unter Einbeziehung des Weltmeisters Alexander Aljechin, Bremen 2003.

24 Laut Bundeszentrale für politische Bildung wanderten von den 500.000 melderechtlich erfassten Juden in Deutschland in den Jahren 1933 bis 1939 etwa 250.000 Personen aus Deutschland aus. Die Massenflucht erreicht ihren Höhepunkt nach dem Novemberpogrom 1938, der sogenannten Reichskristallnacht; allein im Jahr 1939 verlassen knapp 80.000 Juden das Land. Mit Beginn der systematischen Deportationen in die Ghettos und Vernichtungslager in Polen (Auschwitz-Birkenau, Belzec, Majdanek, Sobibor sowie Treblika) und Weißrussland (Bronnaja Gora / Breskaja Woblasz sowie Maly Trostinez) im Oktober 1941 wird den Juden die Auswanderung aus Deutschland offiziell verboten. Nachfolgend werden rund 165.000 deutsche Juden in den Vernichtungslagern ermordet. Die Gesamtzahl der jüdischen Opfer des NS-Regimes in Europa beläuft sich auf ca. 6 Mio. (https://www.bpb.de/fsd/centropa/ermordete_juden_nach_land.php).

25 Vergl. auch https://www.jewicki.net – Liste jüdischer Schachspieler, Schachkomponisten, Schachautoren etc.

Moses Hirschel

Hirschel (1754 – 1823) wurde nach seiner talmudischen Ausbildung zunächst Repräsentant der *Haskala*[26], deren Ideen er sich autodidaktisch aneignete. Der geborene Breslauer ließ sich 1804 katholisch taufen und nahm nachfolgend den Namen *Christian Moritz Hirschel* an.

Sein beruflicher Werdegang war reichhaltig. So versuchte sich Hirschel als Handlungsgehilfe, Erzieher, Privatlehrer, Schriftsteller und Antiquar. Seine publizistische Tätigkeit umfasste dabei v.a. jüdische Themen. Später gründete er zusammen mit einem befreundeten Kaufmann eine recht gut funktionierende Handelsfirma[27].

Schon früh gab er Schachunterricht und lebte auch davon. Er publizierte darüber hinaus einige Schachbücher:

- *Das Schach des Herrn Gioachino Greco Calabrois und die Schachspiel-Geheimnisse des Arabers Philipp Stamma*, Drey Theile, Breslau 1784.
- *Ueber das Schachspiel*, in: Freymüthige Unterhaltungen über die neuesten Vorfälle unsers Zeitalters, die Sitten und Handlungsarten der Menschen; zusammengetragen von einigen teutschen und polnischen Patrioten, und herausgegeben von Johann Joseph Kausch, 2. Bd., Leipzig 1791 (eigentlich 1790).
- *Ueber das Schachspiel, dessen Nutzen, Gebrauch und Mißbrauch, psychologisch, moralisch und scientisisch erörtert*, Breslau 1791.
- *Moses Hirschels Unterricht für Schachspieler nebst Entdeckung der Schachspielgeheimnisse derer Herren Gisachino Greco Calabrois und des Arabers Philipp Stamma, verbessert und nach einer ganz neuen Methode zur Erleichterung der Spielenden umgearbeitet*, Leipzig 1795 (1. Aufl. 1784)

Hirschels Übersetzung der Schachklassiker war bedeutend für die Popularisierung der heute üblichen *Algebraischen Schachnotation* in Deutschland.

---

26 Haskala ist der hebräische Begriff für die jüdische Aufklärung. Sie entwickelte sich Ende des 18. Jahrhunderts in Berlin und Preußen (Wikipedia).

27 Isidore Singer, Bernhard Templer: Hirschel, Moses (Christian Moritz), Jewish Encyclopedia, 1901-1906

Aaron (Albert) Alexandre

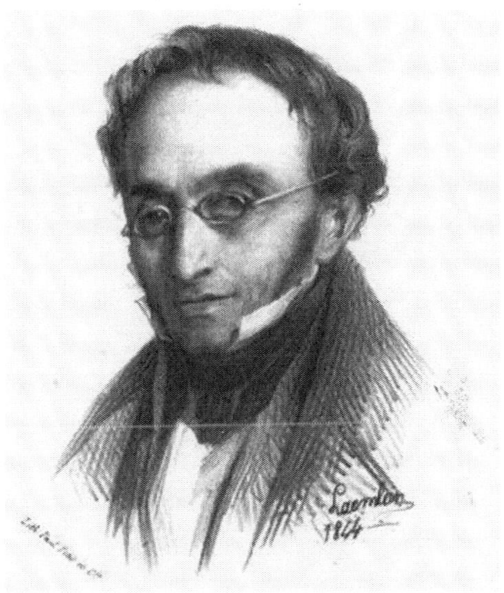

Über das Leben von Aaron (Albert) Alexandre (1765/68 – 1850) sind nur Fragmente überliefert. Angezogen von religiöser Toleranz emigrierte der angehende Rabbiner aus Hohenfeld (Franken) bereits in jungen Jahren nach Frankreich.

Zunächst arbeitete er in Paris als Deutschlehrer und Erfinder. Schließlich wurde aber das Schachspiel seine Hauptbeschäftigung[28].

Alexandre konnte dabei den einen oder anderen Erfolg verbuchen. So gewann er u. a. 1838 ein Match gegen Howard Staunton in London[29].

Außerdem erwarb er sich schachtheoretische Verdienste. So versuchte er, eine komplette Übersicht der Schacheröffnungen zu erstellen und veröffentlichte seine Studien 1837 in einer *Encyclopédie des Échecs*[30]. In diesem Buch verwendete er auch die algebraische Notation und die heute noch geltenden Rochadesymbole.

Sein nächstes Buch handelte über das Endspiel und beinhaltete eine Sammlung von etwa 2.000 Schachproblemen, die er 1846 als *Collection des Plus Beaux Problèmes d'Echecs* veröffentlichte. Das Werk wurde übersetzt und auch in England und Deutschland veröffentlicht.

Beide Bücher wurden seinerzeit zu Standardnachschlagewerken, was Alexandres breites schachtechnisches Wissen beweist.

Dem Vernehmen nach soll Alexandre übrigens auch einer der geheimnisvollen Meister gewesen sein, die im *Türken*, dem legendären Schachautomaten, gespielt haben[31].

Gegen den Belgier mit englischer Herkunft Frederick Deacon (1829 – 1875) spielte Alexandre 1850 in London einige freie Partien. Deacon war ein aufstrebendes Schachtalent und sollte in den folgenden Jahren in die erweiterte Weltspitze aufsteigen.

---

28 Saint-Amant (Pierre-Charles Fournier de), Nécrologie: A. Alexandre, La Régence, 1st ser., 3, no. 1 (January 1851), S. 3-13.

29 David Hooper, Ken Whyld: The Oxford Companion to Chess, Oxford University Press, 2. Auflage S. 326

30 Knight's Tour Notes, Part Cb: Chronology 1800 – 1899

31 Tom Standage: Der Türke – Die Geschichte des ersten Schachautomaten und seiner abenteuerlichen Reise um die Welt, Campus Verlag, Frankfurt/New York 2002, S.175

Aufgabe 1

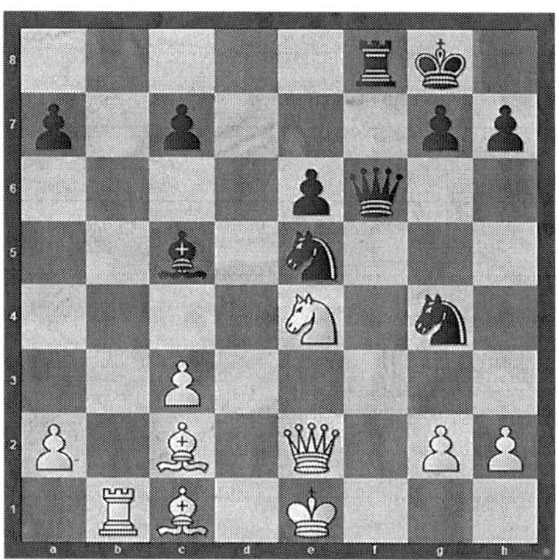

In der Diagrammstellung hatte Alexandre mit Schwarz eine Gewinnstellung auf dem Brett. Er zog **21...♗f2+,** was ganz passabel war, verlor aber später den Faden und musste nach **22.♔d1 ♖d8+ 23.♗d2 ♕f4 24.h3 ♕h2?** (24...♘e3+=) **25.♔c1 ♗c5 26.♗b3 ♗a3+ 27.♔c2 ♘f6 28.♗xe6+ ♔h8 29.♘g5 ♖e8 30.♖f1 ♘g6 31.♘f7+ ♔g8 32.♘d6+ ♔h8 33.♘xe8 ♘xe8 34.♔b3 ♗e7 35.♗f4 ♘xf4 36.♕b5** die Waffen strecken. Wie hätte er stattdessen fortsetzen sollen, um seinen Vorteil in einen Sieg umzumünzen?[32]

32 Die Lösung dieser und aller weiteren Aufgaben finden sie am Ende des Buches.

August Julius Mendheim

Das Leben von (August) Julius Mendheim (1781 – 1836) ist leider ebenfalls nur in Teilen bekannt[33]. Er lebte ab 1810 in Berlin[34] und war vermutlich Kaufmann. Andere Quellen sprechen davon, dass er gut situiert war und sich deswegen ganz dem Schachspiel widmen konnte. In seinen letzten Lebensjahren schien allerdings sein Gesundheitszustand so angegriffen gewesen zu sein, dass er nicht mehr arbeiten konnte[35].

Sein schachpublizistisches Schaffen umfasste v.a. die Mitherausgabe von zwei Werken:

- *Taschenbuch für Schachfreunde*, Verlag T. Trautwein Berlin 1814 und
- *Aufgaben für Schachspieler nebst Auflösungen – Fortsetzung des ,Taschenbuchs für Schachfreunde'*, Verlag T. Trautwein, Berlin 1832

Mendheim war ab 1820 wohl einer der stärksten Schachspieler in Deutschland. Leider sind aber nur wenige Partien überliefert, so dass eine Einschätzung seiner praktischen Spielkunst aus heutiger Sicht schwerfällt.

Fest steht, dass er regelmäßiger Gast des Berliner Schachclubs war und dort auch gegen den bekannten Künstler Gottfried Schadow (1764 – 1850) spielte. Er wird 1829 Ehrenmitglied des Vereins und leitete die Korrespondenzwettkämpfe gegen Breslau (1829 – 1833) und Hamburg (1833 – 1836)[36].

1830 tritt er dann der im Jahre 1827 gegründeten Berliner Schachgesellschaft bei, die auch die schachliche Heimat von Ludwig Bledow (1795 – 1846) war, der als Begründer der Berliner Schachschule gilt. Der *„...geniale Mendheim..."* [37] muss seinerzeit großen Einfluss bei ihrer Entwicklung und Ausrichtung gehabt haben.

Hervorzuheben ist auch seine besondere Bedeutung als Komponist von Schachproblemen. Als instruktives Beispiel mag die nachfolgende Aufgabe dienen, die aus dem *Taschenbuch für Schachfreunde (1814)* entnommen ist. Weiß am Zug!

33 David Hooper und Ken Whyld:a.a.O, S. 89. Manche Quellen geben als Geburtsjahr 1781 an.

34 Encyclopaedia Britannica (1888), Bd. 5, S. 601

35 Barbara & Hans Holländer: Schadows Schachklub, Ein Spiel der Vernunft in Berlin 1803 – 1850, Berlin 2003, S. 131

36 Ebenda., S. 44

37 Tassilo von Heydebrand und der Lasa: Berliner Schach–Erinnerungen, Leipzig 1859, S. 2

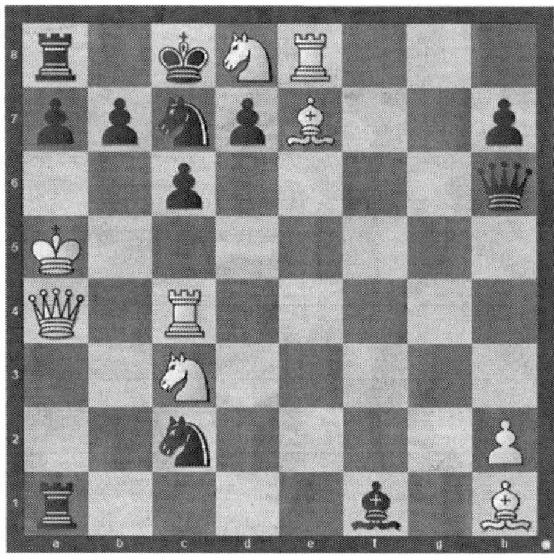

Die Lösung ist ein Kleinod!

1.♘xc6+! ♘xe8 2.♘xa7+! ♔b8 3.♖c8+ ♔xa7 4.♘b5+ ♗xb5 5.♗c5+ b6+ 6.♔xb5+ ♖xa4 7.♖xa8#

In der nachfolgenden Partie[38] knüpft Mendheim nach wechselvollem Spiel ein wirklich sehenswertes Mattnetz:

Mendheim – NN

Italienisch (C54)

Berlin, 1832

1.e4 e5 2.♘f3 ♘c6 3.♗c4 ♗c5 4.c3 ♘f6 5.b4 ♗b6 6.d3 d6 7.0-0 ♗e6

Spielbar. Es sprach allerdings auch nichts gegen 7...0–0± oder 7...h6±.

8.♗xe6± fxe6 9.♕b3 ♕d7 10.♘g5

Mendheim attackiert frühzeitig. Vielleicht möchte er seinen Gegner irritieren. Etwas besser war vermutlich aber 10.a4 a6 11.♘bd2±.

10...d5

Sieht logisch aus. Tatsächlich bleibt 10...h6 wohl in der Remisbreite.

Falls nun *11.♘xe6* so sollte *11...♕f7* wohl ausgleichen, z. B. *12.a4 a5 13.d4 ♘d8 14.bxa5 ♖xa5 15.d5 ♘xe6 16.dxe6 ♕e7 17.♘a3 0-0 18.♘c4 ♖a6 19.♘xb6 ♖xb6=*.

11.♕xe6+? funktioniert hingegen nicht: ♕xe6 12.♘xe6 ♔f7–+.

Damit bleibt 11.♘f3 0-0=.

11.a4

11.♘d2± und Weiß steht ordentlich.

11...a6

11...h6= ist die taktische Antwort.

12.a5

Vorzuziehen ist 12.♖a2±.

12...♗a7= 13.b5?!

Wiederum etwas zu aggressiv. 13.♘d2= führt zu gleichen Chancen.

13...axb5∓ 14.♕xb5 dxe4

Stärker war 14...0-0 15.♗a3 *(15.♕xb7? ♖fb8–+)* 15...♖fb8∓ und Schwarz steht besser!

38 ChessBase online

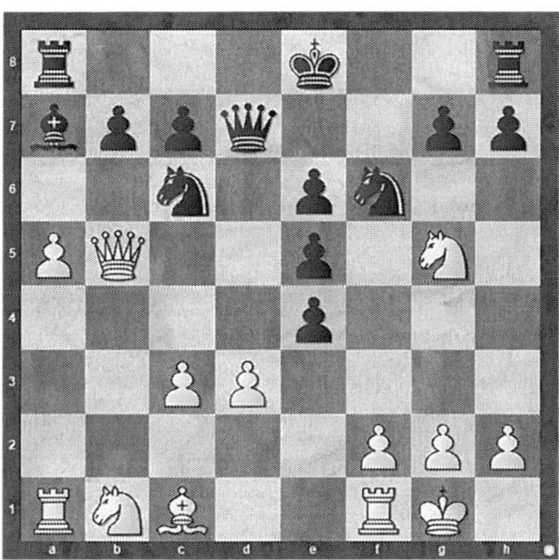

15.♗a3?

Vermutlich will Mendheim das Spiel kompliziert und den schwarzen König im Zentrum halten.

Was war sonst möglich?

Man muss zunächst eingestehen, dass 15.dxe4 h6 16.♘f3 *(16.♕xb7? 0-0−+)* 16...♘xe4∓ nicht wirklich überzeugt.

Auch 15.♕xb7 hilft eher dem Schwarzen: 15...0-0 16.♕b3 *(16.♘xe4? scheitert jetzt an 16...♘xe4 17.dxe4 ♗xf2+! −+ und nach 16.dxe4? ♖fb8−+ braucht Weiß eigentlich nicht mehr weiterzuspielen.)* 16...exd3 17.♘xe6 ♖fb8 18.♕a2 ♔h8−+.

Insoweit war eigentlich 15.♘xe4 ♘xe4 16.dxe4 0-0= angezeigt.

15...♘e7?

Wirft den Vorteil weg! 15...♕xd3 und Schwarz hätte sich entspannen können. 16.♕xd3 exd3−+.

16.♘xe6?

Weiß verpasst nun ebenfalls den besten Zug. Besser war 16.♕xb7 0-0 17.♘xe4 *(17.dxe4? ♖fb8−+ und neue Bälle, bitte!)* 17...♘fd5 *(17...♖fb8 18.♘xf6+ gxf6 19.♕f3±; 17...♕xd3? 18.♘xf6+ gxf6 19.♗xe7+−)* 18.♕b3 ♖fb8 19.♕d1± und Weiß sollte die Oberhand behalten.

16...♕xb5⩲

16...♘ed5 verdient Beachtung. Allerdings bedarf es nach 17.♕xb7 *(17.♘xg7+ ♔f7 18.♕xd7+ ♘xd7 19.dxe4 ♘5f6 20.♘f5 ♘xe4=)* schon enormer Rechenkünste oder eines unerschütterlichen Gottvertrauens, um nach 17...♔f7 18.♘g5+ ♔g6 19.dxe4 ♖hb8 20.♘f3!∞ die besten Züge zu finden.

17.♘xc7+ ♔f7 18.♘xb5 exd3 19.♘d2 ♖hd8 20.♘d6+ ♔e6 21.♘xb7 ♖dc8 22.c4 ♗d4

Die Alternative war 22...♘f5⩲.

23.♖ab1 ♗c3?

Sieht auf den ersten Blick verlockend aus. Vorzuziehen war dennoch 23...♘c6!±.

24.♘b3!+−

24.♖b6+ bringt hingegen nichts ein. 24...♖c6 25.♘c5+ ♔f7 26.♘xd3 ♖xa5 27.♗xe7 *(27.♖xc6 ♘xc6 28.♗c1 e4=)* 27...♖xb6 28.♗d8 ♖ba6 29.♗xa5 ♖xa5 30.♘b3 ♖a3 31.♘dc5=.

24...♖xc4

Respektive 24...♘f5 25.♘3c5+ ♔f7±.

25.♘3c5+ ♔d5 26.♘xd3 ♘c6

26...♖d4 ist wohl besser. 27.♘c1 *(27.♗xe7 ♖xd3 28.♖b5+ ♔c4±)* 27...♘f5.

27.♖b5+ ♔e6 28.♖c1 ♖c8 29.♖b6 e4 30.♘b2 ♗xa5 31.♘xc4 ♗xb6 32.♘xb6 ♖c7 33.f4 h6

Auf ⌓33...♖xb7 folgt 34.♖xc6+ ♔f5 35.♗c1+−.

33...exf3 beantwortet Weiß mit 34.♘d8+!+−.

34.h3 g6 35.g4 h5

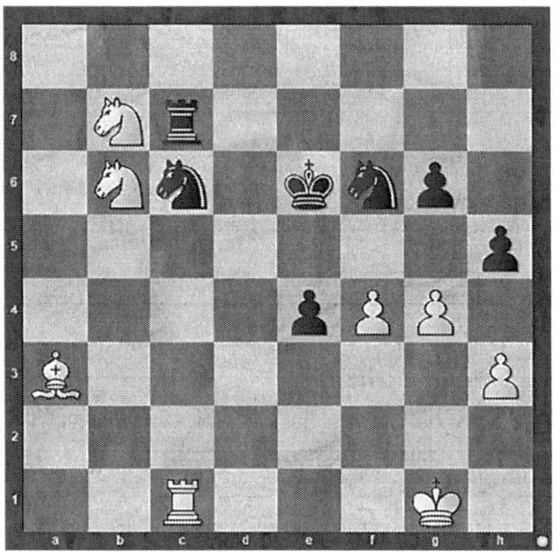

36.♖xc6+! ♖xc6 37.♘d8#

Ein hübsches Matt!

Zwei weitere Aufgaben aus den erwähnten Büchern unseres Protagonisten sollen v. a. seinen kreativen Ansatz im Bereich der Komposition von Schachproblemen würdigen.

Aufgabe 2

Das erste Problem stammt aus dem Jahre 1814 und ist dem *Taschenbuch für Schachfreunde* entnommen:

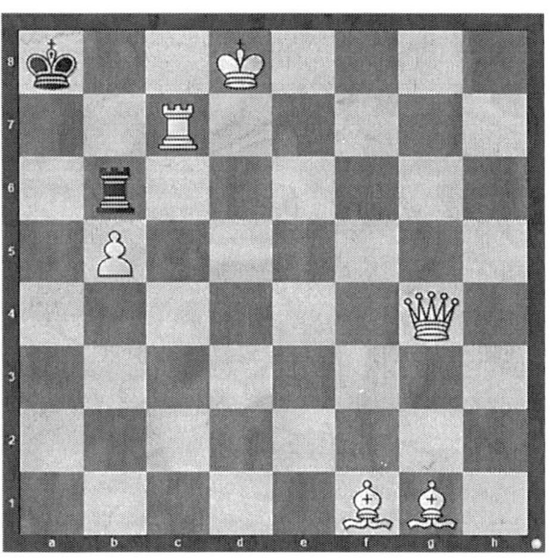

Weiß am Zug! Es wäre kein sonderliches Problem, Schwarz hier schnell zur Strecke zu bringen. Aber Mendheim verlangte, dass zum einen keine Figur geschlagen werden dürfe und zum anderen ausgerechnet der Bauer b5 das Matt erzwingen soll. Viel Spaß!

Aufgabe 3

Auch sehr amüsant ist das nachfolgende Problem aus dem Werk *Aufgaben für Schachspieler,* 1832:

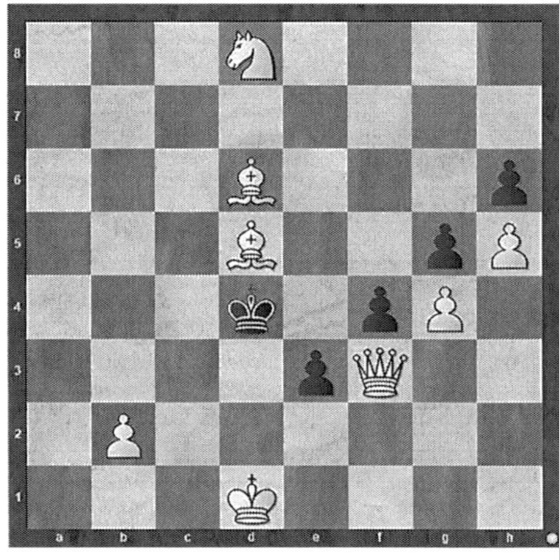

Hier konnte Weiß mit **1.♕e4#** den schwarzen König sofort erledigen. Aber unser Julius forderte, dass nur der weiße Springer ziehen darf! Letztendlich setzt der Anziehende tatsächlich matt, allerdings sind dazu nicht weniger als 15 Züge notwendig. Ob Transversale, Passage, Piaffe oder Galopppirouette – dem Schimmel wird hier alles abverlangt!

Bernhard (Benjamin) Horwitz

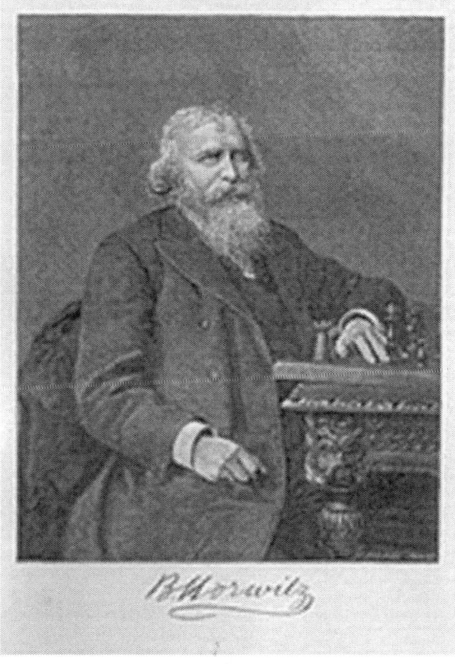

Horwitz (1807 – 1885) studierte Malerei zwischen 1836 und 1839 an der Kunstakademie zu Berlin. Nach seinem Studium zog Horwitz aus beruflichen Gründen nach Hamburg. Er emigrierte schließlich 1845 nach England und wurde britischer Staatsbürger.

Bereits zu seiner Berliner Zeit widmete er sich dem Schachspiel. Er gehörte dem Kreis der Berliner Schachschule, den sogenannten *Plejaden*, an. Horwitz beteiligte sich auch in England rege am Schachbetrieb und spielte dort mehrere Wettkämpfe (u.a. gegen Howard Staunton, Lionel Kieseritzky, Daniel Harrwitz, Henry E. Bird, Johann Jacob Löwenthal und Ignaz von Kolisch), die er allerdings größtenteils verlor. Sein größter Erfolg war offenbar der 7. Platz im ersten internationalen Turnier in London 1851.

Sein Hauptverdienst liegt in seinem analytischen Schaffen als Problem- und Studienkomponist. Dabei sei am Rande vermerkt, dass seine Arbeiten offenbar selbst den großen Aaron Nimzowitsch (1886 – 1935) beeindruckt haben müssen. So verwendet er den Begriff *Horwitz-Läufer,* um die Wirkung von zwei auf benachbarten Diagonalen stehenden Läufern zu beschreiben, die auf die gegnerische Königsstellung zielen[39].

Mit folgender Aufgabe, die besonders durch ihre Gabelmotive besticht, gewann er das erste Studienkompositionsturnier der Geschichte, das 1862 von Löwenthal in London organisiert wurde.

39 Aaron Nimzowitsch: Mein System. Gebundene Auflage, Hamburg 1965, S. 226. (Erstauflage Berlin 1925)

Weiß am Zug gewinnt:

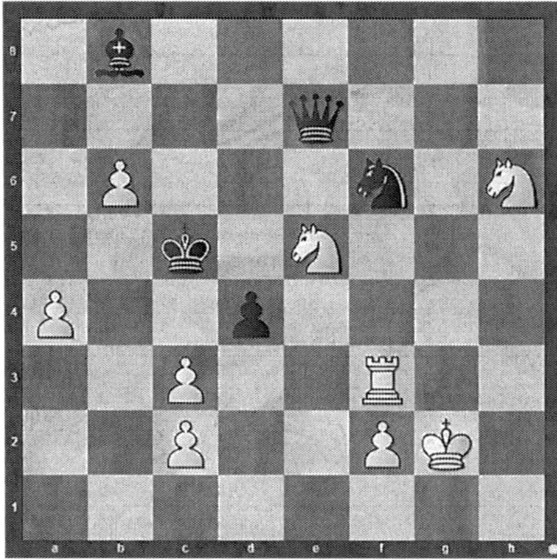

1.cxd4+ ♔d5 2.c4+ ♔e6 3.♖xf6+! ♕xf6 4.d5+! ♔d6 5.♔f1! ♕f4 6.♘hf7+ 1–0

1851 gibt er unter dem Titel *Chess Studies* gemeinsam mit Josef Kling eine Endspielsammlung heraus, die in überarbeiteter Version zur Grundlage der modernen Endspieltheorie wurde. Horwitz komponierte darüber hinaus über 200 Studien, die er ab 1855 in Zeitschriften und Magazinen veröffentlichte.

Die nachfolgende Partie[40] gibt Auskunft über seine Spielstärke:

Horwitz – Staunton

Schottisch (C44)

London 1856

1.e4 e5 2.♘f3 ♘c6 3.d4 exd4 4.♗c4 ♕f6

Normalerweise antwortet Schwarz hier mit 4...♗c5=.

5.0-0± ♗c5?

5...♘ge7± hätte den Laden zusammengehalten. Jetzt bekommt Staunton erste Probleme.

6.e5!+– ♕g6

Selbstverständlich nicht 6...♘xe5? 7.♘xe5 ♕xe5 8.♖e1+–.

7.♖e1 ♘h6 8.h3 ♘e7 9.c3 dxc3 10.♘xc3 0-0 11.♘e4 ♗b6

Aber nicht 11...d5?! 12.exd6 *(12.♘xc5 dxc4 13.♗g5 ♘hf5=)* 12...♗xh3 *(12...♗xd6 13.♘h4+–)* 13.♗g5 ♗xg2 14.♘h4+–. Vielleicht hätte sich Schwarz aber auf 11...♗b4 12.♗d2 ♗xd2 13.♕xd2 ♘hf5± einlassen sollen.

12.♗g5 ♘hf5 13.g4 h6 14.gxf5?!

Analytisch betrachtet ein kompletter Fehlgriff, der Staunton wieder ins Spiel bringt. Besser war 14.♘h4!+– ♕h7 15.♗f6! ♘xh4 16.♗xe7+–.

14...♘xf5= 15.♗d3 hxg5 16.♘g3!

40 ChessBase online

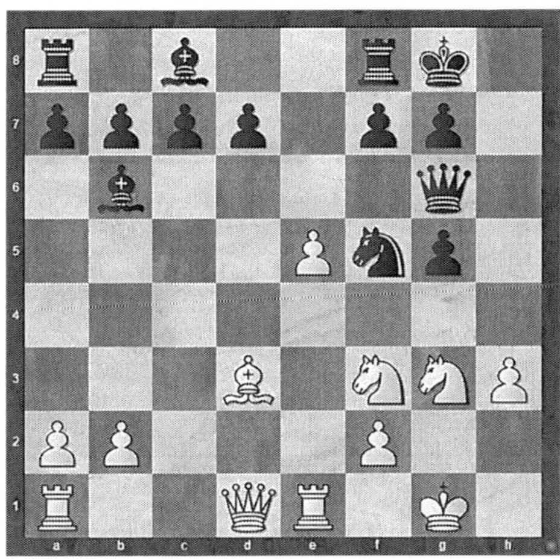

16...♗xf2+?!

Staunton versucht ein durchaus interessantes Opfer. Wie wir gleich sehen werden, rechnet er vermutlich aber nicht weit genug. 16...d6 schien ihm offenbar zu wenig aussichtsreich, da z.B. nach 17.♕c2 g4 18.♘h4 eine Figur zu hängen scheint. Überraschender Weise ist das nach 18...♘xh4 aber wohl noch spielbar. 19.♗xg6 fxg6∞.

17.♔xf2+− ♕b6+ 18.♔g2 ♘e3+

⌓18...♘xg3 19.♔xg3 ♕h6 sieht besser aus.

19.♖xe3! ♕xe3

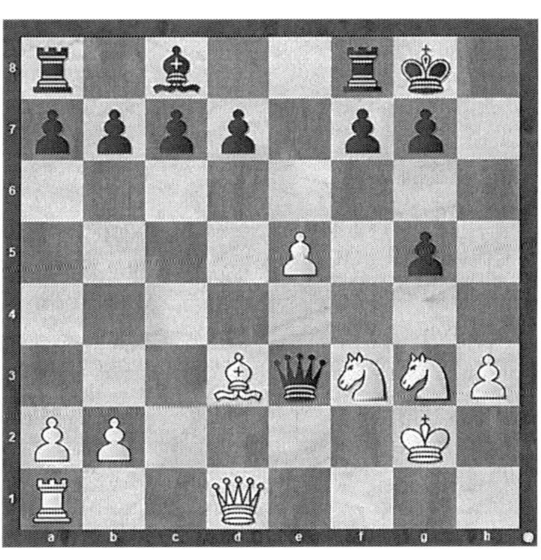

20.♕b3?!

Mit Abzugsidee. 20.♘f5+− war dennoch präziser: 20...♕b6 21.♘e7+ ♔h8 22.♘xg5 g6 23.♕g4 ♕xb2+ 24.♔f3 ♕xe5 *(24...♕xa1? 25.♕h4+ ♔g7 26.♕h7#)* 25.♕h4+ ♔g7 26.♕h7+ ♔f6 27.♘g8+ ♖xg8 28.♕xf7+ ♔xg5 29.♖g1+ ♔h4 und nun 30.♕c4+ ♔h5 *(30...♔xh3 31.♕g4+ ♔h2 32.♕g2#)* 31.♕xg8 ♕f6+ 32.♔g2! b6 33.♕h7+ ♔g5 34.♔h2+ ♔f4 35.♖f1++−.

20...♕c5?!

Schwarz will sich ganz offensichtlich nicht auf 20...♕b6± einlassen.

21.♘e4 ♕e7

Jetzt steht die Dame endlich sicher. Doch das Donnergrollen aus der Ferne kommt schnell näher.

22.♘exg5 d6 23.♕c4 g6 24.♕h4 Schwarz gibt auf. **1-0**

Aufgabe 4

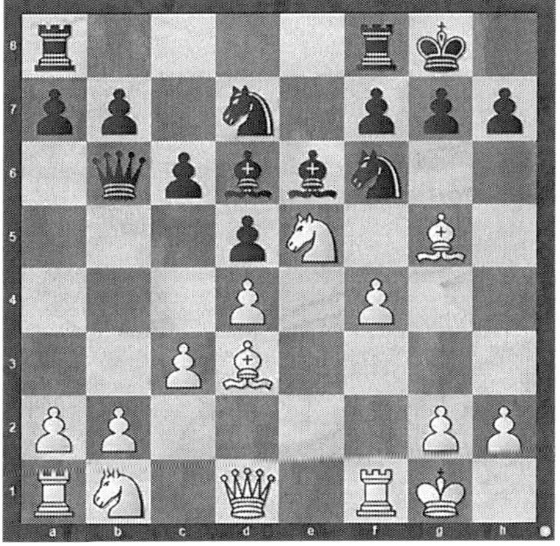

Bernhard Horwitz hat gegen Henry Bird (1829 – 1908) im Jahre 1851 einen Lauf. Zuerst wirft er den Engländer beim Turnier, das während der Weltausstellung in London stattfindet, in der ersten Runde mit +2−1=1 aus dem Rennen, um danach gegen ihn auch den nachfolgenden Wettkampf, der ebenfalls in London stattfindet, mit 7:3 (vier Remispartien wurden nicht gewertet) zu gewinnen.

In der 2. Partie des Duells hatte Bird soeben **10...♛d8–b6** gezogen, um sich aus der Fesselung zu befreien. Doch dieser Zug war bereits der entscheidende Fehler. Wie machte Weiß hier kurzen Prozess?

Aufgabe 5

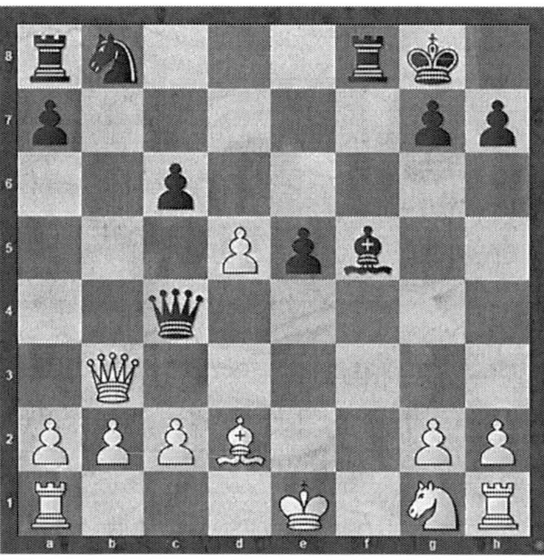

Der Deutsch-Amerikaner John William Schulten (1821 – 1875) ist vielleicht nicht sonderlich bekannt, aber er konnte sich immerhin damit rühmen, einmal den großen Paul Morphy besiegt zu haben. Dies geschah 1857 in New York. Es sei jedoch hinzugefügt, dass er 14 weitere Partien gegen das Schachgenie verlor. Elf Jahre zuvor kreuzte er auch mir Horwitz in London die Klingen.

Schulten hatte zuletzt **15...♛f3–b3** entkorkt. Horwitz nutzte die Gunst der Stunde. Aber wie machte er das?

Aufgabe 6

Zur nächsten Aufgabe! Die *Horwitz-Läufer* kamen ja bereits zur Sprache. Zwei auf benachbarten Diagonalen stehende Läufer, die auf die gegnerische Königstellung zielen und dort Ungemach verbreiten.

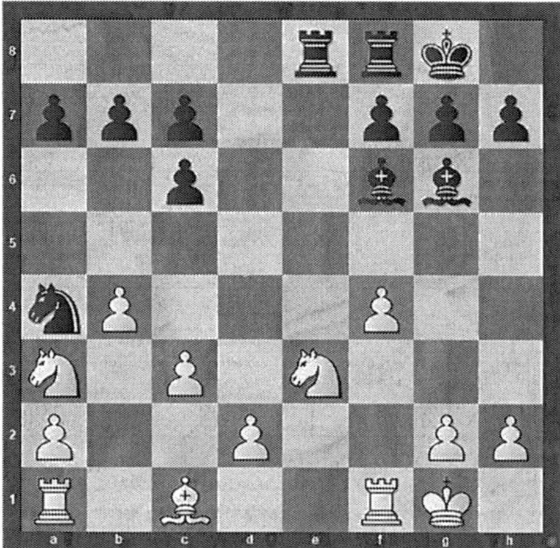

In der Digrammstellung ist das Läuferpaar indes völlig falsch platziert, oder?

Horwitz hat Schwarz und ist am Zug! Charles Henry Stanley (1819 – 1901), seines Zeichens erster offizieller US-Champion und Gegner in der 1861 in Manchester gespielten Partie, dürften die beiden Recken dennoch wenig gefallen haben, denn sie schnüren Weiß völlig ein. Da ließ die finale Kombination nicht lange auf sich warten.

Aufgabe 7

Einen weiteren Wettkampf bestritt Horwitz gegen den Engländer Elijah Williams 1852 in London, den er mit +3 =9 −5 verlor. Williams soll übrigens einer der Spieler gewesen sein, der als versteckter Bediener den damals von Johann Nepomuk Mälzel vorgeführten *Schachtürken* bedient hat.

In der 8. Partie stand nach 54 Zügen die für Weiß Zug klar vorteilhafte Diagrammstellung auf dem Brett:

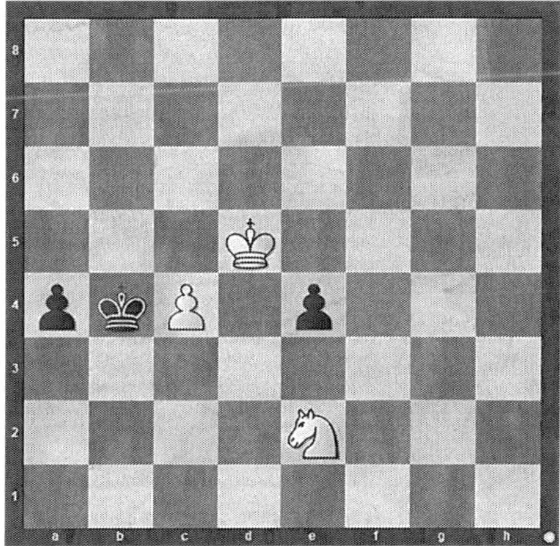

Solche Aufgaben sind für mich auch stets ein Eintauchen in die gute alte Zeit. Man stelle sich für einen kurzen Moment vor, wie Horwitz steif und dunkel bekleidet mit Tee und Biskuit am Brett sitzt und sich Zigarre rauchend in die Stellung vertieft. Die Uhr tickt. Das Kaminfeuer prasselt. Um das Brett herum eine kiebitzende Menschentraube, die sich leise tuschelnd um Expertise bemüht. Dann kreist die Hand des Meisters über den Spielsteinen und Weiß zieht den Bauern auf das Feld c5 vor.

War das der richtige Zug? Wenn ja, wie geht es wohl weiter? Oder waren andere Möglichkeiten vorzuziehen?

Daniel Harrwitz

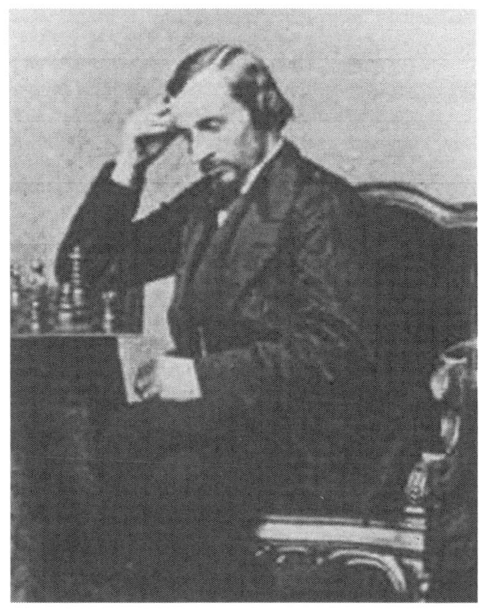

Harrwitz (1821-1884) würde man heute als Berufsschachspieler bezeichnen. Der in Deutschland geborene Meister entfaltete dabei eine beachtliche Spielstärke.

Daniel Harrwitz wanderte 1848 zunächst nach England aus und lebte längere Zeit in London. Dort gab er 1853 eine Schachzeitschrift heraus. 1854 übersiedelte Harrwitz dann nach Paris, da er im wieder eröffneten *Café de la Régence* als Spieler angestellt worden war. Ferner gab er dort auch zahlreiche Blindsimultanvorstellungen. In seinen letzten Jahren lebte Harrwitz in der Schweiz[41].

Da er oft mit Schachsymbolen bestickte Hemden und Krawatten trug, galt er in Schachkreisen als Dandy. Dies hinderte ihn jedoch nicht daran, auch gegen die stärksten Schachmeister seiner Zeit zu bestehen. So lieferte er sich u.a. wildromantische Gefechte gegen Howard Staunton, Adolf Anderssen und Paul Morphy. Außerdem veröffentlichte er im Jahre 1862 ein *Lehrbuch des Schachspiels*, das v.a. Analysen zur Eröffnungs- und Endspiellehre beinhaltete.

Die nachfolgende Partie stammt aus dem Wettkampf gegen Paul Morphy (1837 – 1884), den der Amerikaner gewann (+5-2=1)[42].

41 https://www.chesshistory.com/winter/winter61.html#6286._D._Harrwitz

42 ChessBase online

Harrwitz – Morphy

Damengambit (D35)

Wettkampf 1858

1.d4 e6 2.c4 d5 3.♘c3 ♘f6 4.♗f4 a6

Moderne Abspiele ergeben sich nach 4...dxc4 5.♕a4+ ♗d7 6.♕xc4 ♗d6= oder 4...♗d6 5.♗xd6 ♕xd6 6.e3 0-0 7.♘f3 b6 8.♗d3 dxc4 9.♗xc4 ♗b7 10.0-0 ♘bd7 11.♕e2 c5 12.♖fd1=.

5.e3 c5 6.♘f3 ♘c6 7.a3

Eine gute Alternative hierzu ist 7.dxc5 ♗xc5 8.cxd5 ♘xd5 9.♘xd5 exd5 10.♗d3 ♗b4+ 11.♔e2 d4 12.exd4 ♗g4 13.♗e3 ♕d5 14.♕b3 ♘xd4+ 15.♗xd4 ♕xd4 16.♖hd1 ♔f8 17.♗c4 ♗xf3+ 18.gxf3 ♕e5+ 19.♔f1 ♗e7 20.♖d7 ♖d8 21.♖xd8+ ♗xd8 Steinitz, W. – Lasker, E., St Petersburg 1896, ½-½ (44).

7...cxd4=

7...dxc4 geht auch! 8.dxc5 *(8.♗xc4 b5=)* 8...♘d5=

8.exd4

8.♘xd4 ♗d6 9.♗xd6 ♕xd6 10.cxd5 exd5 11.h3⩲ ist vielleicht einen Hauch genauer.

8...dxc4 9.♗xc4 b5 10.♗d3

10.♗a2= sieht prima vista stärker aus.

10...♗b7⩱ 11.0-0 ♗e7 12.♗e5 0-0 13.♕e2 ♘d5

Beziehungsweise 13...♕b6⩱.

14.♗g3= ♔h8

Worauf wartet Morphy? △14...♖c8⩱ sieht jedenfalls stellungsgerecht aus.

15.♖fe1 ♗f6?!

Vermutlich war 15...♘f6= angezeigt, um das Gleichgewicht zu halten.

16.♕e4 g6 17.♘xd5 ♕xd5

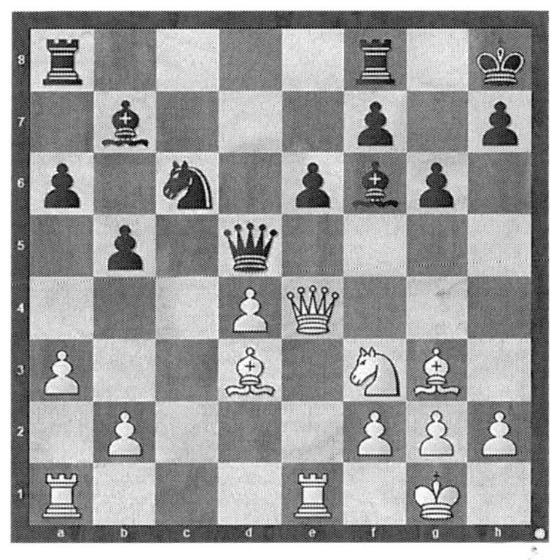

18.♕xd5

Günstiger ist 18.♕f4!± ♗g7 19.♕c7 *(19.♗e4 ♕d7⩲)* 19...♖a7 20.♗e4 ♕d8 21.♖ac1 ♕xc7 22.♗xc7 ♘xd4 23.♗b6 ♗xe4 24.♘xd4 ♖b7 25.♗c5⩲ mit Gewinn der Qualität.

18...exd5⩲ 19.♘e5 ♖ad8

Finger weg von 19...♘xd4? 20.♘d7 ♗g7 21.♘xf8 ♖xf8 22.♖e7+– und Weiß hätte entscheidenden Vorteil. Aber vielleicht war auch 19...♔g7!= eine Überlegung wert!

20.♘xc6

20.♖ac1± ist ebenfalls eine Option.

20...♗xc6 21.♖ac1↑ ♖c8 22.♗d6 ♖g8 23.♗e5 ♔g7

23...♗xe5 war vermutlich vorzuziehen. Nach 24.♖xe5 ♗d7 hat Weiß ein Grundlinienproblem, das zunächst gelöst werden muss. 25.♖c5 ♗e6±.

24.f4± ♗d7 25.♔f2 h6

25...♗xe5 26.fxe5 ♖xc1 27.♖xc1 ♖c8 28.♖xc8 ♗xc8± war natürlich auch möglich.

26.♔e3 ♖xc1

26...b4± ist wohl besser. 27.axb4 *(27.♗xa6 ♖xc1 28.♖xc1 bxa3 29.bxa3 ♖a8 30.♖c7 ♖xa6 31.♖xd7 ♖xa3+=)*

27...♗xe5 28.fxe5 *(28.dxe5 ♖b8±)* 28...♖b8.

27.♖xc1+− ♖c8 28.♖c5 ♗xe5 29.fxe5 ♗e6 30.a4?

Wahrscheinlich ein Konzentrationsfehler. Besser war 30.♖xc8 ♗xc8 31.♔d2+− und der weiße König begibt sich auf den Damenflügel.

30...bxa4= 31.♗xa6 ♖b8?!

Morphy revanchiert sich. Stattdessen hätte 31...♖a8!= das Gleichgewicht auf dem Brett wiederhergestellt.

32.♖b5!± ♖d8 33.♖b6?!

33.♔d2!± und Harrwitz bleibt am Drücker!

33...♖a8= 34.♔d2 ♗c8?!

Wieder ungenau gespielt. 34...♖a7= hält alles in der Schwebe.

35.♗xc8!± ♖xc8 36.♖b5 ♖a8?

△36...♖d8 war einen Versuch wert. 37.♖a5 ♖b8 38.♔c2 ♖b4 39.♖xd5 ♔f8± ist nicht so einfach zu gewinnen.

37.♖xd5+− a3 38.bxa3 ♖xa3 39.♖c5 ♔f8 40.♔e2?!

40.d5+− bietet klarere Gewinnchancen.

40...♔e7

40...♖a2+ sieht lästig aus. Weiß kann nur gewinnen, falls er seine Königsflügelbauern aufgibt. 41.♔f3 ♖a3+ 42.♔e4 ♖a2 43.d5 ♖xg2 44.♖c8+ ♔e7 45.d6+ ♔d7 46.♖c7+ ♔e8 47.♖e7+ ♔f8 48.♔d5 ♖xh2 49.♔c6 g5 50.♔d7 g4 51.♖e8+ ♔g7 52.♔e7+−.

41.d5! ♔d7 42.♖c6?!

42.♖c2± war die nachhaltigere Idee.

42...h5± 43.♖f6 ♔e7?

43...♔e8!± ist zäher!

44.d6+!+− ♔e8 45.e6! fxe6 46.♖xe6+ ♔f7 47.d7! ♖a8 48.♖d6 ♔e7

48...♖d8 49.♔f3 ♔g7 50.♔f4 ♔f7 51.♔e5+− und Weiß gewinnt ebenfalls!

49.♖xg6 ♔xd7 50.♖g5 ♖h8 51.♔f3 ♔e6 52.♔g3 h4+ 53.♔g4 h3 54.g3! ♔f6 55.♖h5 Morphy gibt auf! **1-0**

Aufgabe 8

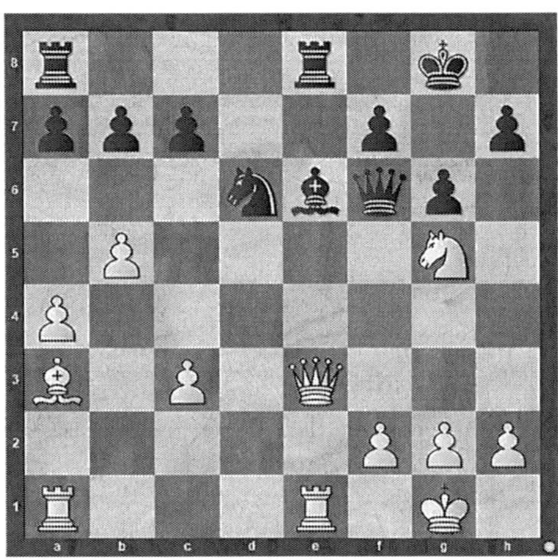

Der Begriff *Angstgegner* war vermutlich auch zur damaligen Zeit geläufig. Bei Daniel Harrwitz dürfte dies Howard Staunton gewesen sein. Er verlor gegen den Briten 1846 in London mit 9:12 Punkten bei einem Remis. Dabei gab ihm Staunton jedoch siebenmal Bauer und Zug und weitere siebenmal Bauer und zwei Züge vor. Die sieben Partien ohne Vorgabe verlor Harrwitz allesamt.

Gleich in der ersten Partie des Matches zeigte Staunton, der seinerzeit wohl stärkste Spieler der Welt, seine Klasse und bezwang Harrwitz, der mit den schwarzen Steinen spielte, ohne Vorgabe. In der Diagrammstellung ist Weiß am Zug. Es fällt auf, dass Harrwitz bereits ziemliche Probleme auf den schwarzen Feldern hat. Staunton lässt das Kartenhaus denn auch schnell zusammenbrechen. Wie ist die Sache anzupacken?

Aufgabe 9

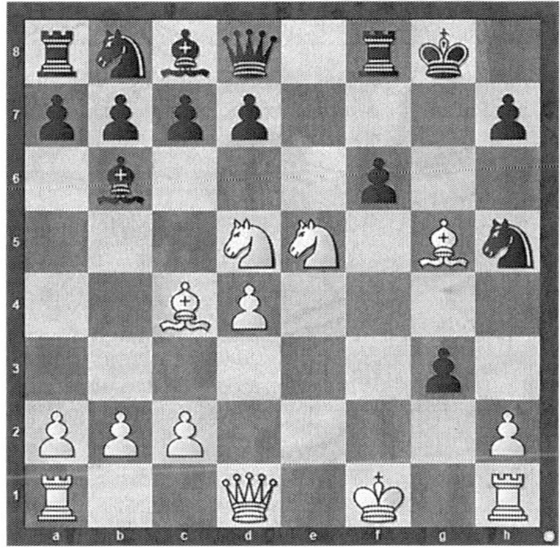

Bei der letzten Aufgabe musste Harrwitz noch heftig einstecken. Doch im folgenden Beispiel wird deutlich, dass er mit den besten Spielern seiner Zeit durchaus mithalten konnte. Keinen geringeren als Adolf Anderssen besiegte er in einer sehr gut vorgetragenen Kurzpartie, die 1848 in Breslau gespielt wurde.

Diese vogelwilde Stellung erreichten die Protagonisten bereits nach dem 13. Zug. Der schwarze Damenflügel steht noch komplett in den Startlöchern. Harrwitz hatte Weiß und war am Zug. Wie ging es dem schwarzen König also an den Kragen?

Aufgabe 10

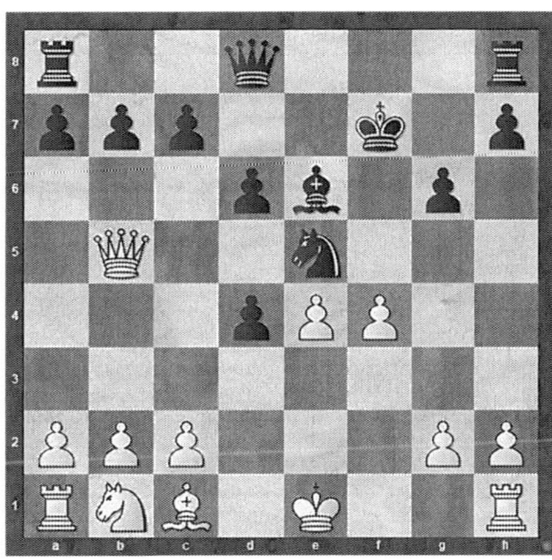

Gegen den Franzosen Brook Geville gelang Harrwitz 1845 mit Schwarz gleichfalls ein witziger Kurzsieg. Die Diagrammstellung entstand nach **1.e4 e5 2.♘f3 ♘c6 3.d4 exd4 4.♗c4 ♗c5 5.♘g5 ♘h6 6.♘xf7 ♘xf7 7.♗xf7+ ♔xf7 8.♕h5+ g6 9.♕xc5 d6 10.♕d5+ ♗e6 11.♕b5 ♘e5 12.f4?**

Dieser Zug wirft die Partie sofort weg. Dabei sah die Stellung bei gleichem Material noch nicht einmal sonderlich gefährlich aus. Wie zeigt Schwarz konsequent auf, woran die weiße Stellung krankt?

Aufgabe 11

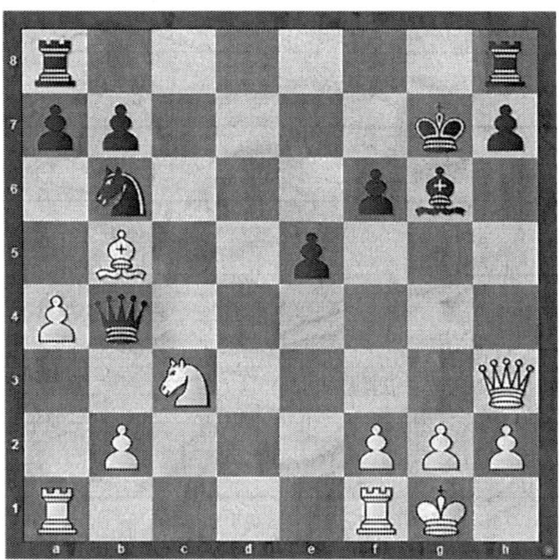

1860 war Wilhelm Steinitz fast nur in der Wiener Schachszene bekannt. Später hätte er vermutlich auch wohl nicht **19...♕xb2** gezogen. Harrwitz bat daraufhin zum Tanz!

Jean Dufresne

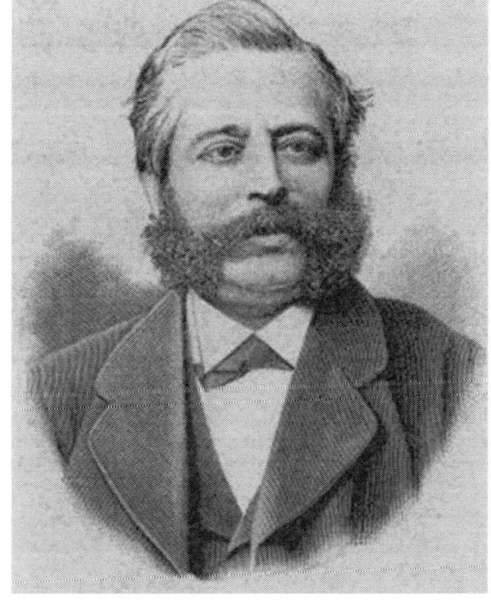

Der in Berlin geborene Jean Dufresne (1829 – 1893) war Kaufmannssohn. Nach dem Schulabschluss studierte er zunächst Jura und Volkswirtschaft. Aus finanziellen Gründen konnte er sein Studium jedoch nicht abschließen und wurde 1852 Journalist. Dufresne war nachfolgend Redakteur mehrerer Zeitschriften. Zunehmend gehörlos widmete er sich ab 1875 ausschließlich dem Schach. Außerdem arbeitete er später an einem umfangreichen Werk über Mathematik, das er allerdings nicht fertigstellen konnte[43].

Dufresne sah sich selbst als Schüler Adolf Anderssens (1818 – 1879), gegen den er mehrfach spielte. Besonders berühmt wurde ihre *Immergrüne Partie*, die wir uns gleich einmal näher ansehen werden.

Besonders bekannt wurde er als Schachautor. Er schrieb mehrere Lehrbücher, die zum Teil in aktualisierter Form heute noch als Standardwerke gelten.

- *Theoretisch–praktisches Handbuch des Schachspiels. Theorie der Eröffnungen und Endspiele*, Julius Springer, Berlin 1863.
- *Anthologie der Schachaufgaben*, Louis Gerschel, Berlin 1864.
- *Der practische Schachmeister*, B. S. Berendsohn, Hamburg 1865.
- *Sammlung leichter Schachaufgaben (Erster Teil)*, Philipp Reclam, Leipzig 1881.
- *Kleines Lehrbuch des Schachspiels*, Philipp Reclam, Leipzig 1881.

Die nachfolgende Partie, die Dufresne mit den schwarzen Steinen gegen den großen Adolf Anderssen spielen und verlieren wird, ist nicht nur ein instruktives Beispiel für die Stärke der alten Meister, sondern zugleich ein Dokument des Spielstils jener Zeit. Sie geht als *Immergrüne Partie* in die Schachgeschichte ein[44]. Genießen sie ein Feuerwerk der Schachkunst[45]!

---

43 Andreas Saremba – Jean Dufresne – Schachautor wider Willen?, Publikation der Emanuel–Lasker–Gesellschaft, 2.Auflage, Berlin 2006

44 Ludwig Bachmann: Das Schachspiel und seine historische Entwicklung. Leipzig und Berlin 1924, S. 99

45 ChessBase online

Anderssen - Dufresne

Evans-Gambit (C52)

Berlin,1852

1.e4 e5 2.♘f3 ♘c6 3.♗c4 ♗c5 4.b4 ♗xb4

Das Evans-Gambit ist eine zu der Zeit sehr populäre Eröffnung.

5.c3 ♗a5 6.d4 exd4 7.0-0 d3

Schwarz schlägt nicht auf c3, um zunächst die optimale Entwicklung des weißen Springers zu erschweren. Der Textzug soll zum anderen ein starkes weißes Bauernzentrum verhindern. Möglich war auch 7...♗b6 8.cxd4 d6 9.d5 ♘ce7 10.e5 ♘g6 11.♗b2 ♘8e7 12.♕a4+ ♗d7 13.♕a3 dxe5 14.♘xe5 0-0 15.♕c3 ♘f5 16.♘xd7 ♕xd7 17.g4 ♗d4 18.♕c2 ♗xb2 19.♕xb2 ♘fh4 20.f3 ♘xf3+ 21.♔h1 ♘fe5 22.♗b3 Anderssen, A. - Steinitz, W., London 1862, 0-1.

8.♕b3 ♕f6 9.e5

Weniger ambitioniert ist 9.♗xd3 d6=.

9...♕g6 10.♖e1

Optionen sind auch 10.♗a3= ♘ge7 11.♖d1 0-0 12.♗xd3 ♕h6 13.♘bd2= oder 10.♖d1 ♘ge7 11.♗xd3 ♕h5 12.♘bd2 0-0 13.♗a3=.

10...♘ge7∓ 11.♗a3

Günstiger ist 11.♘bd2∓ 0-0 12.♖e3∓ ♗b6 13.♗xd3 ♕e6∓.

11...b5?!

Schwarz opfert einen Bauern, um die Entwicklung seines Damenflügels voranzutreiben. Hier war allerdings 11...d5 12.exd6 cxd6 13.♖e3 0-0 14.♗xd3 ♗f5 15.♘h4 ♕f6 16.♘xf5 ♘xf5 17.♗xf5 ♕xf5 18.♘d2 ♖ae8∓ eine gut spielbare Alternative.

12.♕xb5± ♖b8 13.♕a4 ♗b6 14.♘bd2

Anderssen möchte seine Entwicklung vollenden. Gleichwohl sieht 14.♕d1!± dynamischer aus.

14...♗b7?!

Dufresne zieht nach. 14...0-0!± war allerdings vorzuziehen.

15.♘e4+- ♕f5?!

So ganz klar ist die Idee hinter diesem Zug nicht! Will Schwarz den ♙e5 angreifen? Vielleicht hätte Dufresne den ♙d3 geben müssen, auch wenn Weiß nach 15...d2 16.♘exd2 ♘d8 17.♘e4 ♗xe4 18.♖xe4 ♕c6 *(18...♕xe4? 19.♗xf7++-)* 19.♕c2+- deutlich besser gestanden hätte.

16.♗xd3 ♕h5

16...♘xe5? geht natürlich nicht wegen 17.♘d6++- und Damenverlust!

17.♘f6+?!

Im Stil der Zeit opfert Weiß eine Figur, auch wenn 17.♘g3 ♕h6 18.♖ad1+- objektiv stärker gewesen wäre.

17...gxf6± 18.exf6 ♖g8 19.♖ad1

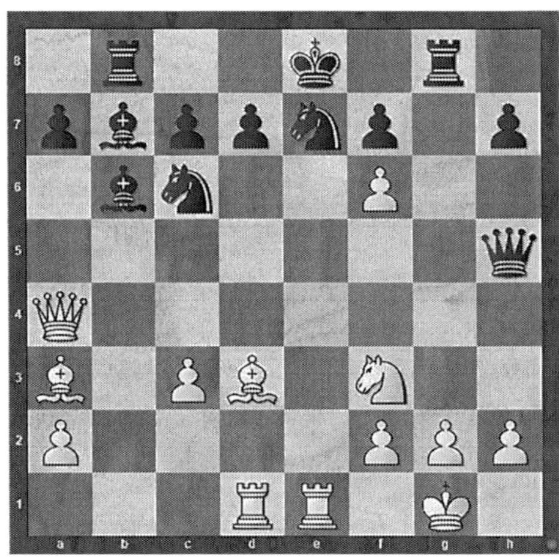

Ist das ein Bock? Hängt nicht der ♘f3 und ist insoweit nicht 19.♗e4!± nötig?

19...♕xf3?

Man kann nachvollziehen, dass Dufresne die Absicht von Anderssen nicht durchschaute. Allerdings fällt bei näherer Beschäftigung mit der Stellung der Zwischenzug 19...♗d4!= ins Auge, der nach 20.cxd4 *(20.♘xd4 ♖xg2+ 21.♔xg2 ♘xd4+ 22.♖e4 ♗xe4+ 23.♗xe4 ♕g4+ 24.♔f1 ♕e2+ 25.♔g1 ♕xe4=)* 20...♕xf3= ausgleicht.

1898 hatte der deutsche Schachmeister Paul Lipke, der uns in diesem Buch noch begegnen wird, bereits 19...♖g4 vorgeschlagen. Auch danach gibt es keinen klaren Gewinnweg für Weiß, wie das nachfolgende Abspiel aufzeigt: 20.♗c4 ♕f5 21.♖xd7 ♔xd7 22.♘e5+ ♔c8 23.♘xg4 ♘d5 24.♕d1 ♘xf6 25.♗d3 ♕xg4 26.♕xg4+ ♘xg4 27.♗f5+ ♔d8 28.♖d1+ ♘d4 29.♗xg4 ♗d5 30.cxd4 ♗xa2=.

20.♖xe7++– ♘xe7

Dufresne lässt ein spektakuläres Matt zu. Allerdings hätte ihn auch der bessere Zug 20...♔d8 nicht mehr gerettet: 21.♖xd7+ ♔c8 22.♖d8+ ♔xd8 23.♗e2+ ♘d4 24.♗xf3 ♗xf3 25.g3 ♗xd1 26.♕xd1+– und Weiß steht auf Gewinn!

21.♕xd7+! ♔xd7 22.♗f5+! ♔e8 23.♗d7+ ♔f8

23...♔d8 24.♗xe7#

24.♗xe7#

Bei Dufresne lohnt allerdings ein zweiter Blick. In der nachfolgenden Partie überspielt er seinen Gegner mustergültig[46].

Dufresne – Wittberg

Königsgambit (C39)

1859

1.e4 e5 2.f4 exf4 3.♘f3 g5 4.h4 g4 5.♘e5 h5

5...d6∓ stellt eine grundsätzliche Alternative zum Textzug dar.

6.♗c4 ♖h7

6...♘h6± ist ebenfalls möglich.

7.♘xf7

In späteren Partien wird v. a. 7.d4!? versucht, z. B. 7...d6 8.♘d3 f3 9.gxf3 ♗e7 10.♗e3 ♗xh4+ 11.♔d2 ♗g5 12.f4 ♗h6 13.♘c3 ♘f6 14.♕g1 ♘c6 15.b4 b6 16.d5 ♘e7 17.♖e1 ♗b7 18.f5 ♗g7 19.♗g5 ♕d7 20.♕d4 c5 21.bxc5 bxc5 22.♕f2 ♔f8 23.♘f4 ♘eg8 24.e5 dxe5 25.♖xe5 ♕d6 26.♖he1 a6 27.♘g6+ fxg6 28.fxg6 ♖h6 29.♕f4 ♕d8 30.♗d3 ♖c8 31.d6 ♖c6 32.♖e7 ♖xg6 33.♖e8+ ♕xe8 34.♖xe8+ ♔xe8 35.♗xg6+ ♔d7 36.♗f5+ ♔d8 37.♘e4 Anderssen, A. – Zukertort, J., Breslau 1865 1-0 (37). Mit Zukertort werden wir uns gleich noch ein wenig näher beschäftigen!

7...♖xf7 8.♗xf7+ ♔xf7 9.d4 d6

oder 9...d5=.

10.♗xf4± ♘d7

10...♔g7± war vorzuziehen, um den König aus der f-Linie zu bringen. Vorsicht ist der bessere Teil der Tapferkeit.

11.♗g5

11.♘c3± ist deutlich stärker, zumal eine weitere Figur ins Rennen geschickt wird.

11...♗e7!= 12.0-0+ ♔g6

Wiederum war 12...♔g7!= nötig.

13.e5

Besser ist 13.♗xe7! ♕xe7 14.♕d3±.

13...♗xg5 14.♕d3+ ♔h6?

Damit sprengt sich Wittberg selbst in die Luft! Immer noch ist 14...♔g7! gut. 15.hxg5 dxe5=.

46 ChessBase online

15.♖f7+– ♘gf6

15...♘f8 rettet den Freund auch nicht mehr! 16.hxg5++– ♔xg5 *(16...♕xg5 17.♖xf8+–)* 17.♖g7+ ♔h6 18.♖xg8+–.

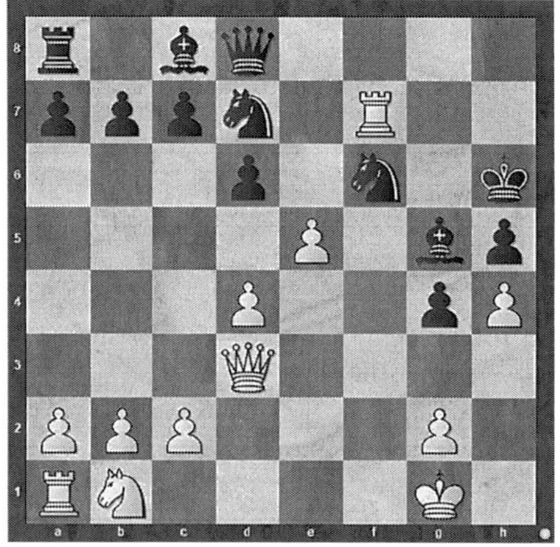

16.hxg5+ ♔xg5 17.♖g7+ ♔h4 18.♕h3+!! gxh3 19.g3#

Aufgabe 12

1851, also ein Jahr vor der Entstehung der *Immergrünen*, trafen sich Anderssen und Dufresne in Berlin bereits schon einmal zu einem Stelldichein. Dufresne war seinerzeit ziemlich auf Krawall gebürstet, hatte aber Glück, dass Anderssen mit den weißen Steinen nicht die allerbesten Züge fand.

1.e4 e5 2.♘f3 ♘c6 3.♗b5 ♘d4

Die Bird-Verteidigung im Spanier. Benannt wurde sie nach dem Engländer Henry Edward Bird (1829 - 1908).

4.♘xd4 exd4 5.♗c4 ♘f6 6.e5 d5 7.♗b3 ♗g4 8.f3 ♘e4.

Sehr kreativ gespielt! Nun scheitert 9.fxg4? an ♕h4+ 10.g3 ♘xg3!–/+. Doch Anderssen spielt stärker...

9.0-0!

Was jetzt?

9....d3

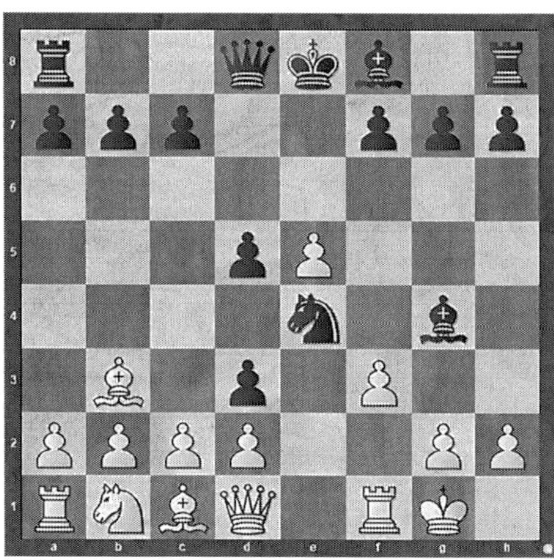

Und schon haben wir das nächste Schachrätsel erreicht! Der schwarze Zug ist nicht ohne Gift und tatsächlich begeht Adolf Anderssen nach 10.fxg4? schachlichen Suizid. Wie ging es nun weiter und was hätte Weiß stattdessen ziehen sollen?

Aufgabe 13

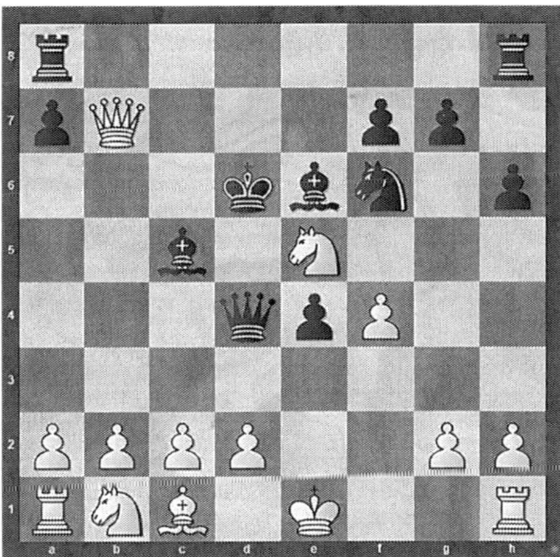

Tassilo von Heydebrand und der Lasa (1818 – 1899) war nicht nur ein hervorragender Schachspieler, sondern zugleich ein äußerst renommierter Schachforscher und Eröffnungstheoretiker. Unser Vorwortgeber, Herbert Bastian, hat sich übrigens sehr intensiv mit diesem wichtigen Schachmeister befasst.

Von der Lasa wurde vor allem dadurch bekannt, dass er die Arbeit am *Handbuch des Schachspiels* von Rudolf von Bilguer nach dessen Tod weiterführte und so dafür sorgte, dass dieses Werk in Erinnerung blieb.

1850 kreuzte Dufresne mit von der Lasa die Klingen. Die Partie (siehe vorlaufende Diagrammstellung) entsprach exakt der damaligen Spielauffassung, dass Angriff die beste Verteidigung sei. Dufresne hatte gerade **15.f4** gezogen und Schwarz antwortete mit **15....♕f2+**. War das die richtige Idee oder gab es eine bessere Alternative?

Aufgabe 14

Dufresnes nächster Gegner, Max Lange, war nicht nur ein bekannter Schachautor und Verleger, sondern wurde auch durch die nach ihm benannte Eröffnungsvariante bekannt. Der so genannte *Max-Lange-Angriff* entsteht dabei durch die Zugfolge **1.e4 e5 2.♘f3 ♘c6 3.♗c4 ♘f6 4.d4 exd4 5.0-0 ♗c5 6.e5.**

Doch darum geht es in unserer nächsten Aufgabe gar nicht!

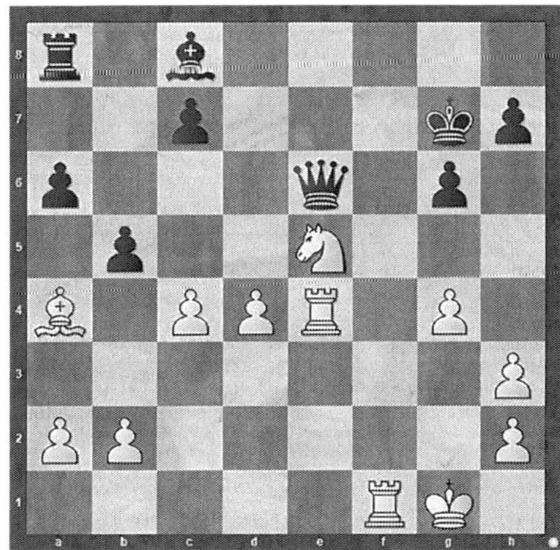

In der Diagrammstellung hatte Dufresne gegen Lange Schwarz und soeben **24....♕f6–e6** gezogen. Das sieht eigentlich ganz solide aus. Aber er bekommt die lange Nase gezeigt. Was hatte unser Jean übersehen?

Johannes Hermann Zukertort

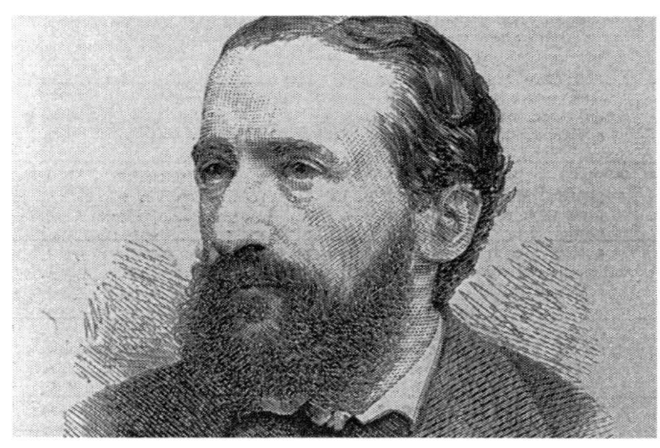

Johannes Zukertort (1842 – 1888) ist eine wahre Schachlegende. Seine Familie wurde 1855 aus Lublin im seinerzeit russisch beherrschten Teil Polens ausgewiesen und zog nach Breslau. Zukertort machte dort 1861 sein Abitur[47] und schrieb sich an der örtlichen Universität im Fach Medizin ein. Er beendete sein Studium offenbar jedoch nicht[48].

Zukertort kam relativ spät mit dem Schachspiel in Kontakt. Er erlernte das Spiel erst mit 19 Jahren und hatte anfangs nur wenige Erfolge. Trotzdem erkannte Adolf Anderssen, der damals als einer der bedeutendsten Spieler der Welt galt, das Talent des jungen Mannes und begann, ihn systematisch zu fördern.

Dieses Training zahlte sich aus. Schon 1866 besiegte Zukertort seinen Mentor in einem Wettkampf.

1867 zog Zukertort dann nach Berlin und wurde Mitglied der Berliner Schachgesellschaft. Inzwischen Berufsspieler übernahm er zudem die Redaktion der *Neuen Berliner Schachzeitung*, deren Hauptredakteur Adolf Anderssen war.

Ein Jahr später gelang Anderssen eine Matchrevanche, um sich dann aber 1871 endgültig geschlagen geben zu müssen. Durch diesen Sieg festigte Zukertort seinen Ruf als Weltklassespieler. Dem jungen Mann standen nun plötzlich viele Türen offen.

In der nächsten Dekade konnte Zukertort mehrere Duelle gegen starke Spieler bestreiten. Er entwickelte dabei einen sehr aggressiven und taktisch geprägten Spielstil, spielte dabei aber gerne halboffene Eröffnungen, die zu seiner Zeit nicht sehr populär waren. Die *Zukertort-Eröffnung* (1.♘f3 d5 2.d4 ♘f6 3.e3 e6 4.b3), die damals bei den meisten Meisterspielern als eher bizarr angesehen wurde, gilt als seine Entwicklung.

1872 spielte Zukertort ein seinerzeit viel beachtetes Match gegen Wilhelm Steinitz, das er allerdings noch klar verlor (–7+1=4).

Im gleichen Jahr wechselte er seinen ständigen Wohnsitz nach London. Dort verbrachte er dann einen Großteil seiner Karriere als Berufsspieler.

Fortan sammelte er diverse Siege und gute Turnierplatzierungen[49]. Im Jahre 1883 konnte Zukertort schließlich das große Turnier zu London gewinnen. Er siegte überlegen mit drei Punkten Vorsprung auf Steinitz, der den zweiten Platz belegte. Im weiteren Teilnehmerfeld befanden sich mehrere international bekannte Weltklassespieler (u.a. Blackburne, Tschigorin, Winawer und Bird).

---

47 Jahresbericht 1861 des Gymnasiums St. Maria Magdalena zu Breslau.

48 Cezary W. Doma D ski/Tomasz Lissowski: Der Großmeister aus Lublin. Wahrheit und Legende über Johannes Hermann Zukertort, Exzelsior Verlag, Berlin 2005

49 Zukertort. In: Meyers Konversations-Lexikon. 4. Auflage. Band 16, Bibliographisches Institut, Leipzig 1885 – 1892, S. 986.

Ab 1875 hatte sich Steinitz für sieben Jahre vom praktischen Spiel zurückgezogen, da er keinen ernsthaften Rivalen mehr sah. Doch nun forderte die Schachwelt einen Wettkampf gegen Zukertort, der schnell zu einem inoffiziellen Match um die Schachkrone stilisiert wurde.

Nach langen und schwierigen Verhandlungen fanden sich schließlich amerikanische Geldgeber, die einen *Wettkampf um die Schachweltmeisterschaft* finanzieren wollten. Das Match, das auf 10 Gewinnpartien angesetzt war, fand schließlich in der Zeit vom 11.01. – 29.03.1886 statt.

Zukertort begann den Wettkampf, der in New York gestartet wurde, furios und erspielte sich eine überlegene 4:1-Führung. Offensichtlich verausgabte er sich dabei aber, so dass es Steinitz gelang, in St. Louis, der nächsten Etappe, auf einen Spielstand von 4,5:4,5 auszugleichen. In New Orleans brach Zukertort dann vollends ein. Steinitz gewann das Match schließlich mit 12,5:7,5 Punkten (+10-5=5).

Nach 1886 spielte Zukertort weiterhin Turnierschach, aber seine Ergebnisse begannen sich parallel zu seinem Gesundheitszustand zu verschlechtern. Er war „*...nur noch ein Schatten seiner selbst...*“, wie es Siegbert Tarrasch dem Vernehmen nach später einmal sehr prägnant ausgedrückt haben soll. Tarrasch ist in diesem Buch übrigens ebenfalls ein Kapitel gewidmet.

Zukertort verstirbt 1888 mit nur 45 Jahren während eines Handicap-Turniers in London[50].

Die nachfolgenden Partien lassen einen guten Einblick in die außerordentliche Schaffenskraft Zukertorts zu. Sie umfassen dabei schlaglichtartig den Zeitraum zwischen 1865 und 1886.

Wann haben Sie eigentlich zuletzt gesehen, dass ein Weltklassespieler in nur 12 Zügen zusammengeschoben wird? Zukertort präsentiert feinstes Backwerk[51]!

---

50 Ebenda

51 ChessBase-Datenbank

Zukertort – Anderssen

Spanisch (C60)

Breslau 1865

1.e4 e5 2.♘f3 ♘c6 3.♗b5 ♘ge7 4.c3 d6 5.d4 ♗d7 6.0-0 ♘g6 7.♘g5?!

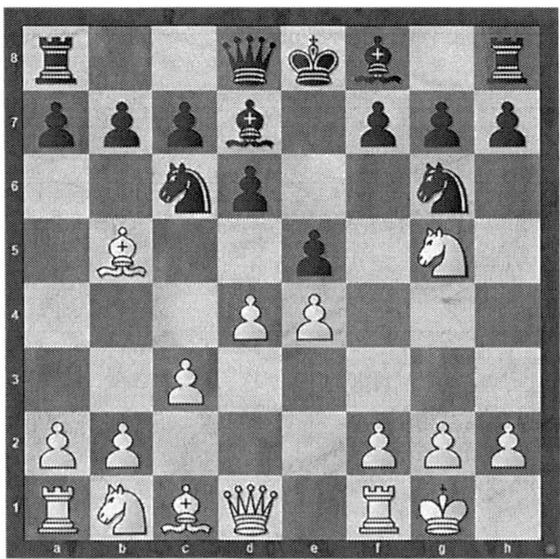

Ein Schuss in die Luft, um zu schauen, ob Schwarz sich aufschrecken lässt. Gute Alternativen sind 7.♘a3± und 7.d5 ♘b8 8.♗xd7+ *(8.♕b3 ♕c8 9.♘a3 ♗e7 10.♗xd7+ ♘xd7 11.♘c4⩲)* 8...♘xd7 9.c4 ♗e7 10.♘c3 0-0⩲.

7...h6 8.♘xf7?!

Zukertort lässt sich nicht beirren!

8...♔xf7∓ 9.♗c4+ ♔e7?

Ein Fehlgriff. 9...♔e8! scheint alles zu parieren. 10.♕h5 ♕f6 11.f4 exd4 12.f5 ♘ce5 13.fxg6 ♗g4 14.♖xf6 ♗xh5 15.♗f7+ ♔d7 16.♖f5 ♗g4 17.♖f4 d3∓.

10.♕h5!+– ♕e8

Anderssen hätte noch 10...♕c8 probieren können, steht jedoch nach 11.♕xg6–+ wie ein Schluck Wasser in der Kurve.

11.♕g5+!! hxg5 12.♗xg5#

Ein rabenschwarzer Tag für Anderssen.

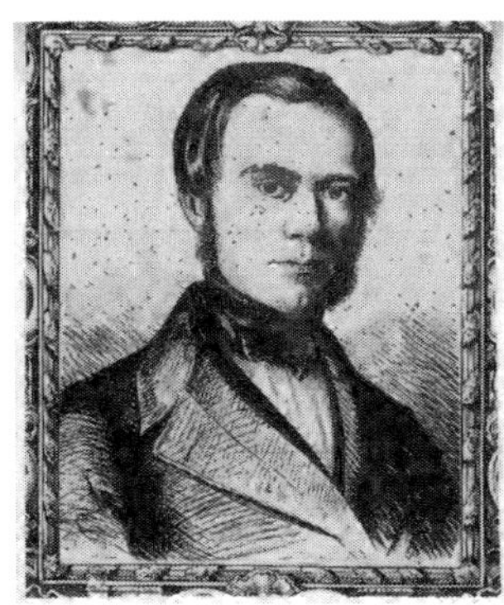

In der nachfolgenden Angriffspartie geht es ähnlich zu. Zukertort gibt gegen einen unbekannten Gegner die Dame und den Turm, um den schwarzen König auf e5 zur Strecke zu bringen![52]

Zukertort – NN

Wiener Partie (C28)

Leipzig 1877

1.e4 e5 2.♘c3 ♘f6 3.f4 d6

3...d5 ist beachtenswert. 4.exd5 *(4.fxe5 ♘xe4 5.♕f3 ♘c6 6.♗b5 ♘xc3 7.dxc3 a6 8.♗xc6+ bxc6 9.♗f4 ♕h4+ 10.♗g3 ♕g4 11.♕xg4 ♗xg4 12.h3 ♗h5 13.♘e2 ♗g6 14.0-0-0 ♗e7⩲)* 4...♘xd5=.

4.♘f3 ♘c6 5.♗c4 ♗g4

Etwas entspannter verläuft 5...♗e7 6.d3 0-0 7.f5 ♘a5⩲.

6.0-0 ♗e7 7.d3 ♘h5?

Von nun an geht's bergab! Deutlich besser war 7...exf4 8.♗xf4 ♘d4=.

8.fxe5

Zukertort lässt bewusst ⌓8.♗xf7+! ♔xf7 9.♘g5+ ♔e8 10.♕xg4+– aus. Er hat bereits größere Beute im Sinn!

8...♘xe5?

Schwarz ist weiterhin arglos. Nötig war 8...0-0 9.exd6 ♕xd6+– Allerdings steht Weiß danach deutlich besser.

52 https://www.chess.com/de/players/johannes-zukertort

9.♘xe5+–

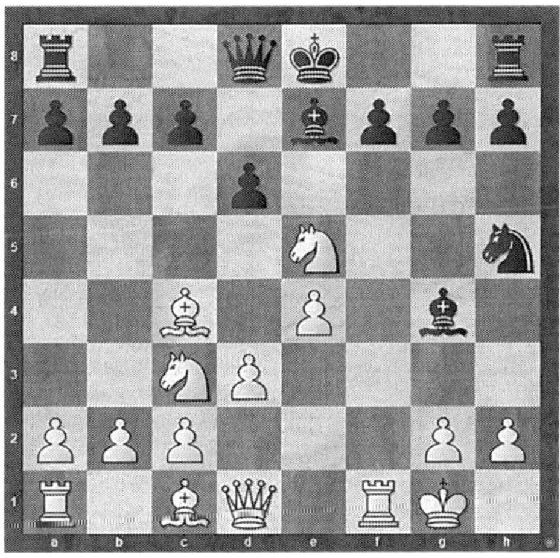

Upps!

9...♗xd1 10.♗xf7+ ♔f8 11.♗xh5+

11.♘d7+ ♕xd7 12.♗e6+ ♔e8 13.♗xd7+ ♔xd7 14.♖xd1+– ist Weiß schon zu wenig!

11...♗f6 12.♖xf6+!

Der nächste schwere Einschlag!

12...gxf6

Nach 12...♕xf6 13.♘d7+ ♔e7 14.♘xf6 ♗xh5 *(14...gxf6 15.♘d5+ ♔d7 16.♗xd1 +–)* 15.♘xh5+– geht Schwarz das Material zum Zaubern aus!

13.♗h6+!

Weiß setzt unweigerlich Matt.

13...♔e7 14.♘d5+ ♔e6 15.♗f7+ ♔xe5 16.c3

Schwarz gibt auf! **1-0**

Im großen Turnier zu London 1883[53] startete Zukertort mit Schwarz gegen den späteren Gründervater der frühen russischen Schachschule Michail Iwanowitsch Tschigorin (1850 – 1908) einen furiosen Angriff. Er treibt den gegnerischen König sehenswert ins Zentrum. Tschigorins Partieanlage wird dabei praktisch zerlegt! Eine Partie, die man am besten vor einem prasselnden Kaminfeuer bei Rotwein und Käse genießt. Alternativ tut's natürlich auch die Zentralheizung, ein Bier und eine Frikadelle!

Tschigorin – Zukertort

Spanisch (C67)

London 1883

1.e4 e5 2.♘f3 ♘c6 3.♗b5 ♘f6 4.0-0 ♘xe4 5.d4 ♗e7 6.d5 ♘d6 7.♗xc6

Nicht die allerbeste Wahl. Stärker ist 7.♗e2 e4 8.dxc6 exf3 9.cxb7 ♗xb7 10.♗xf3=.

7...dxc6∓ 8.dxc6

8.♘xe5 cxd5 9.♕xd5∓ wäre einen Versuch wert gewesen.

8...f6–+

8...bxc6 und der schwarze Vorteil wäre weg! 9.♘xe5 ♗b7 10.♘d2±.

9.cxb7

Hier war vermutlich 9.♕d5–+ angesagt.

9...♗xb7 10.♗e3 0-0 11.♘bd2 ♘f7

11...♘f5–+ hätte die Springerstellung verbessert. Zukertort verfolgt allerdings einen anderen Plan.

12.♕e2 f5 13.♘b3?!

Tschigorin möchte c5 unter seine Kontrolle bringen. Eine gute Alternative zum Textzug war insoweit vielleicht 13.♕b5–+.

13...f4 14.♗c5 e4 15.♘fd4?!

Weiß sieht sich einem mächtigen Bauernaufmarsch gegenüber und möchte

53 Ebenda.

deshalb seine Offiziere beweglich halten. Hätte er sich auf 15.♖fd1 ♗d6 16.♘e1−+ einlassen sollen?

15...f3 16.♕b5 ♕c8 17.♖fd1?!

17.♗xe7? führt nach 17...♕g4! zum Matt! Aber 17.♕c4 ♕g4 18.♘xf3 ♗a6! 19.♘e5 *(19.♕xa6? exf3−+)* 19...♗xc4 20.♘xg4 ♗xc5 21.♘xc5 ♗xf1 22.♔xf1∓ war noch irgendwie spielbar.

17...♗a6! 18.♕a4 ♘g5! 19.♘xf3 exf3 20.♖d7 fxg2!

Zukertort setzt seinen Angriff unbeirrt fort.

21.♖xe7

Auf 21.♗xe7 folgt 21...♘h3+ 22.♔xg2 ♕b7+ 23.♔xh3 ♕f3+ 24.♔h4 ♕xf2+ 25.♔g4 (25.♔h3 ♖f3+) 26.♔g4 ♕g2+ 27.♔h5 *(27.♔h4 ♖h3#)* 27...♖h3+ 28.♗h4 ♕g6#.

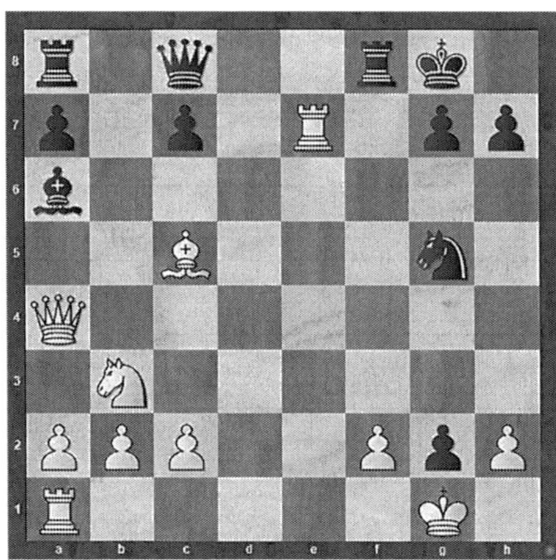

21...♘h3+ 22.♔xg2 ♘f4+ 23.♔f3 ♕h3+ 24.♔e4 ♗b7+

Zukertort hätte seine wilde verwegene Jagd mit □24...♘g6! krönen können. 25.♖xg7+ ♔h8 26.♗xf8 ♕e6+ 27.♔f3 ♖xf8+ 28.♔g3 ♕e5+ 29.f4 ♕e3+ 30.♔g2 ♘xf4+ 31.♕xf4 *(31.♔h1 ♕f3+ 32.♔g1 ♘h3#)* 31...♗b7+ 32.♕f3 ♕xf3+ 33.♔g1 ♕h1#. Aber es reicht auch so!

25.♔d4 ♘e6+ 26.♔c4 ♖f4+ 27.♘d4 ♘xc5 28.♔xc5 ♕h5+ 29.♔c4 ♖xd4+! Weiß gibt auf **0-1**

Nach Meinung vieler Experten spielte Zukertort in dem gleichen Turnier wohl auch die beste Partie seines Lebens. Sein Gegner, der Engländer Joseph Henry Blackburne (1841 − 1924), war dabei alles andere als Fallobst[54].

Zukertort − Blackburne

Reti (A13)

London 1883

1.c4 e6 2.e3 ♘f6 3.♘f3 b6 4.♗e2 ♗b7 5.0-0 d5 6.d4 ♗d6 7.♘c3

Oder 7.cxd5 exd5 8.b4 a6 *(8...♗xb4 9.♕a4+)* 9.a3 0-0 10.♗b2 ♘bd7 11.♕c2 ♕e7 12.♘bd2=.

7...0-0 8.b3 ♘bd7 9.♗b2 ♕e7

Vorzuziehen war 9...a6=.

10.♘b5!± ♘e4

10...♖fc8± scheint auf den ersten Blick etwas genauer zu sein.

11.♘xd6± cxd6 12.♘d2?!

Günstiger ist 12.cxd5 ♗xd5 13.♖c1± und Weiß hat freies Figurenspiel.

12...♘df6

Besser war 12...dxc4 Nach 13.♘xe4 ♗xe4 14.bxc4 ♕g5 15.♗f3 ♗xf3 16.♕xf3=.

13.f3

Zukertort hatte vermutlich Bedenken, dass das schwarze Zentrum nach 13.♘xe4 dxe4 zu dominant werden könnte. Nach 14.a4 a5 15.♕d2 ♗a6 16.♖fc1 ♖fd8 17.h3± spielt die Musik aber wahrscheinlich eher auf dem Da−

54 ChessBase−Datenbank

menflügel, und dort hat Weiß bereits seine Kräfte zusammengezogen.

13...♘xd2 14.♕xd2 dxc4

14...♗a6!± war mehr als einen Gedanken wert!

15.♗xc4 d5 16.♗d3 ♖fc8 17.♖ae1

Interessanter Zug. Zukertort erkennt, dass auf dem Damenflügel kein Blumentopf zu gewinnen ist, und stellt sich stattdessen strategisch neu auf!

17...♖c7 18.e4± ♖ac8 19.e5 ♘e8

⌓19...♘d7 verspricht etwas mehr Flexibilität.

20.f4 g6 21.♖e3 f5

Blackburne möchte den Königsflügel abdichten und gleichzeitig den Punkt h7 stärken. Vielleicht hätte er besser versucht, mit 21...a5± am Damenflügel weiterzukommen.

22.exf6!+− ♘xf6?!

Auf den ersten Blick ein völlig natürlicher Zug, der den Springer wieder zum Leben erwachen lassen soll. Blackburne übersieht allerdings das eigentliche Stellungsproblem. Besser war 22...♕xf6 23.♕e2 ♘g7+−.

23.f5 ♘e4 24.♗xe4 dxe4 25.fxg6 ♖c2

Hier war 25...h5+− in Betracht zu ziehen.

26.gxh7+

26.♖f7? wäre nach 26...♕g5! 27.h4 ♕xg6−+ Selbstmord!

26...♔h8 27.d5+! e5 28.♕b4!!

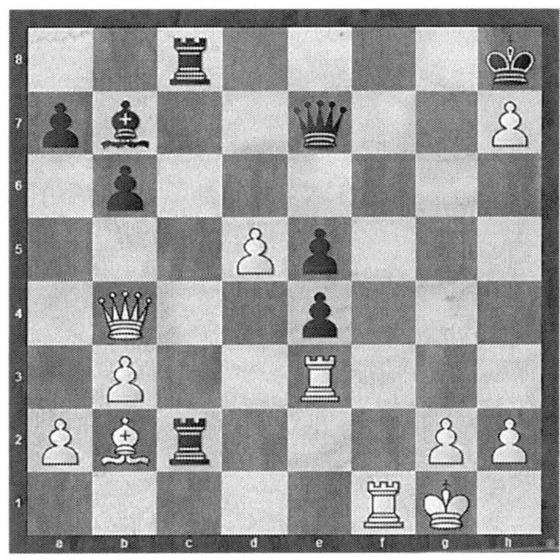

Ein fantastischer Zug!

28...♖8c5

28...♕xb4 wäre gescheitert an 29.♗xe5+ ♔xh7 30.♖h3+ ♔g6 *(30...♔g8 31.♖h8#)* 31.♖f6+ ♔g7 (31...♔g5 32.♖g3+ ♔h5 *(32...♔h4 33.♖h6#)* 33.♖f5+ ♔h6 *(33...♔h4 34.♗f6#)* 34.♗f4+ ♔h7 35.♖h5#.

29.♖f8+!!

Der nächste Schlag in die Magengrube!

29...♔xh7

Auf 29...♕xf8 folgt 30.♗xe5+ ♔xh7 31.♕xe4+ ♔h6 32.♖h3+ ♔g5 33.♖g3+ ♔h5 *(33...♔h6 34.♕h4#)* 34.♕g6+ ♔h4 35.♕g5#.

30.♕xe4+ ♔g7 31.♗xe5+ ♔xf8 32.♗g7+!

Was für ein Feuerwerk!

32...♔g8

32...♕xg7 33.♕e8#.

33.♕xe7 Schwarz gibt auf! **1-0**

Schließlich wenden wir uns noch der zweiten Partie der ersten offiziellen Schachweltmeisterschaft zu, bei der Zukertort seine taktischen Fähigkeiten unter Beweis stellt. Er führt die schwarzen Figuren und beginnt mit einem Königsangriff. Er schafft sich dann aus ausgeglichener Position einen Freibauern auf der d-Linie. Steinitz war danach nicht in der Lage, alle Drohungen zu parieren, und musste sich am Ende geschlagen geben[55].

Steinitz - Zukertort

Schottisch (C45)

WM-Match, New York 1886

1.e4 e5 2.♘f3 ♘c6 3.d4 exd4 4.♘xd4 ♘f6 5.♘c3 ♗b4 6.♘xc6 bxc6 7.♗d3 d5 8.exd5 cxd5 9.0-0 0-0 10.♗g5 c6 11.♘e2 ♗d6

Man kann auch erst mit 11...h6∓ den Läufer befragen.

12.♘g3?!

12.♘d4 c5 13.♘f5 ♗xf5 14.♗xf5= verspricht etwa gleiche Chancen.

12...h6!∓ 13.♗d2 ♘g4 14.♗e2

Auf 14.h3 folgt 14...♗xg3 15.hxg4 *(15.fxg3 ♕b6+ 16.♔h1 ♘f2+ 17.♖xf2 ♕xf2∓)* 15...♗e5∓.

14...♕h4 15.♗xg4 ♗xg4 16.♕c1 ♗e2 17.♖e1 ♗a6?!

Was sprach gegen 17...♖fe8!∓?

18.♗c3=

Schwarz muss die Drohung ♗xg7/♘f5 parieren.

18...f5

Kein schlechter Zug. Allerdings schafft er Einbruchsfelder für Weiß. Insoweit waren 18...♗c8= oder 18...g6 gut spielbare Alternativen zum Textzug.

19.♖e6± ♖ad8 20.♕d2 d4 21.♗a5

21.♕xd4? geht natürlich nicht! 21...♕xd4 22.♗xd4 ♗xg3-+ und 21.♗xd4? scheitert an 21...♗xg3.

21...♖d7

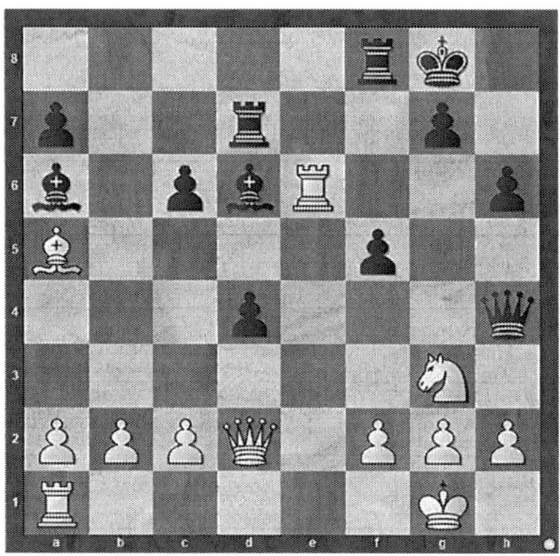

22.♖xd6! ♖xd6 23.♗b4 ♕f6 24.♖d1

24.♖e1± hält den leichten Vorteil.

24...♖d5= 25.♗xf8 ♕xf8 26.♘h5 ♕e8

26...♖e5= war vorzuziehen. 27.♘f4 *(27.♕xd4? ♖d5)* 27...♕d6 28.b3 *(28.♕xd4?? ♕xd4 29.♖xd4 ♖e1#)* 28...c5 29.♘d3 ♖e6=.

27.♘f4± ♖e5 28.h4! c5 29.h5

Steinitz unterbindet dadurch weitere Aufmärsche am Königsflügel. Allerdings hätte er mit 29.b4!± das schwarze Bauernzentrum empfindlich stören können.

29...♖e4= 30.c3 ♕b8 31.g3 ♕e5 32.♘g6

Nach 32.f3 ♖e2 *(aber nicht 32...♖e3? 33.cxd4 cxd4 34.♕xd4 ♕xd4 35.♖xd4 ♖xf3 36.♖d8+ ♔f7 37.♖d7+ ♔g8 38.♔g2 ♖e3 39.♖xa7+- und Schwarz steht auf Verlust.)* 33.♘xe2 ♗xe2 34.f4 ♕e4 35.♖e1 d3 36.♖xe2 dxe2 37.♔f2= wäre es wohl Zeit gewesen, Remis zu geben.

32...♕d6∓ 33.♘f4 d3

33...♕c6!∓ war einen Versuch wert.

34.b3

34.♘xd3? ist nach 34...♗xd3 35.♕xd3 ♖e1+ zum Scheitern verurteilt!

34...c4 35.♖b1?!

55 Ebenda.

35.f3 ♖e7 36.♕f2= bietet gleiche Chancen.

35...♔h7∓ 36.♔h2?!

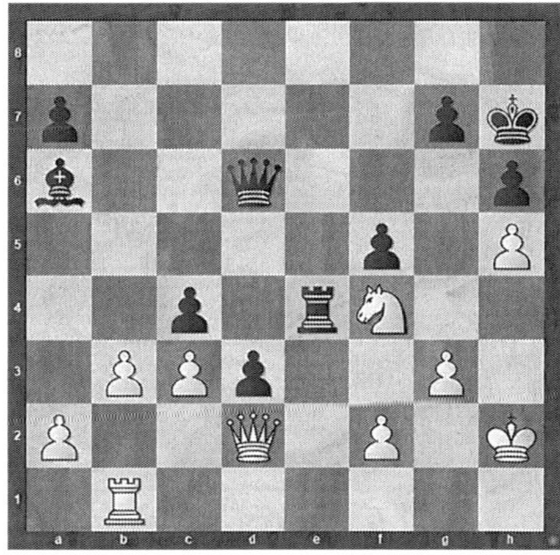

Ein Abwartezug von zweifelhaftem Wert. Vorzuziehen war 36.f3 ♖e8 37.♔f2∓. War die Bedenkzeit zu knapp?

36...♕b6−+ 37.♔g1 ♗b7?!

Zukertort bastelt scheinbar an einer kleinen Mattfalle. 37...♖e5−+ bekommt allerdings bessere Kritiken.

38.♖b2?!

38.♖f1∓ hätte die weiße Stellung kompakter gemacht.

38...♕c6 39.f3 ♕c5+?!

Wiederum nicht der allerbeste Zug. Nach 39...♖e8 40.♕f2 cxb3 41.♘xd3 bxa2 42.♖xa2 ♕xc3−+ stände Schwarz klar auf Gewinn.

40.♕f2

Falsch wäre 40.♔h2. Nach 40...♖e2+! gibt es keine Rettung mehr. 41.♕xe2 (41.♘xe2 ♕f2+ 42.♔h3 *(42.♔h1 ♗xf3#)* 42...♕f1+ 43.♔h2 *(43.♔h4 ♕h1#)* 43...♕xf3−+ mit undeckbarem Matt.) 41...dxe2−+.

40...♖e1+!→ 41.♔h2?

Das beschleunigt das Ende. Etwas langlebiger wäre 41.♔g2 ♖e3 42.♘e6 ♕e5 43.♘d4−+ gewesen.

41...♕xf2+ 42.♖xf2 ♗xf3 43.g4

Agonie!

43...♗e2 44.♘g2 d2 45.♘e3 cxb3 46.axb3 ♗xg4 Weiß gibt auf! **0-1**

Aufgabe 15

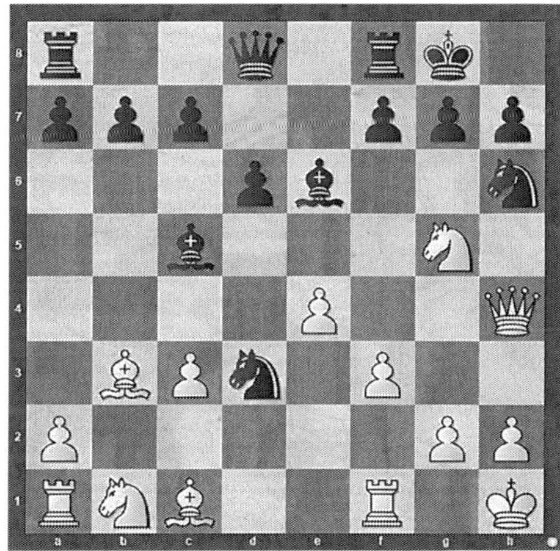

Das Fragment stammt aus der Partie Lehmann − Zukertort, Posen 1884. Es ist ein gutes Beispiel dafür, wie man seinerzeit (also noch vor den grundlegenden schachtheoretischen Arbeiten von Steinitz) dachte.

Ein heutiger Spitzenspieler würde sicherlich 14.♗xe6 spielen, schon allein, um Schwarz nicht das Läuferpaar zu überlassen. Zudem wäre nach 14...fxe6 der Tempozug 15.♕h3 möglich. Schwarz steht etwas im Vorteil, mehr aber auch nicht!

Weiß zog stattdessen jedoch 14.♗c2, vielleicht mit der Idee, den Störfaktor ♘d3 zu beseitigen und danach irgendwann an h7 und den schwarzen König heranzukommen. Doch das erweist sich als Fiktion. Warum?

Aufgabe 16

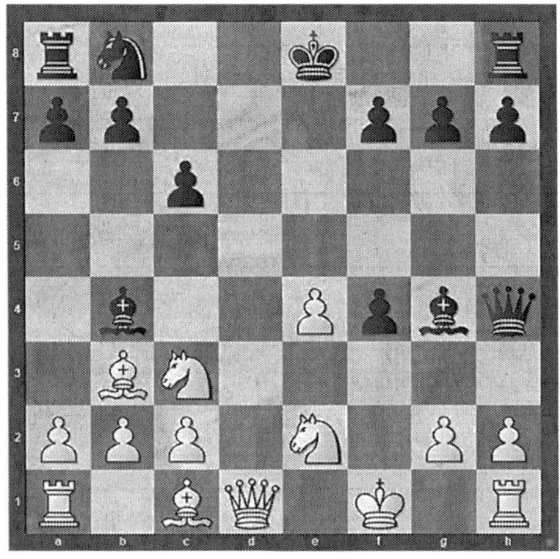

Ebenfalls in Posen, allerdings ein Jahr später, kam es zur Begegnung zwischen Kornfeld und Zukertort. Dass die Partiestellung aus einem leicht verunglückten Königsgambit entstand, lässt sich vielleicht erahnen. Schwarz (am Zug) steht bereits auf Gewinn. Doch wie machte Zukertort den Sack zu?

Aufgabe 17

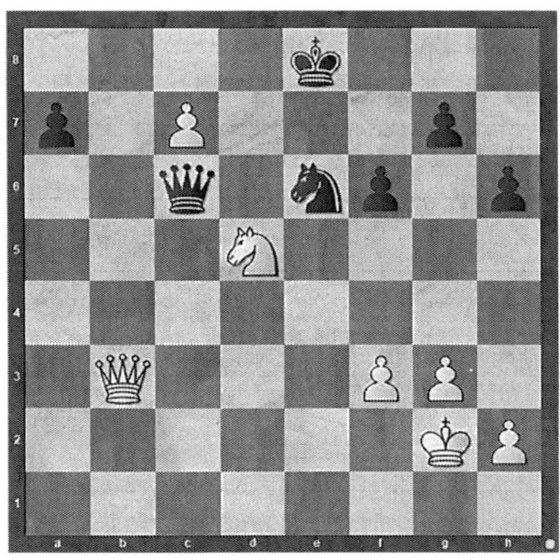

In einer 1872 gespielten Partie gab Zukertort mit Weiß seinem Gegner (Graf de Kostaki Epoureano) einen Springer vor. Obwohl Zukertort damit bereits einen Offizier weniger auf dem Brett hatte, startete er in nachfolgender Stellung einen furiosen Angriff mit vielen Opfern. Sehen Sie, wie es dem Meister gelang, dem Grafen den Kragen umzudrehen?

Aufgabe 18

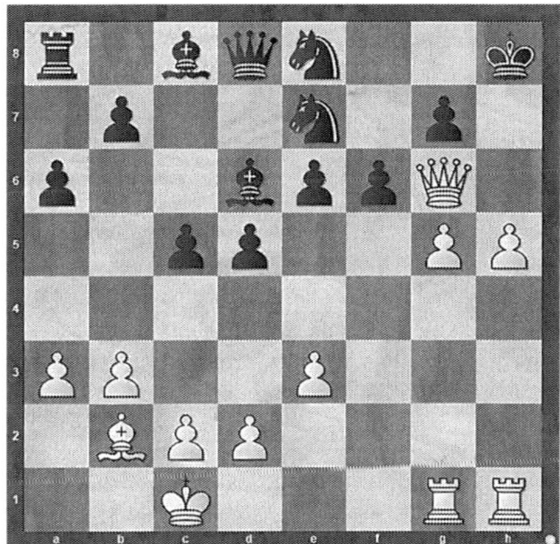

Die Vorgabe einer Figur durch den Meisterspieler ist heute völlig aus der Mode gekommen. In den romantischen Zeiten des Schachs war es jedoch besonders bei Kaffeehauspartien durchaus nicht unüblich, dem Amateurspieler so zumindest das Gefühl zu vermitteln, eine Chance zu haben. *So war das damals, Freunde!*

Eine schöne Kombination gelang Zukertort beim Turnier in London 1881 in seiner Partie gegen Englisch. Es schien, als könnte Schwarz hier sehr hoffnungsvoll in die Zukunft blicken, denn nach 47.♕b8+ hätte Zukertort nicht mehr als eine ausgeglichene Position erreicht. Aber das Schachspiel offenbart manchmal gar wundersame und geradezu unglaubliche Möglichkeiten. Welchen Pfeil hatte Weiß hier im Köcher?

Isaac Leopold Rice

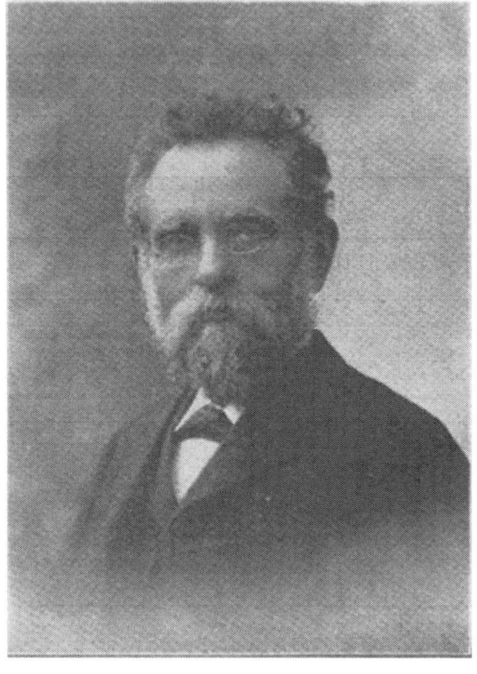

Isaac Rice (1850 – 1915) wurde in Wachenheim an der Weinstraße geboren. Seine Familie emigrierte kurz danach in die Vereinigten Staaten.

Rice studierte in Philadelphia und wurde ein recht erfolgreicher Unternehmer[56].

Rice machte v. a. als exaltierter Schachmäzen von sich reden.

Nach ihm ist auch das aus heutiger Sicht allerdings widerlegte *Rice-Gambit* benannt. Es entsteht nach den Zügen 1.e4 e5 2.f4 exf4 3.♘f3 g5 4.h4 ♘e5 ♘f6 6.♗c4 d5 7.ed5 ♗d6 8.0–0. Überzeugt von der Spielbarkeit dieses Systems engagierte Rice zahlreiche Spitzenspieler, darunter auch Emanuel Lasker, die die Zugfolge analysierten. 1904 fand in Monte Carlo sogar ein Meisterturnier statt, bei dem das Gambit vorgeschrieben war[57].

Rice war zudem ein recht ambitionierter Amateurschachspieler. Seine nachfolgende Partie gegen den Engländer Wordsworth Donisthorpe (1847 – 1914) fand dabei immerhin ihren Weg in die *New York Tribune* und wurde seinerzeit sogar durch keinen Geringeren als den amtierenden Schachweltmeister Wilhelm Steinitz kommentiert[58]. Ein doppelter Ritterschlag. Oder war etwa doch Geld im Spiel?

---

56 David Hooper, Kenneth Whyld: a. a. O., S. 35

57 Ebenda, S. 282. Das doppelrundige Turnier wurde unter 6 Spielern ausgetragen. Es siegten punktgleich Marshall und Swiderski.

58 Chessgames.com

Rice – Donisthorpe

Königsgambit (C35)

London 1892

1.e4 e5 2.f4 exf4 3.♘f3 ♗e7 4.♗c4 ♗h4+

Oder 4...♘f6=.

5.g3?!

5.♔f1= ist gut spielbar.

5...fxg3∓ 6.0-0 d5

Bekannt war 6...gxh2+ 7.♔h1 d5 8.♗xd5 ♘f6 9.♗xf7+ ♔xf7 10.♘xh4 ♖e8 11.d3 ♗h3 12.♕h5+ ♔g8 13.♖xf6 gxf6 14.♘c3 ♖e5 15.♕f3 ♕d7 16.♗f4 ♘c6 17.♔xh2 ♗g4 18.♖g1 h5 19.♗xe5 fxe5 20.♘d5 ♘d4 21.♘f6+ Morphy, P. – Bird, H., London (St George's CC) 1859, 1-0 (46).

7.exd5 gxh2+ 8.♔h1 ♗h3 9.♕e2+?!

Genauer ist 9.♘xh4 ♕xh4 10.♕e1+ ♕e7 11.♕xe7+ ♘xe7 12.♖e1∓.

9...♔f8–+ 10.♖d1 ♗g4?!

10...♗g3! war stärker. Nach 11.d4 ♘f6 12.♘c3 ♘bd7–+ steht Schwarz deutlich besser!

11.d4∓ ♘f6

11...♘d7 12.♖f1 ♗f6∓ ist nachhaltiger.

12.♘c3

12.♕g2!= und Weiß kann seine Probleme vermutlich leichter lösen.

12...♘h5 13.♘e4?!

Wiederum war 13.♕g2 angezeigt. 13...♘g3+ 14.♔xh2∓ muss Weiß nicht sonderlich fürchten.

13...f5?!

13...♘d7 14.♕g2 ♗f5–+ war eine gute Alternative zum Textzug.

14.♖f1

Weltmeister Steinitz lobt diesen Zug ausdrücklich. Gleichwohl war auch hier 14.♕g2!= zu überlegen!

14...♘d7

Beziehungsweise erst 14...♕e7! 15.♔xh2 ♘d7∓.

15.♕g2=

Endlich!

15...♗f6?

Nach 15...♕e7! hätte sich Schwarz keine Sorgen machen müssen. 16.♘fg5 ♗xg5 17.♘xg5 *(17.♕xg4? ♕xe4+ 18.♕xe4 ♘g3+ 19.♔xh2 ♘xf1+ 20.♗xf1 fxe4–+)* 17...♕d6=.

16.♘eg5+–

Weniger gut war 16.♘xh2 ♕e7 17.♘xf6 *(17.♘xg4 ♕xe4 18.♕xe4 ♘g3+ 19.♔g1 ♘xe4=)* 17...♘dxf6±.

16...♕e7 17.♘e6+ ♔f7 18.♘fg5+

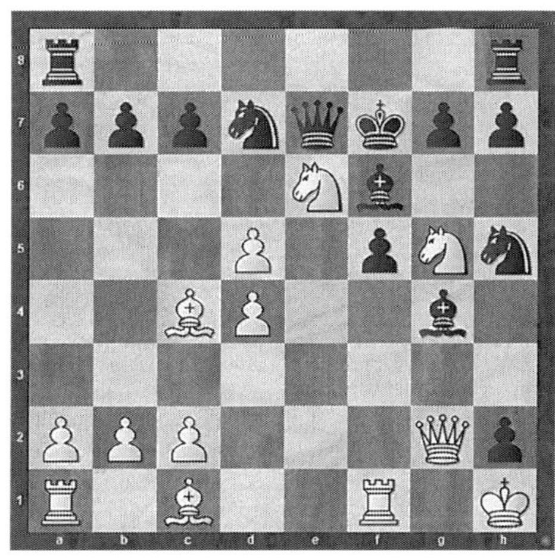

18...♗xg5

Steinitz erläutert in seinen Analysen, dass nach 18...♔g6? ein schönes Matt durch 19.♕xg4 fxg4 20.♗d3+ ♔h6 21.♘f7# folgt.

19.♕xg4

19.♗xg5?! ♘df6± bringt Weiß nicht unmittelbar weiter.

19...♗xc1 20.♕xh5+ g6 21.♖xf5+

Der Weltmeister führt zu diesem Zug begeistert aus, dass die weiße Angriffsführung von hoher Qualität sei. Es handele sich um ein gut durchdachtes Qualitätsopfer.

21...♘f6 22.d6

Steinitz merkt hier an, dass die weiße Spielführung eine besonderen Auszeichnung verdiene.

22...cxd6

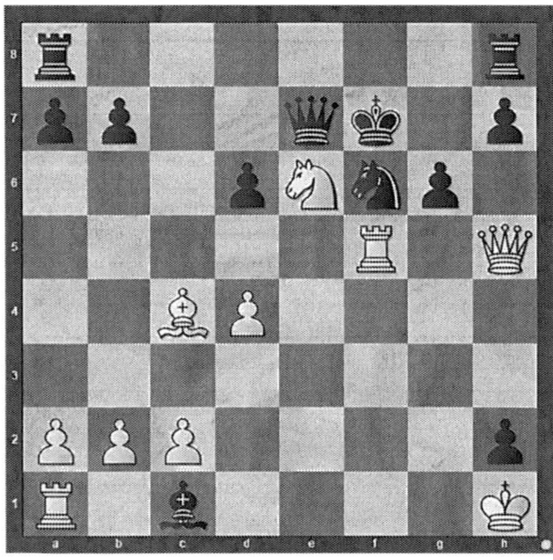

23.♖xf6+!

Auch diesen Zug lobt Steinitz ausdrücklich. Er stehe ganz im Einklang mit der guten Qualität des vorangegangenen weißen Zuges.

23...♕xf6 24.♕d5

Nach Steinitz ein sehr geschickter Zug, der den weißen Druck aufrechterhalte.

24...b5

⌓24...♖ae8+– war vielleicht einen Versuch wert.

25.♕b7+

Schwächer ist 25.♖xc1 bxc4 26.♕b7+ *(26.♘c7+ ♔g7=)* 26...♔xe6±.

25...♕e7 26.♘g5+ ♔f6 27.♘e4+ ♕xe4+ 28.♕xe4 und Schwarz gibt auf. **1-0**

Oscar Blumenthal

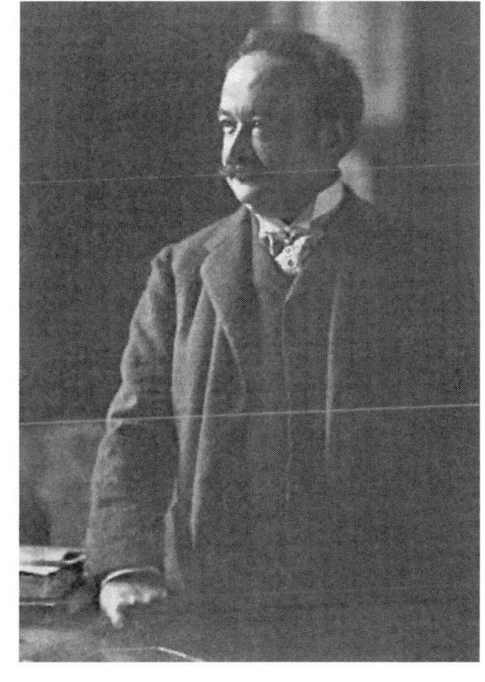

Dr. phil. Blumenthal (1852 – 1917) war hauptberuflich als Literaturwissenschaftler, vielbeschäftigter Rezensent, Theaterdirektor, Autor und Bühnendichter tätig. Daneben wurde er als Schachkomponist bekannt.

Nach 1871 veröffentlichte Oscar Blumenthal v. a. im Magazin *Deutsches Wochenschach* unter dem von ihm eingeführten Begriff *Miniaturen* diverse Schachprobleme. Dabei handelte es sich um Kompositionen mit höchstens sieben Steinen.

1902 folgte eine seinerzeit recht populäre Sammlung von *Schachminiaturen*, die ein Jahr später in einer weiteren Veröffentlichung komplettiert wurde. Darüber hinaus schrieb er sogenannte *Schachplaudereien*, die in den Jahren 1891-94 im Feuilleton des *Rigaer Tageblattes* und später gesammelt beim Verlag de Gruyter erschienen[59] [60].

Die nachfolgende Miniatur stammt aus der *Vereinszeitung der Berliner Schachgesellschaft, 1871.* Weiß setzt in zwei Zügen matt.

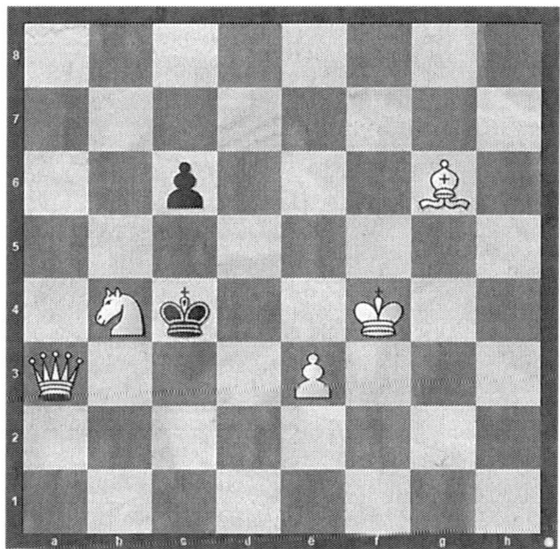

1.♘d5 und dann

a) 1...♔xd5 2.♗f7# (Idealmatt)

b) 1...cxd5 2.♗d3# (Mustermatt)

c) 1...♔b5 2.♗d3#

d) 1...c5 2.♕d3#

---

59 Manfred Zucker: Große deutsche Problemmeister (14) . In: Schach, Nr. 5, 1994, S. 76

60 Dagobert Kohlmeyer: Oscar Blumenthal – Schriftsteller–Theatermann–Schachspieler, Chaturanga, 2020

Arnold Schottländer

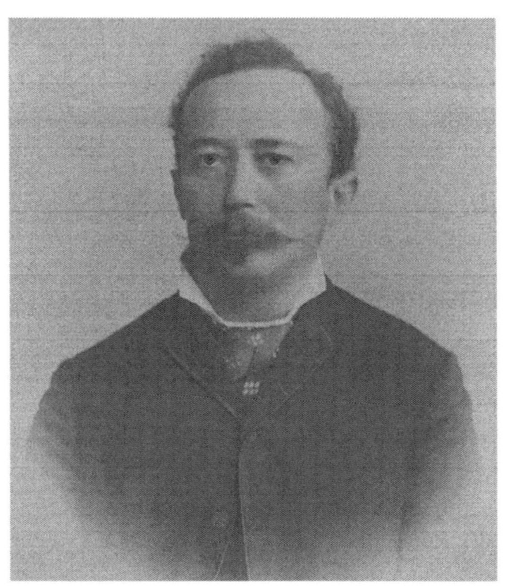

Der Schlesier Arnold Schottländer (1854 – 1909) zählte zum erlauchten Freundeskreis um Adolf Anderssen, der sich häufig in den Breslauer Schachcafés traf[61]. Er gehörte zu dieser Zeit zu den stärksten Spielern in Deutschland. Er war Teilnehmer bei den Kongressen des Deutschen Schachbundes in Leipzig (1879) Nürnberg (1883), Hamburg (1885) und Dresden (1892)[62]. Aufgrund gesundheitlicher Probleme musste er danach aber das Turnierspiel aufgeben.

Nachfolgend seine Partie gegen den englischen Spitzenspieler Henry Bird (1830 – 1908)[63].

Schottländer – Bird

Sizilianisch (B73)

Nürnberg 1883

1.e4 c5 2.♘c3 ♘c6 3.♘f3 g6 4.d4 cxd4 5.♘xd4 ♗g7 6.♗e3 ♘f6 7.♗e2 0-0 8.0-0 d6 9.♕d2 ♗d7 10.h3 ♖c8

Später versucht es Bird mit der Variante 10...♘xd4 11.♗xd4 ♗c6 12.♗f3 ♕a5 13.♖fe1 *(13.a3 b5 14.♗xf6 exf6 15.♕xd6 ♖ac8 16.♕b4 ♕b6 17.♗g4 ♖cd8 18.♖ad1 h5 19.♗e2 a5 20.♕b3 ♖xd1 21.♖xd1 ♖b8 22.♘d5 ♕b7 23.f3 ♖e8 24.♗f1 ♕b8 25.♘c3 ♖e5 26.♔h1 ♗f8 27.♗xb5 ♖g5* Gunsberg, I. – Bird, H., Bradford/Yorkshire 1888, 1-0 (48)*)* 13...♘d7 14.♗xg7 ♔xg7 15.♕d4+ ♔g8 16.b4 ♕b6 17.♕xb6 ♘xb6 18.b5 ♗d7 19.♘d5 ♘xd5 20.exd5 ♖fe8 21.c4 ♖ac8 22.♖ac1 ♖c5 23.♔f1 ♔f8 24.a4 ♖ec8 25.♗e2 Lasker, E. – Bird, H., Liverpool 1890, 1-0 (57).

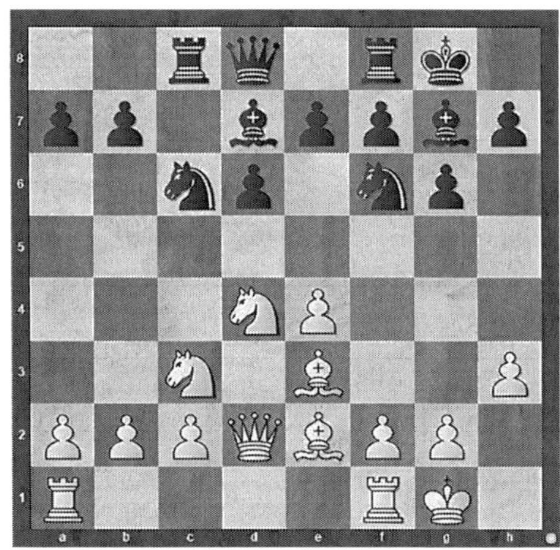

11.♖ad1 a6 12.f4 ♕c7 13.♗f3

13.♘b3± bekommt etwas bessere Kritiken.

13...b5

61 Siegbert Tarrasch: Dreihundert Schachpartien. Leipzig 1895, S. 3.

62 P. Feenstra Kuiper: Hundert Jahre Schachturniere. Die bedeutendsten Schachturniere 1851 – 1950. Amsterdam 1964, S. 286.

63 Chessgames.com

Günstiger ist 13...♘a5= und Einfall nach c4!

14.a3

14.♘de2 scheint flexibler zu sein. Nach 14...♘a5 15.b3⩲ steht Weiß etwas besser.

14...♖fd8?!

Wie wir gleich sehen werden, keine wirklich gute Idee. Vorzuziehen war 14...♘a5=.

15.♕f2±

Nach ⌓15.♘b3!± hat Weiß alles unter Kontrolle.

15...♘a5?

Wieder kein guter Zug! Schottländer zielt auf das Feld b6, den wunden Punkt im schwarzen Lager. Von daher war vermutlich 15...♖e8± angezeigt.

16.♘dxb5!+− ♗xb5

Auf 16...axb5 folgt 17.♗b6 ♕b8 18.♗xa5+−.

17.♘xb5

17.♗b6 wäre deutlich schwächer gewesen. 17...♕d7 18.♗xa5 ♗xf1 19.♔xf1 *(19.♗xd8 ♗xg2 20.♔xg2 ♕xd8⩲)* 19...♖e8⩲.

17...♕xc2 18.♗b6 ♖f8?!

Nötig war 18...♕xf2+ 19.♖xf2 axb5 20.♗xa5 ♖d7±.

19.♕xc2

Aber nicht 19.♗xa5?! axb5 20.e5 ♕xf2+ 21.♖xf2 *(21.♔xf2 ♘h5⩲)* 21...dxe5 22.fxe5 ♘h5±.

19...♖xc2 20.♘d4

20.♗xa5?! ist wiederum nicht ganz so effektiv: 20...axb5 21.e5 dxe5 22.fxe5 ♘h5 23.♗c3±.

20...♘c4 21.♘xc2 ♘xb6 22.b3 ♘fd7 23.b4

Weiß verpasst ⌓23.♘b4 ♖c8 24.e5 dxe5 25.♘c6 ♔f8 26.♖fe1+−.

23...♖c8 24.♘e1 ♗b2 25.♗e2 ♘f6 26.♗xa6 ♖a8 27.♗b5 ♖xa3 28.♖f3

Warum nicht 28.♗c6+−?

28...♘xe4± 29.♖xa3 ♗xa3 30.♘d3?

Schottländer wird nachlässig. Hier war 30.♘c2 ♘c3 31.♖d3 ♗xb4 32.♘xb4 ♘xb5± erforderlich.

30...♘c3!∓ 31.♖e1 ♘xb5 32.♖xe7 ♘d5 33.♖b7 ♘dc3

33...♘dc7 und Schwarz hätte noch reelle Chancen! 34.g4 ♔f8∓

34.♔f2!=

Jetzt macht sich Schottländer auf die Socken und versucht nachfolgend, irgendwie den abgeklemmten ♗a3 zu verspeisen.

34...♔g7 35.g4 ♔f6

Bird hätte vielleicht noch versuchen sollen, mit 35...h5∓ Gegenspiel auf dem Königsflügel zu kreieren.

36.♔e3 h6 37.h4 ♔e6 38.♔d2 d5 39.♔c2 ♘d6 40.♖b8 ♘ce4 41.♖h8 ♔f6 42.♖a8

42.♖xh6?! ♔g7 43.g5= wäre vermutlich sogar auch gegangen.

42...♘c4 43.♖a6+ ♔e7 44.♖a7+ ♔f6 45.♔b3 ♘ed2+?!

45...h5 ist genauer. 46.♖a6+ ♘ed6 47.gxh5 gxh5 48.♔c3 (aber keinesfalls *48.♖xd6+? ♘xd6 49.♔xa3 ♔f5−+* und Schwarz stünde auf Gewinn!) 48...♔f5 49.♔d4=. So blieb es noch spannend!

46.♔c2

46.♔c3⩲ war wahrscheinlich vorzuziehen.

46...♘f3 47.♔b3 ♘d4+ 48.♔a2 ♘b5 49.♖a6+

49.g5+! hält das Gleichgewicht. 49...hxg5 50.fxg5+ ♔g7 51.♖b7 ♘c3+ 52.♔b3 ♘e2=.

49...♔e7

49...♘cd6! 50.♖xd6+ ♘xd6 51.♔xa3 h5= wäre einen Versuch wert gewesen.

50.♖a8 d4?!

Gibt die Deckung auf. Von daher wäre 50...♔f6= nicht schlecht.

51.♔b3± ♘bd6

Zu passiv. 51...♘e3! war vielleicht eine gute Alternative. 52.♖a5 ♗xb4 53.♘xb4 ♘c7 54.♘c6+ ♔d6 55.♘e5 *(55.♘xd4 ♘xg4=)* 55...♔e6±.

52.♘e5

52.h5! hätte Schwarz mehr in Bedrängnis gebracht!

52...♗xb4 53.♘xc4 ♘xc4 54.♔xc4

54.♔xb4 wird nach 54...♘e3= vermutlich nur Remis!

54...♗d6 55.♔xd4 ♗xf4 56.♖a3 ♔f6?!

56...♗c1± gibt Schwarz deutlich mehr Optionen.

57.♖f3+− g5 58.h5 ♔g7

58...♔e6 59.♖a3 ♗e5+ 60.♔e4+− ändert nicht viel. Der Rest ist Technik!

59.♔e4 ♗c1 60.♔d5 ♗b2 61.♔d6 ♔f8 62.♔d7 ♗e5 63.♖f5 ♗b2 64.♖b5 ♗f6 65.♖b6 ♔g7 66.♔e8 ♗d4 67.♖b7 ♔f6 68.♖xf7+ ♔e5 69.♖f5+ ♔e4 70.♔f7 ♗e3 71.♔g6 ♗f4 72.♔xh6 ♔f3 73.♖xg5 ♔g3 74.♔g6 ♔h4 75.♖f5 Bird gibt auf! **1-0**

Aufgabe 19

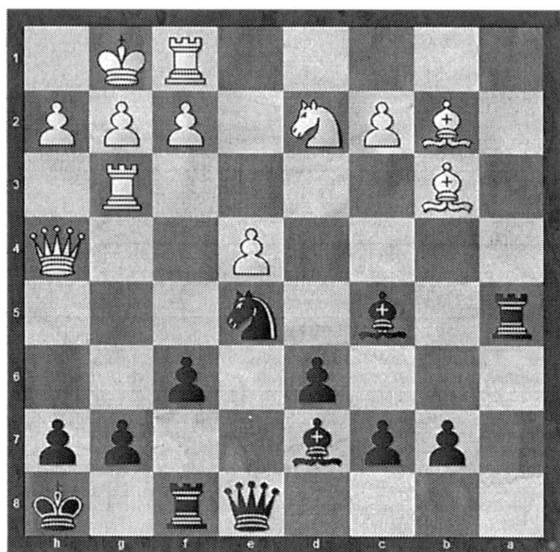

Der große Siegbert Tarrasch, der uns gleich ebenfalls begegnen wird, zählte gerade einmal 17 Lenze, als diese Partie 1879 in Breslau gespielt wurde. Arnold Schottländer, gestählt durch viele Kaffeehauspartien gegen Adolf Anderssen, hatte dem Newcomer bereits einen Bauern abgenommen. Nach dessen fehlerhaftem Zug 20.♘b1−d2 kam nun weiteres Holz hinzu. Wie nutzte Schottländer die etwas unglückliche weiße Figurenstellung aus?

Aufgabe 20

Beim Turnier in Nürnberg waren scheinbar weder Isidor Gunsberg noch Arnold Schottländer voll auf der Höhe ihrer Schachkunst. Mit Platz 17 bei 19 Teilnehmern für Gunsberg und Platz 12 für Schottländer konnten beide Spieler sicher nicht zufrieden sein. Winawer, Blackburne und Mason kamen damals aufs Treppchen.

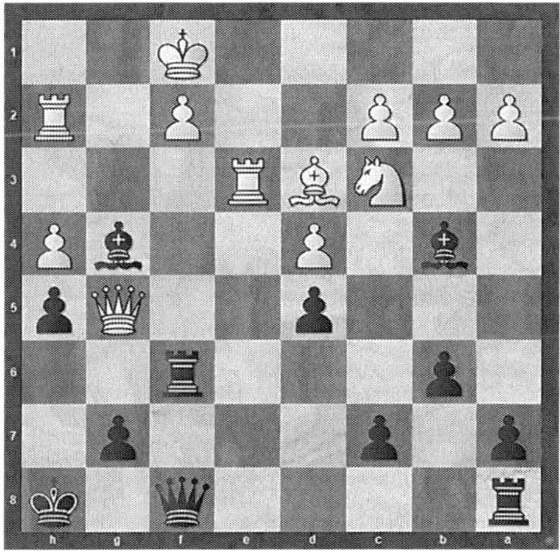

Im direkten Vergleich (siehe Diagramm) entwickelte sich ein wildes Handgemenge, das Schottländer (mit Schwarz) für sich entscheiden konnte. Zuletzt kam **23.♖h1–h2** auf das Brett, um f2 zu decken. Doch ausreichend war dieser Verteidigungszug indes nicht. Warum?

Aufgabe 21

Beim 7. Kongress des Deutschen Schachbundes 1892 in Dresden saßen sich Wilfried Paulsen und Arnold Schottländer in der 12. Runde gegenüber. Vielleicht klingelt es gerade bei der schachhistorisch interessierten Leserschaft.

Wilfried Paulsen? Ist er gar mit *Louis Paulsen* verwand?!

Richtig! Wilfried war sein Bruder! Wir haben es hier mit der gar nicht so seltenen Situation zu tun, dass das Talent zum Schachspielen oft in Familien durchschlägt. Im Gegensatz zu Louis, der die Schachwelt zwischen 1862 und 1878 klar dominierte, war Wilfried aber kein Berufsspieler. Er verdiente sein Geld vielmehr als erfolgreicher Kartoffelbauer. Aufgrund eines umfangreichen Sortiments galt er in den letzten Jahrzehnten des 19. Jahrhunderts sogar als Marktführer für den Verkauf von Erdäpfeln in Deutschland.

Doch zurück zum Dresdner Schachkongress! Wilfried Paulsen belegte letztendlich den selbstredend unbefriedigenden letzten Platz im Turnier, das überlegen von Siegbert Tarrasch gewonnen wurde. Aber auch Schottländers 13. Platz unter 17 Teilnehmern hatte lediglich statistischen Wert. Zur Ehrenrettung beider Spieler sei jedoch erwähnt, dass das Turnier mit großen Meistern wie Blackburne, Mieses und Marco besetzt war.

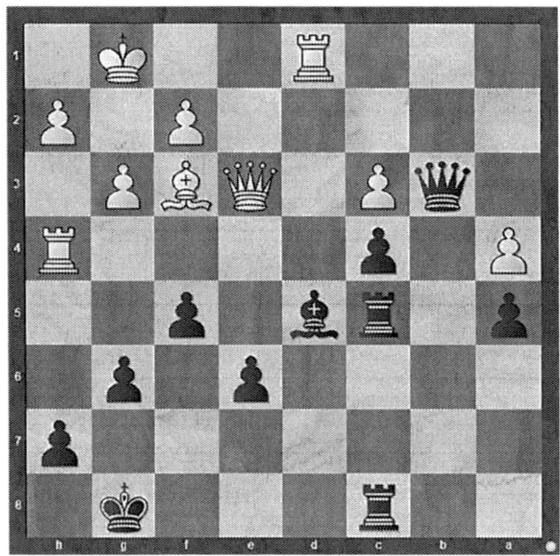

In der vorliegenden Diagrammstellung hatte Paulsen gerade 31...♖d8–c8 vom Stapel gelassen und so die eigentlich ausgeglichene Stellung in ein Selbstmatt verwandelt. Schottländer wird hingegen erfreut gewesen sein. Er ergriff die Gelegenheit und zwang seinen Gegner zur baldigen Aufgabe. Was hatte Paulsen übersehen?

Wilhelm Cohn

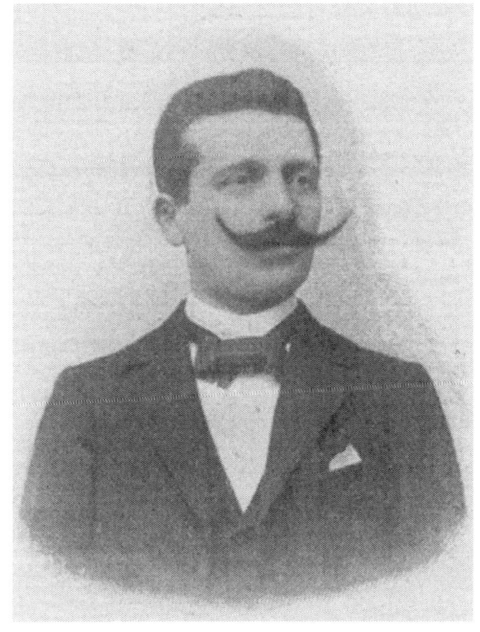

Über den Lebenslauf von Wilhelm Cohn (1859 – 1913) ist kaum etwas bekannt[64]. Offenbar lebte er aber vom Schach. Bekannt sind ferner gesundheitliche Probleme, die ihm wohl insbesondere bei längeren Turnieren Probleme bereiteten.

Überliefert sind Wettkampfpartien gegen den Berliner Meisterspieler Carl August Walbrodt (1894) sowie diverse Turnierpartien. Folgende Teilnahmen sind belegt:

- 10. DSB-Kongress in Eisenach 1896,
- Meisterturnier des SV Centrum in Berlin 1897,
- 11. DSB-Kongress in Köln 1898,
- großes internationales Turnier von London 1899,
- 12. DSB-Kongress in München 1900,
- 13. DSB-Kongress in Hannover 1902,
- B-Turnier in Wuppertal-Barmen 1905,
- Jubiläumsturnier der Berliner Schachgesellschaft 1907,
- Internationales Turnier in Ostende 1907 sowie
- Berliner Meisterschaft 1908.

1908 zog sich Cohn vom Turnierschach zurück, gründete die *Berliner Schachakademie* und gab neben seinem Unterricht, abgesehen von vereinzelten Beteiligungen an Städtewettkämpfen zwischen 1911 und 1913, nur noch Simultanvorstellungen. Seine spielerischen Fähigkeiten waren jedoch nicht zu unterschätzen, wie seine Partie gegen den Österreicher Carl Schlechter (1874 – 1918) zeigt[65].

---

64 https://de.chessbase.com/post/wer-war-wilhelm-cohn, Bild: Barmenturnierbuch 1905, S. 143

65 ChessBase-Datenbank

Cohn,W – Schlechter

Ponziani (C44)

London 1899

1.e4 e5 2.♘f3 ♘c6 3.c3 ♘f6

3...d5= gilt als schärfere Waffe.

4.d4 ♘xe4 5.d5 ♘b8

Oder 5...♘e7±.

6.♗d3

Eine Alternative zum Textzug ist 6.♘xe5=.

6...♘c5 7.♘xe5 ♘xd3+ 8.♘xd3 ♗e7 9.0-0 0-0 10.♕f3 d6 11.♘d2 ♘d7

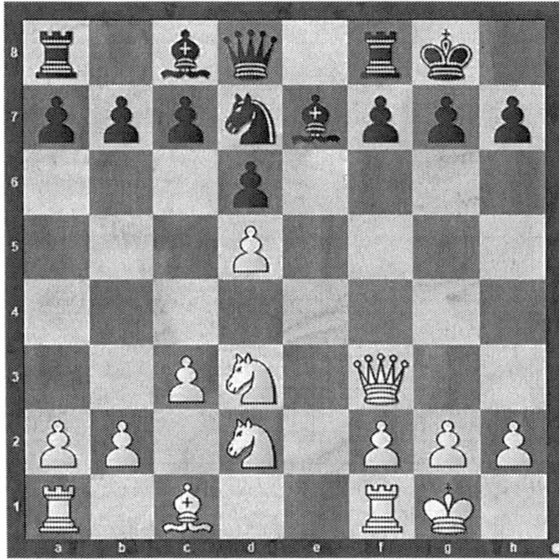

12.♖e1

Ein paar Jahre später versucht es Cohn mit 12.♘b3 ♘e5 13.♕e2 ♗f6 14.♗e3 *(14.♘xe5 ♗xe5 15.♖e1∓* verdient Beachtung.*)* 14...♖e8 *(*Vorzuziehen ist *14...♘c4∓)* 15.♘xe5∓ ♗xe5∓ 0-1 (50) Cohn, W. – Wolf, H., Hannover 1902.

12...f5

12...a5= war in Erwägung zu ziehen.

13.♘c4

13.♘b3± sieht ebenfalls gut aus.

13...♗f6!= 14.♗f4

Jedoch nicht 14.♕xf5? ♘c5 15.♕f3 ♗xc3!–+. 14.h3= wäre allerdings eine denkbare Alternative gewesen.

14...g5∓ 15.♗d2 b5?!

Der seinerzeit als remisfreudig geltende Schlechter geht hier leidlich aggressiv zu Werke. 15...♗g7= war allerdings vorzuziehen.

16.♘a5!±

Natürlich nicht 16.♘a3?! a6= und die schwarze Stellung wäre wieder konsolidiert.

16...♘e5 17.♘xe5 dxe5 18.♘c6 e4 19.♕g3! f4 20.♗xf4!+– ♕xd5 21.♘b4↑

Weiß bestimmt, wo es lang geht.

21...♕f5 22.♗xc7±

Cohn war bestimmt zufrieden mit der Stellung. Er hat einen Bauern mehr, und sein Gegner steht eher luftig.

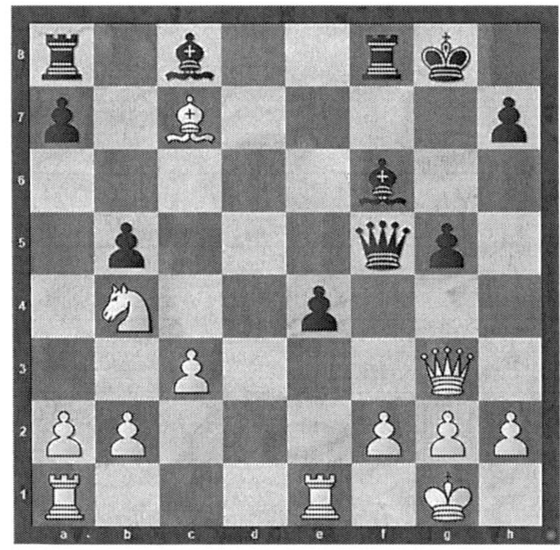

22...a5

22...h5 23.♖ad1 ♗e6± war gewiss einen Versuch wert!

23.♘c2+– ♖f7

23...♕g4!? vielleicht?

24.♘d4 ♗xd4 25.cxd4 ♗e6 26.♖ac1 ♖af8

Schlechter versucht weiterhin, aktiv zu

bleiben. Dennoch war △26...♗c4 27.b3 ♗d5+– vermutlich etwas besser.

27.♖c5 ♗d5

27...♕xf2+ scheitert an 28.♕xf2 ♖xf2 29.♖xg5+ ♔h8 30.♗e5++–.

28.♗e5 ♖d8 29.♖ec1 h5 30.h4 g4 31.♕e3 ♗c4 32.b3 Weiß beherrscht das Brett. Schwarz gab auf. **1-0**

Aufgabe 22

Richard Teichmann wird in diesem Buch noch eine tragende Rolle spielen. Nachfolgend ist er jedoch Sparringspartner unseres aktuellen Protagonisten.

In der Berliner Meisterschaft von 1897 rissen Cohn und Teichmann keine Bäume aus. Cohn landete auf dem 13. und Teichmann sogar nur auf dem 17. Platz von 20 Teilnehmern.

Teichmann, der in der Partie gegen Cohn die schwarzen Steine führte, hatte in der Diagrammstellung die Wahl der Qual.

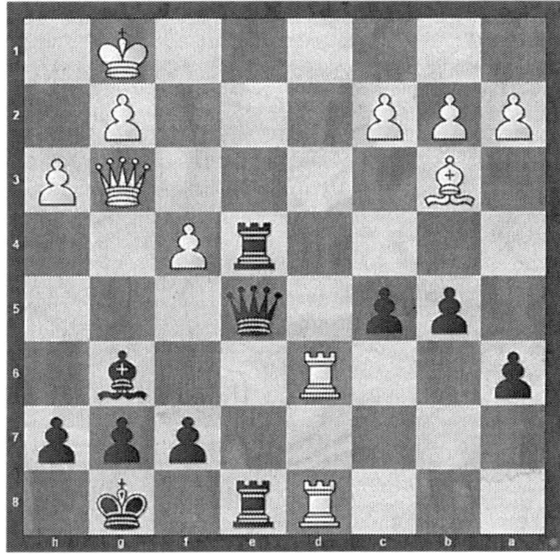

Sollte er 25...♕xb2 spielen oder doch mit 25...♖e1+ den gegnerischen König befragen? Schwarz spielte den wesentlich schlechteren der beiden Züge und stellte bald den Widerstand ein. Was hatte er übersehen?

Aufgabe 23

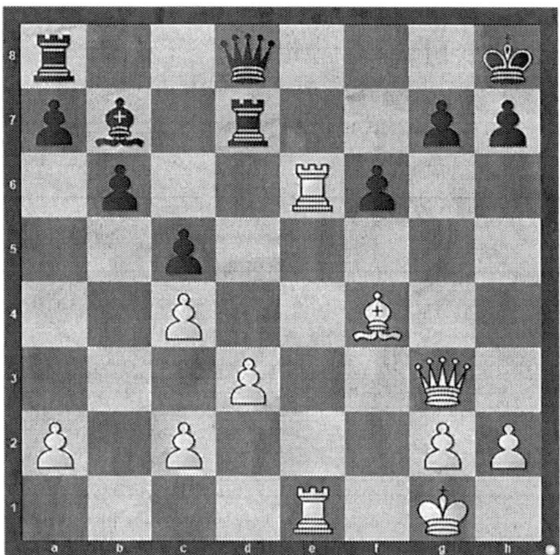

Beim Turnier in Ostende 1906 spielte Cohn mit den weißen Steinen gegen Oskam. Schwarz hatte zuletzt 21...♔h8 gezogen. Glaubte er, dass in der g-Linie Gefahr für seinen Monarchen drohte? Cohn konnte jetzt jedenfalls mit einem sehr schönen Zug glänzen, der dem Nachziehenden sofort die Lichter ausblies. Was zog Weiß?

Berthold Lasker

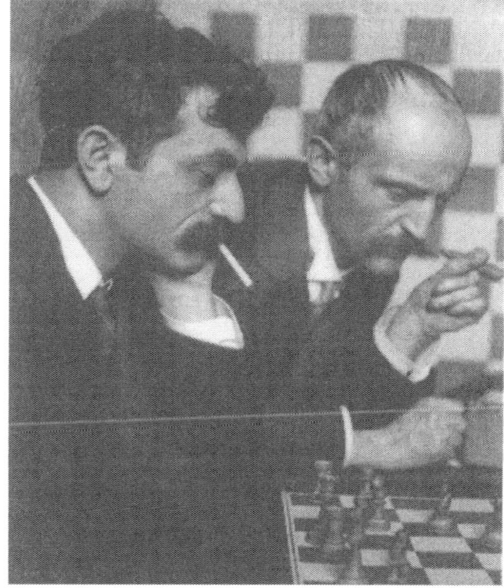

Dr. Jonathan Berthold Barnett Lasker (1860 – 1928) wurde in *Berlinchen* (heute Barlinek, Polen) geboren. Vater und Großvater übten als Kantor und Rabbiner hohe Ämter in der jüdischen Gemeinde aus. Sein 8 Jahre jüngerer Bruder Emanuel wird später Schachweltmeister.

Die Brüder zieht es früh nach Berlin. Berthold Lasker legt dort 1879 zunächst sein Abitur ab und studiert von 1881 bis 1888 Medizin an der Humboldt-Universität. Er promoviert und praktiziert danach in Wuppertal-Elberfeld ein Jahr lang als Allgemeinmediziner[66].

In dieser Zeit lernt er die seinerzeit schon bekannte Dichterin und Dramatikerin Else Schüler kennen. Nach ihrer Heirat 1894 zieht das Ehepaar nach Berlin. Dort praktiziert Lasker als Facharzt für Hautkrankheiten[67].

Die Ehe verlief insgesamt gesehen eher problematisch. Berthold Lasker wurde u. a. die Vaterschaft eines 1899 geborenen Kindes aberkannt. Else Lasker-Schüler warf ihrem Mann zudem vor, gewalttätig zu sein. 1903 lassen sich die Eheleute schließlich scheiden[68].

Um die Jahrhundertwende geht Lasker für einige Zeit in die Vereinigten Staaten und versucht dort beruflich Fuß zu fassen. So recht gelingen will ihm das aber nicht. Er kommt daher bald wieder zurück und siedelt sich dauerhaft in Berlin an.

In der Reichshauptstadt trifft Berthold Lasker schließlich auf Regina Cassriel (1868-1928). Diese Ehe ist glücklich und hält bis zu ihrem Tod. Lasker verstirbt nur ein paar Monate nach ihrem Ableben[69].

Schachlich war Berthold Lasker ähnlich begabt wie sein Bruder Emanuel. Bereits in den 1880er Jahren gehört er zu den stärksten deutschen Spielern und kann diverse Turniererfolge erringen. Selbst der so kritische Tarrasch bezeichnete ihn als einen *„...sehr genialen Spieler, dessen Stärke in einem Turnier wegen seiner Nervosität selten den gebührenden Wert erhielt...“* [70].

Lasker war im Übrigen auch als Schriftsteller tätig. Ein 1925 zusammen mit seinem Bruder Emanuel verfasstes Drama ist allerdings nur mäßig erfolgreich[71].

---

66 Sigrid Bauschinger: Else Lasker-Schüler. Biographie. Wallstein, Göttingen 2004, S. 45

67 Erika Klüsener: Else Lasker-Schüler, Reinbek 1980, S. 33 ff.

68 Ebenda.

69 https://de.wikipedia.org/wiki/Bertold_Lasker

70 a.a.O. Siegbert Tarrasch: Dreihundert Schachpartien. 3. Auflage 1925, S. 21 f.

71 Vom Menschen die Geschichte. Drama in einem Vorspiel und fünf Akten. Weltbuchhandel, Berlin 1925 (Nachdruck: Promos, Pfullingen 2008)

Die folgende Partie ist ein gutes Beispiel für die Spielstärke Berthold Laskers[72].

Lasker, B – Phillips

Russisch (C42)

Städtewettkampf New York – Berlin, 1905

1.e4 e5 2.♘f3 ♘f6 3.♘xe5 d6 4.♘f3 ♘xe4 5.d4 d5 6.♗d3 ♗e7 7.0-0 0-0 8.♖e1 ♘f6 9.♗g5

Das mutet fast schon modern an! Die Alternative wäre 9.♗f4 ♖e8 10.h3 ♘bd7 11.c4 dxc4 12.♗xc4 ♘b6 13.♗b3 ♘bd5 14.♗e5 c6 15.♘c3±.

9...♘c6 10.c3 ♗g4?!

Etwas besser ist 10...h6 11.♗h4 ♗e6±.

11.♘bd2±

Beziehungsweise ⌓11.h3 ♗e6 12.♘bd2±.

11...♘h5?

Lasker wird diese Unachtsamkeit unmittelbar bestrafen. 11...h6± war eine bessere Verteidigung. Auch 11...♗h5± sollte noch spielbar sein.

12.♗xe7+– ♘xe7 13.♗xh7+ ♔h8

Falls 13...♔xh7, so 14.♘g5++–.

14.♗d3 ♘f4 15.♗f1 f6 16.g3 ♘h5

⌓16...♘h3+ 17.♗xh3 ♗xh3+– war vielleicht einen Hauch besser, hilft Schwarz aber andererseits nicht grundlegend weiter.

17.h3 ♗xf3 18.♘xf3 g6 19.♘h4 ♔g7 20.♕g4 ♔g8

20...f5 21.♖xe7+ ♕xe7 22.♕xg6+ ♔h8 23.♕xh5++– ist ebenfalls keine gute Option.

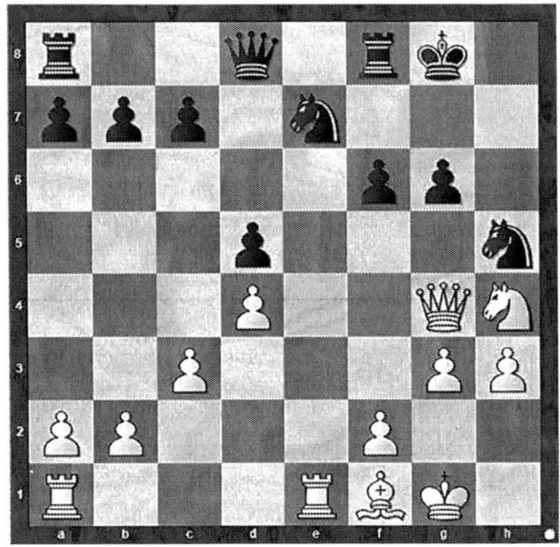

21.♖xe7! ♕xe7 22.♕xg6+ ♘g7 23.♗d3

Phillips steht hoffnungslos und versucht, sich noch irgendwie aus der Bredouille zu befreien. Doch Lasker lässt seinem Gegner keine Chance mehr!

23...f5 24.♘xf5 ♖xf5 25.♗xf5 ♕f7 26.♕h7+ ♔f8 27.♗g6 ♕g8 28.♕xg8+ ♔xg8 29.♖e1 ♔f8 30.h4 Schwarz gibt auf! **1-0**

72 ChessBase online

Aufgabe 24

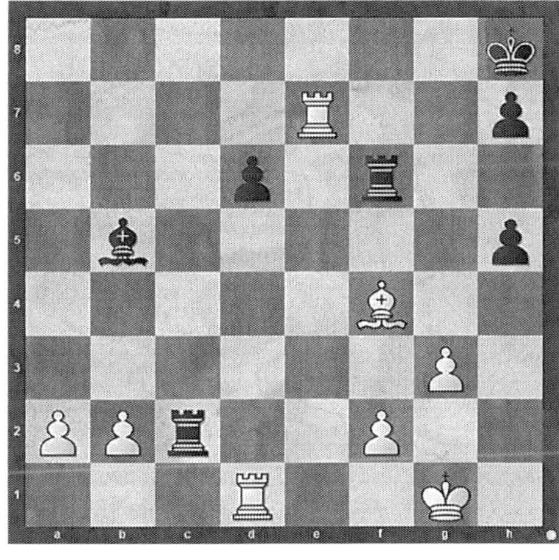

Der Engländer Horatio Caro (1862 – 1920) spielte 1890 in Berlin mit Schwarz gegen Berthold Lasker. Nach 32.♖e1-d1 wollte Caro seinen Läufer auf eine vermeintlich bessere Diagonale stellen, die in Richtung des weißen Königs zielte. Deswegen zog er in der Diagrammstellung 32.♗b5–c6. Unserem Berthold wird das ganz recht gewesen sein, da er es so vermeiden konnte, die technisch gewonnene Stellung mühsam zum Sieg zu führen. Jedenfalls hatte er nun eine schnelle Lösung parat! Welche?

Übrigens gilt Horatio Caro als einer der Väter der Caro-Kann-Verteidigung (1.e4 c6).

Aufgabe 25

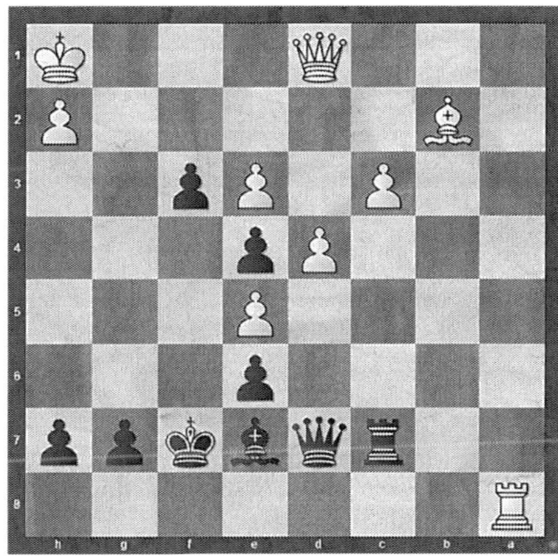

Wie bereits erwähnt, ging Berthold Lasker Anfang des 20. Jahrhunderts für längere Zeit in die USA, wo er ohne Erfolg versuchte, in New York eine Dependance seiner Berliner Arztpraxis zu eröffnen. Während dieser Zeit wurde nachstehende Partie im Zuge einer Simultanvorstellung gespielt. Lasker, der die schwarzen Steine führte, demonstrierte gegen Delmar mit einigen präzisen Zügen, dass die weiße Stellung völlig verloren war. Was zog Lasker in dieser Partie aus dem Jahre 1902?

Siegbert Tarrasch

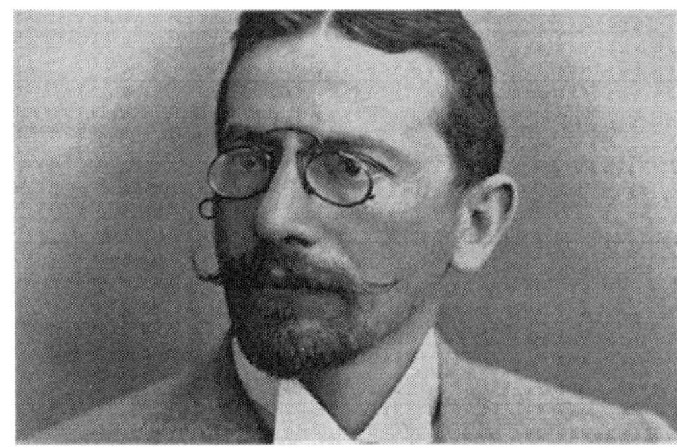

Auch wenn der Arzt Dr. Siegbert Tarrasch (1862-1934) im Jahre 1909 zur evangelisch-lutherischen Konfession wechselte, so gehört er doch aufgrund seiner Abstammung mit Fug und Recht in die Reihe deutscher Schachmeister mit jüdischen Wurzeln.

Tarrasch bestand 1880 in Breslau das Abitur. Danach studierte er Medizin, promovierte 1887. Im selben Jahr ging er nach Nürnberg und übte dort bis 1914 weiter seinen Beruf aus. Dann zog er nach München.

Siegbert Tarrasch war zweimal verheiratet. Aus seiner ersten Ehe mit Anna Rosalie Rudolf (1865 – 1940) entstammten drei Söhne und drei Töchter, die allerdings bis auf zwei Töchter unterschiedlich früh verstarben.

Im Jahr 1924 ließ sich Tarrasch scheiden und heiratete noch im selben Jahr Gertrude Schröder (1892 – 1966)[73].

Für Tarrasch war Schach eine Leidenschaft. Ab 1883 spielte er erste Turniere und gehörte bald zur Riege der weltbesten Spieler. Seine größten Erfolge feierte er um die Jahrhundertwende.

Der *Turnierweltmeister* brachte es jedoch leider nie zum Weltmeistertitel. Zum Teil lag es an seinen beruflichen Verpflichtungen; so zum Beispiel bei einem Wettkampfangebot gegen Steinitz. Anderseits nahm er Chancen, die sich ihm eröffneten, auch nur zögerlich wahr.

So lehnte er es 1892 ab, einen Wettkampf mit Emanuel Lasker auszutragen, der aus der Sicht von Tarrasch bis dato noch keine bedeutenden Erfolge aufzuweisen hatte. Umso enttäuschender war es für Tarrasch, als sich Lasker zwei Jahre später den Weltmeistertitel gegen Steinitz erspielte.

Nach schier endlosen Verhandlungen erhielt Tarrasch dann 1908 endlich doch die Chance auf den Titel. Traurigerweise hatte er aber seinen Leistungshöhepunkt bereits überschritten. Er verlor den Wettkampf gegen Lasker, der in München und Düsseldorf stattfand, klar mit 3:8 Punkten bei fünf Unentschieden.

Tarrasch wird nachgesagt, dass er diese Niederlage nie ganz überwinden konnte, zumal er erst 1916 wieder die Möglichkeit bekam, sich zu rehabilitieren. Doch auch diesen Wettkampf verlor er klar; Lasker gewann mit 5:0 Punkten und ließ dabei nur ein Remis zu.

73 Wolfgang Kamm: Siegbert Tarrasch, Leben und Werk. Unterhaching 2004

Bis 1928 nahm Tarrasch noch an wichtigen Turnieren teil. An seine großen Erfolge konnte er jedoch nicht mehr anknüpfen.

Tarrasch ist gleichwohl eine besondere Bedeutung als Schachtheoretiker einzuräumen. Mit seinen Klassikern

- *Dreihundert Schachpartien – Ein Lehrbuch des Schachspiels für geübte Spieler* (1895),
- *Die moderne Schachpartie – Kritische Studien über mehr als 200 ausgewählte Meisterpartien der letzten zwölf Jahre mit besonderer Berücksichtigung der Eröffnungen* (1912) und
- *Das Schachspiel – Systematisches Lehrbuch für Anfänger und Geübte* (1931)

legte der *Praeceptor Germaniae* [74] den Grundstein für die systematische Ausbildung von Schachspielern in Deutschland und darüber hinaus. Sein dabei scheinbar zur Schau getragener Dogmatismus war jedoch bereits früh Anlass zur Kritik[75].

Ob diese Beurteilung nun zutrifft oder nicht, kann dahingestellt bleiben. Tarraschs Verdienst ist es jedenfalls, dass er mit seinen Büchern dazu beitrug, das Schachspiel in Deutschland populärer zu machen[76].

Dr. Tarrasch war regelmäßig auch schachjournalistisch tätig. Seine zuweilen drastischen Kommentare waren dabei oft Anlass zu Auseinandersetzungen. So sind u.a. lange Dispute mit den Schachmeistern Marco (1863 – 1923) und Nimzowitsch (1886 – 1935) überliefert. Ab 1932 brachte Tarrasch sogar eine eigene Zeitschrift *(Tarraschs Schachzeitung)* heraus[77].

Heute sind einige Eröffnungssysteme im Damengambit (1.d4 d5 2.c4 e6 3.♘c3 c5) und der Französischen Verteidigung (1.e4 e6 2.d4 3.♘d2) nach ihm benannt.

Eine Auswahl seiner besten Partien fällt schwer. Doch beginnen wir einfach mit der *Tarrasch-Falle*[78].

---

74 Bereits zu seinen Lebzeiten wurde Tarrasch als Praeceptor Germaniae – Lehrmeister Deutschlands bezeichnet.

75 So u. a. Nimzowitsch, in: Wiener Schachzeitung, Heft 5. Nachdruck: Nimzowitsch: Mein System, Hamburg, 1999, S. 282

76 Alfred Brinckmann: Siegbert Tarrasch, Lehrmeister der Schachwelt. Berlin 1963.

77 Wolfgang Unzicker in: Rochade Europa, Februar 1999, S. 105

78 www.chessgames.com

Tarrasch – Marco

Spanisch (C66)

DSB-Kongress Dresden 1882

1.e4 e5 2.♘f3 ♘c6 3.♗b5 d6

Heute bevorzugt man 3....a6 oder 3...♘f6

4.d4 ♗d7 5.♘c3 ♘f6 6.0-0 ♗e7 7.♖e1 0-0?

Spätestens jetzt wäre 7....exd4 oder 7...♘xd4 angesagt gewesen. Doch stattdessen rennt Marco in sein Verderben!

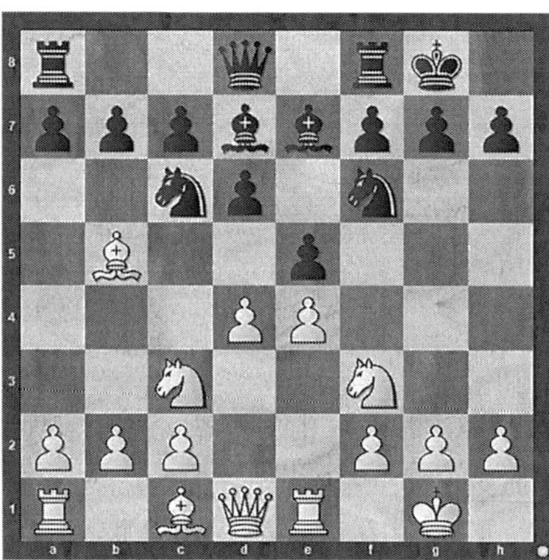

8.♗xc6+– ♗xc6 9.dxe5 dxe5 10.♕xd8 ♖axd8 11.♘xe5 ♗xe4 12.♘xe4 ♘xe4 13.♘d3 f5 14.f3! ♗c5+

Auf 14...♗h4 folgt15.g3+–.

15.♘xc5 ♘xc5 16.♗g5! ♖d5

16...♖d7 17.♗e7 b6 18.♗xf8 ♔xf8 19.♖ad1 muss man sich auch nicht zeigen lassen.

17.♗e7! ♖e8 18.c4 Schwarz gibt auf! **1-0**

Partien alter Meister sind keinesfalls antiquiert, wie das nachfolgende Beispiel beweist[79].

Tarrasch – Tschigorin

Spanisch (C77)

Wettkampf, St. Petersburg 1893

1.e4 e5 2.♘f3 ♘c6 3.♗b5 a6

Tschigorin hatte ebenfalls großen Einfluss auf die schachliche Entwicklung in seinem Land und wählt ein seinerzeit hypermodernes System.

4.♗a4 ♘f6 5.♘c3

Die aktuelle Eröffnungslehre bevorzugt den Zug 5.0–0, um beispielsweise nach 5...♘xe4 6.d4 b5 7.♗b3 d5 8.dxe5 ♗e6 9.♘bd2 ♘c5 10.c3 d4 11.♗xe6 ♘xe6 12.cxd4 ♘cxd4 13.a4 ♗e7 14.axb5 (14.♘xd4 ♘xd4 15. ♘e4 0-0 16.♗e3) ♘xb5± in ein leicht vorteilhaftes Mittelspiel zu gelangen. Aber man darf natürlich auch nicht vergessen, dass seinerzeit eine völlig andere Spielauffassung herrschte. Ganz zu schweigen davon, dass die Eröffnungstheorie noch nicht weit entwickelt war. Durchschlagende Neuerungen zu finden, war ein langer und steiniger Weg!

5...♗b4 6.♘d5

Schwarz muss sich jetzt entscheiden, wie er mit dem quasi in der Luft hängenden Läufer umzugehen gedenkt.

6...♗a5

Ein paar Jahre später musste sich Tarrasch mit 6...♗e7 auseinandersetzen und kam nach *7.d3 0-0 8.c3 d6 9.♘e3 b5 10.♗b3 ♗b7 11.0-0 ♘a5 12.♗c2 c5 13.♘f5 ♖e8 14.♖e1 ♗f8 15.♗g5 h6 16.♗d2 ♘c6 17.♕e2 d5 18.♖ad1 ♕c7 19.exd5 ♘xd5 20.♕e4 ♘f6 21.♕h4 ♘h7* in eine durchaus vorteilhafte Position (Tarrasch – Schlechter, Ostende 1907).

79 ChessBase Datenbank

Eine eigenwillige, aber wohl auch nicht schlechte Alternative wäre 6...♗d6. Die Stellung nach 7.d3 ♘xd5 8.exd5 b5 9.dxc6 bxa4 10. ♕e2 0–0 dürfte ausgeglichen sein.

7.0-0 b5

Ein eher offenes Spiel entsteht nach 7...0-0 8.d4 ♘xd5 9.exd5 ♘xd4 10.♘xe5±.

8.♗b3± d6

8...h6 9.d4 exd4 10.♘xd4± ist sicher etwas genauer.

9.d3

Später wurde auch 9.Se3 versucht. In der Partie von Bardeleben – Berger, Coburg 1904, folgte 9...♗b6 10.c3 ♘e7 11.d3 0-0 12.♔h1 ♘g6 13.♘f5 d5 14.♕e2 ♖e8 15.g3 c6 16.♗g5 h6 17.♗d2 ♗b7 18.♘3h4 c5 19.f3 ♕d7 20.♗c2 ♘h7 21.♖ad1 ♕c6 22.a3 ♖ad8 23.♗e3 ♕f6.

9...♗g4 10.c3 ♘e7?

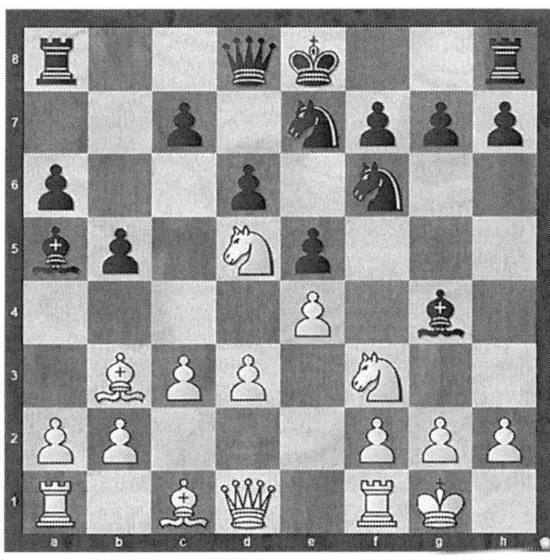

10...h6 +/= war eindeutig gesünder, denn Tarrasch findet nun eine fast unglaubliche Wendung.

11.♘xe5!

Eigentlich unbegreiflich, dass Tschigorin, der seinerzeit zu den weltbesten Spielern gehörte, diese Wendung nicht gesehen hat, zumal das Motiv sehr dem legendären Seekadettenmatt ähnelt[80]. Nun scheitert jedenfalls 11...♗xd1 an 12.♘xf6+ ♔f8 *(12...gxf6 13.♗xf7+ ♔f8 14.♗h6#)* 13.♘ed7+ ♕xd7 14.♘xd7+ ♔e8 15.♖xd1+– *(15.♖e1)* 15...♔xd7 16.♗xf7 +–.

11...dxe5 12.♘xf6+ gxf6 13.♕xg4 ♘g6

Vielleicht war 13...♕d6 vorzuziehen, doch nach 14.♗h6 ♖g8 15.♕h5+– darf Schwarz wohl nicht davon ausgehen, seine Rettung feiern zu können.

14.♗d5 ♖b8 15.f4 c6

Ist das schon Verzweiflung? Soll der Läufer nach c6 gelockt werden, um ihn im Rahmen eines Schwindelversuches nach einem Damenschach auf b6 abzuholen? Wie auch immer. 15...♕d7 16.♕f3 ♗b6+ 17.♔h1 a5+– wäre zumindest einen Versuch wert gewesen. Tschigorin hat offenbar einen absolut schlechten Tag!

16.♗xc6+ ♔e7

Nach 16...♔f8 bietet sich eine interessante Variante an: 17.fxe5 ♕b6+ 18.♔h1+– und Schwarz wird sich nicht mehr lange halten können.

17.♗d5 b4

Eine Alternative war vielleicht 17...h5 18.♕f3 ♔f8 19.fxe5 ♘xe5 20.♕e2+–, aber es fällt wirklich schwer, noch ein überzeugendes Gegenspiel zu initiieren.

18.fxe5 ♕b6+

18..h5 scheitert an 19.♕f5 ♔f8 20.♗g5+–.

19.♔h1 ♘xe5 20.♕h5 ♘g6

20...♖hf8+– ist vielleicht eine letzte Gegenchance. Doch nun lässt Tarrasch eine weitere Bombe hochgehen!

21.♖xf6! ♔xf6

80 1.e4 e5 2.♘f3 d6 3.♗c4 ♗g4 4.♘c3 h6? 5.♘xe5! ♗xd1? 6.♗xf7+ ♔e7 7. ♘d5#, Legal – Saint Brien, Paris 1750

21..♕xf6 beantwortet Weiß mit dem Knockout 22.♗g5.

22.♗g5+

Wieder sehr präzise gespielt. Weiß kann sich den Gewinnweg aber fast schon aussuchen. 22. ♗f5+ ♔e7 23.♕xf7+ hätte Schwarz auch nicht überlebt!

22...♔g7 23.♕h6+ ♔g8 24.♖f1 ♖f8 25.ðgf6 ðexf6 26.ðfxf6 und Schwarz gibt auf. Eine geniale Partie! **1-0**

Zum guten Schluss eine Gewinnpartie des *Praeceptor Germaniae* aus dem Weltmeisterschaftskampf 1908[81].

Lasker, E. - Tarrasch

Spanisch (C98)

WM-Kampf 1908

1.e4 e5 2.♘f3 ♘c6 3.♗b5 a6 4.♗a4 ♘f6 5.0-0 ♗e7 6.♖e1 b5 7.♗b3 d6 8.c3 ♘a5 9.♗c2 c5 10.d4 ♕c7 11.♘bd2 ♘c6 12.h3 0-0 13.♘f1 cxd4 14.cxd4 ♘xd4 15.♘xd4 exd4

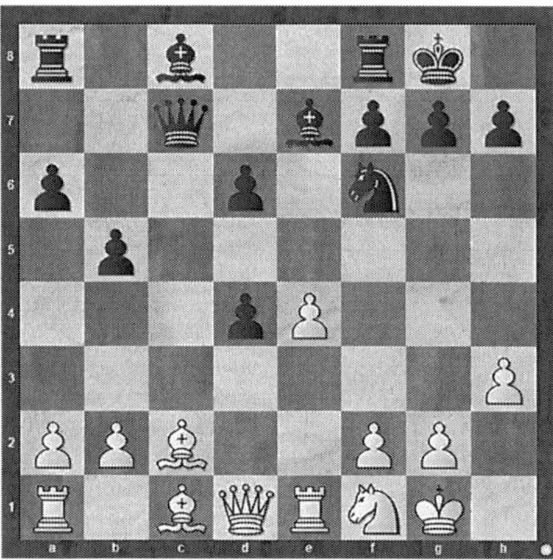

Im selben Wettkampf folgte an dieser Stelle 16.♗g5 h6 17.♗h4 ♕b6 18.♕d3 g5 19.♗g3 ♗e6 20.♖ad1 ♖fc8 21.♗b1 ♘d7 22.e5 ♘f8 23.♕f3 d5 24.♕h5 ♔g7 25.f4 f5 26.exf6+ ♗xf6 27.fxg5 hxg5 28.♗e5 d3+ 29.♔h1 ♘g6 30.♕xg5 ♗f7 Lasker, E.-Tarrasch, S., Düsseldorf/München 1908, 1-0 (38).

16.♘g3 ♘d7 17.♗b3 ♕b6 18.♘f5 ♗f6 19.♗f4 ♘e5! 20.♗d5

20.♘xd4 ♘c4 21.♘e2= ergibt gleiches Spiel.

20...♖a7

20...♗xf5 21.♗xa8 ♗xh3= war ebenfalls in Erwägung zu ziehen.

21.♕b3

Günstiger ist 21.♘xd4 ♘c4 22.♘e2±.

21...♖c7∓ 22.g4

Überzeugt nicht ganz. Vermutlich war an dieser Stelle 22.a4∓ angebracht, um Gegenspiel auf dem Damenflügel zu initiieren.

22...g6∓ 23.♘h6+ ♔g7! 24.g5 ♗d8 25.♕g3 f6! 26.♘f5+?

Lasker, der in Führung liegt, scheint ein wenig für die Galerie zu spielen. 26.gxf6+ ♗xf6 27.♖ac1∓ war jedenfalls deutlich besser.

26...♔h8!-+

Natürlich nicht 26...gxf5?! 27.gxf6+ ♔h8 28.♗h6± und Weiß spielt wieder mit!

27.♘h4 fxg5 28.♗xg5

28.♗xe5+ ist nach 28...dxe5 29.♘f3-+ weniger stark.

28...♗xg5 29.♕xg5 d3

Lasker spielt nachfolgend seinen Stiefel kaltblütig herunter. Doch diese Partie wird er nicht mehr halten. Tarrasch ist in Spiellaune.

30.♔h1 ♖c2 31.♖e3 ♖fxf2 32.♘g2 d2 33.♖g1 ♖c1 34.♕e7 ♖xg1+ 35.♔xg1 d1♕+

81 ChessBase Datenbank

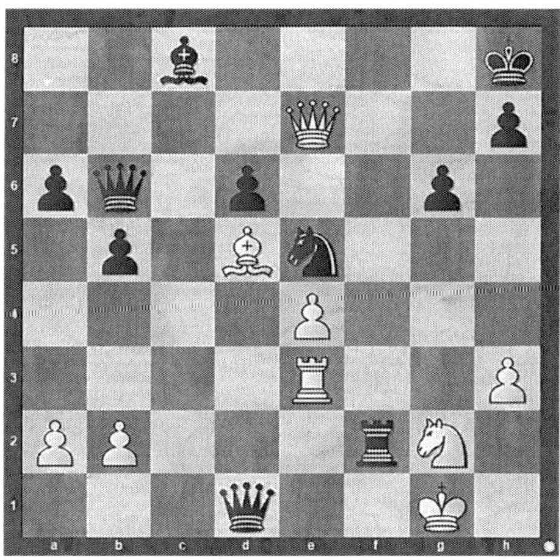

Drei Damen auf einem ansonsten noch recht vollen Brett – ein seltener Anblick!

36.♔xf2 ♕f3+ 37.♔e1 ♕a5+

Tarrasch verpasst (vermutlich in Zeitnot) ◯37...♘d3+ 38.♔d2 ♕a5+ 39.♔c2 ♕xg2+ 40.♔b3 ♕xb2#. Aber er wird nicht mehr lange auf den vollen Punkt warten müssen.

38.♖c3 ♗xh3 39.♕xd6 ♕axc3+! 40.bxc3 ♕xc3+ 41.♔e2 ♕c2+ 42.♔e3 ♕d3+ 43.♔f4

43.♔f2–+ reicht ebenso nicht. Es folgt 43...♕d2+ 44.♔g3 ♕xg2+ 45.♔f4 ♕h2+–+.

43...g5+ 44.♔xg5 ♘f7+! und Lasker hat genug! **0-1**

Aufgabe 26

Siegbert Tarrasch war gerade einmal 17 Jahre alt, als er 1879 die nachfolgende Partie gegen Theodor von Scheve (1851 – 1922) spielte. Die damals neuen Erkenntnisse des Positionsspiels, die Wilhelm Steinitz einführte, hatte er vermutlich bereits verinnerlicht.

Von Scheve, obwohl 11 Jahre älter, stand gleichfalls am Beginn einer Schachkarriere. Er hatte erst spät zum Schach gefunden und hat nach Einschätzung Tarraschs *„...der Schachwelt das vielleicht einzig dastehende Schauspiel gegeben, wie sich ein guter Spieler noch im reifen Mannesalter zum wirklichen Meister entwickelt..."* . Die Quelle dieses Zitates ist allerdings unklar.

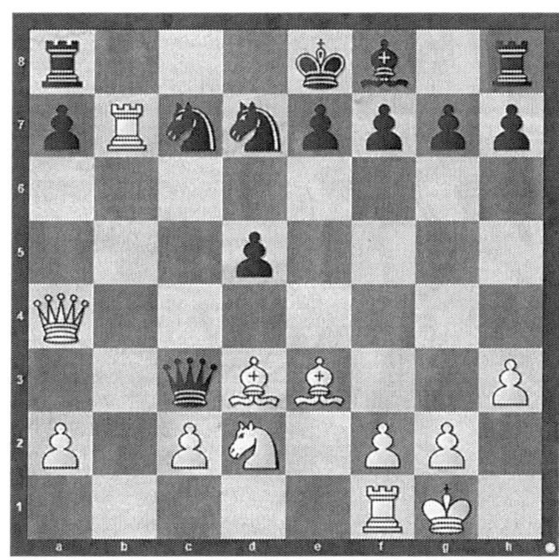

Der Oberschlesier von Scheve nahm in den Jahren 1887 bis 1911 auf jeden Fall mit bemerkenswerten Erfolgen an vielen internationalen Turnieren teil. So wurde er u. a. Vierter in Leipzig (1888) und Dritter in Monte Carlo (1901).

Doch zurück zu unserem Partiefragment. Von Scheve hatte sich mit Schwarz bereits zwei Holzagronomen einverleibt, stand aber aufgrund eines deutlichen Entwicklungsrückstandes mit dem Rücken zur

Wand. Tarrasch gab ihm nun ein Lehrstück, dass für den preußischen Offizier vielleicht sogar zu einer schachlichen Offenbarung wurde. Weiß am Zug!

Aufgabe 27

Die Dauerfehde zwischen Siegbert Tarrasch und dem Letten Aaron Nimzowitsch, die verschiedene theoretische Ansichten über das Schachspiel hatten, führte dazu, dass sich beide Kontrahenten angetrieben fühlten, ihre eigene Sichtweise immer wieder zu betonen und diese publizistisch darzulegen. Der Ausgangspunkt des späteren theoretischen Streits zwischen Nimzowitsch und Tarrasch war wohl eine 1904 in Nürnberg gespielte (freie) Partie.

Nimzowitsch führte später dazu aus: *„...Nach dem 10. Zug kreuzte Tarrasch die Arme vor der Brust und sagte plötzlich folgenden Satz: ‚Noch nie in meinem Leben stand ich nach dem 10. Zug so gewaltig auf Gewinn wie in diesem Fall'. Die Partie endete übrigens Remis. Aber ich habe Tarrasch alle die mir vor den Zuschauern zugefügten Beleidigungen lange nicht verzeihen können. ...Für mich war Tarrasch immer Mittelmaß; er spielte wirklich sehr stark, aber alle seine Ansichten, Sympathien und Antipathien, und seine große Unfähigkeit, nämlich neue Ideen zu schaffen, – all dies bewies klar die Mittelmäßigkeit seiner Geisteshaltung...“* [82]

Man kann den Ärger, den Nimzowitsch hier empfand, durchaus verstehen; ging es in der Partie doch buchstäblich um die *goldene Ananas*! Doch vielleicht hat Tarrasch es auch gar nicht so gemeint und sich nur im Ton vergriffen. Wir werden es nie erfahren.

Für Nimzowitsch war das wichtigste Kriterium zur Stellungsbeurteilung die Bauernstruktur. Tarrasch dagegen legte Wert auf Entwicklung, Raumvorteil und freies Figurenspiel.

Aus heutiger Sicht wirken allerdings beide Protagonisten in ihren jeweiligen Urteilen oft zu radikal und kategorisch. So bezeichnete Tarrasch die Caro-Kann Verteidigung als *„...ganz gewiss inkorrekt...“* während Nimzowitsch Skandinavisch als *„...völlig und für immer demoliert...“* ansah.

Produktiv waren die Streitigkeiten aber dennoch. Die Leidenschaft, mit der sie darüber stritten, was im Schach richtig und falsch sei, führte zu einer Bereicherung des Spiels und zu einem neuen und umfassenden Verständnis der Schachstrategie.

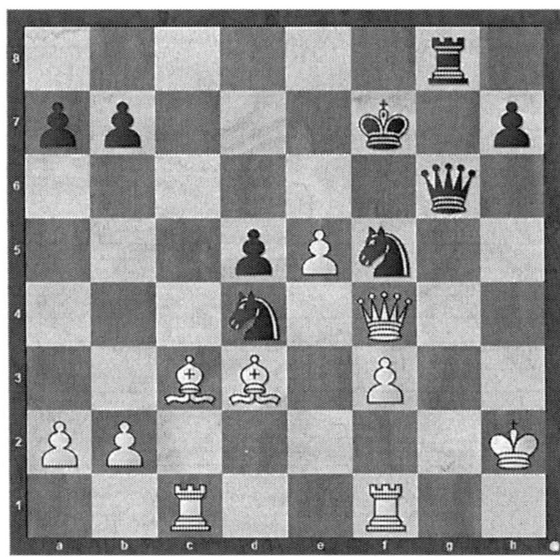

Im obigen Diagramm ist eine Stellung der eingangs erwähnten Partie nach dem 30. Zug von Schwarz festgehalten. Nimzowitsch hatte mittels eines Turmopfers auf h2 die Stellung maximal verschärft, doch Tarrasch hätte die schwarze Idee an dieser Stelle widerlegen können. Er verpasste jedoch die Gelegenheit zu einem glanzvollen Finale. Was hätte er ziehen sollen?

82 Aaron Nimzowitsch: Die Praxis meines Systems, Schachzentrale Rattmann (Hrsg.), Ludwigshafen 2006

Moritz Lewitt

Der in Posen geborene Mediziner Dr. Moritz Lewitt (1863 - 1936)[83] war als Schachfunktionär in Berlin und beim Deutschen Schachbund tätig. Er machte sich aber v.a. als Problemkomponist einen Namen[84]. Lewitt nahm überdies durchaus erfolgreich an verschiedenen Turnieren teil.

Er entwickelte in seiner aktiven Zeit rund 150 Endspielstudien. Kurz vor seinem Tod arbeitete er an einem Werk über seine Schachaufgaben, das er aber offenbar nicht mehr beenden konnte[85]. Als Beispiel mag die nachstehende Endspielstudie (Weiß am Zug gewinnt) genügen[86]:

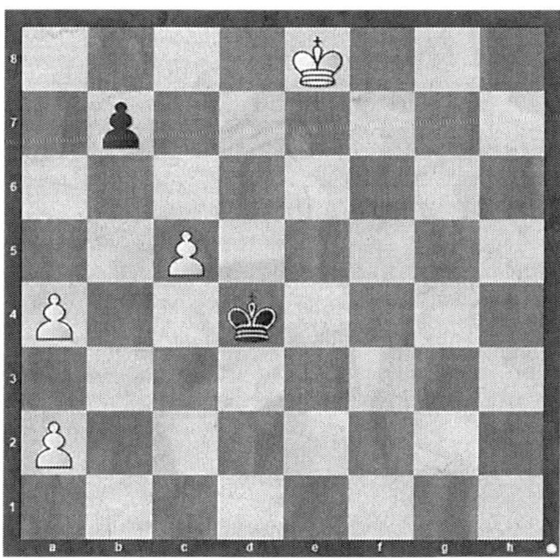

1.c6! bxc6 2.a5 ♔c5 3.a4 ♔d6 4.♔d8 c5 5.a6 ♔c6 6.a5 c4 7.♔c8 c3 8.a7 c2 9.a8♕+ ♔b5 10.♕h1 **1-0**

83 https://www.jewiki.net/wiki/Moritz_Lewitt#cite_note-Jahreschronik-3

84 Diverse Jahreschroniken des Berliner Schachverbandes

85 Deutsche Schachzeitung April 1936

86 Der Weltspiegel, 1930

Während der Berliner Meisterschaft 1905 traf Moritz Lewitt in einem Match auf den bedeutenden englischen Meisterspieler Horatio Caro (1862 – 1920). Der Wettkampf endete ausgeglichen. Dabei ermöglicht die nachfolgende Partie einen guten Einblick in die schachlichen Qualitäten beider Spieler[87]:

Lewitt – Caro

Schottisch (C44)

Berlin 1905

1.e4 e5 2.♘f3 ♘c6 3.c3 ♘f6 4.d4 ♘xe4 5.d5 ♘b8 6.♗d3 ♘c5 7.♘xe5 ♘xd3+ 8.♘xd3 d6 9.♗e3

Natürlich war z. B. auch 9.0-0 ♗e7 10.♖e1 0-0 11.♕f3= möglich.

9...♕e7 10.♗d4 0-0 11.0-0 ♘d7 12.f4?!

12.c4= bleibt in der Remisbreite.

12...♗f6

⌓12...c5! ist sogar noch stärker! 13.dxc6 bxc6∓ und Schwarz steht gut!

13.♗xf6

⌓13.♗f2∓ war ebenfalls zu überlegen.

13...♘xf6∓ 14.c4 ♖e8

Energischer ist ⌓14...c6!∓.

15.♘c3 ♗f5

Besser ist ⌓15...♘g4! 16.♖f3 ♘e3 17.♕b3 ♗g4 18.♖g3 h5∓ Schwarz steht deutlich gesünder.

16.♘f2!∓ ♕d7

Mit 16...h5∓ hätte Caro den Vorteil behalten.

17.♕d2 ♖e7 18.♖fe1 ♖ae8 19.♖xe7 ♕xe7 20.♔f1 ♘e4 21.♘fxe4 ♗xe4 22.♘xe4 ♕xe4 23.b3 ♕f5 24.♖e1 ♔f8

24...♖e4∓ sieht aktiver aus.

25.♖xe8+= ♔xe8 26.♔f2

Etwas genauer wäre 26.♕e3+! ♔d7 27.♔f2= gewesen und Lewitt hätte zu Recht auf seinen Raumvorteil pochen können.

26...b6∓ 27.h3 ♔d7 28.♔f3 ♕b1 29.♔e3 f5 30.♕d3= ♕e1+ 31.♔f3 g6 32.♕e3 ♕xe3+ 33.♔xe3

Auch wenn man bei entspannter Betrachtung zum Teil hätte bessere Züge finden können, ist nun ein gleiches Bauernendspiel entstanden.

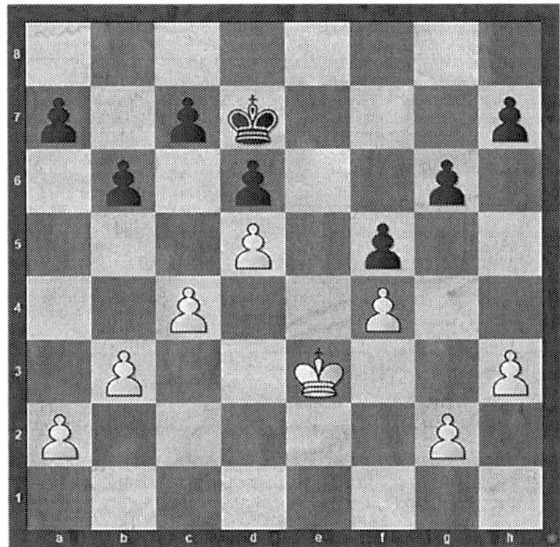

33...c6?

Das ist allerdings ein schwerwiegender Fehler! 33...a6= hätte die Waage im Gleichgewicht gehalten. Jetzt nutzt Lewitt seine Chance.

34.dxc6++– ♔xc6 35.♔d4 a6 36.b4 b5 37.a3 h6 38.h4 h5 39.g3?

Sah sich Lewitt schon auf der sicheren Siegerstraße? Richtig war jedenfalls 39.♔c3 ♔b6 40.♔b3 ♔c6 41.cxb5+ axb5 42.a4 bxa4+ 43.♔xa4+– und Weiß sollte mit der richtigen Endspieltechnik gewinnen!

39...bxc4?

Die nächste Ungenauigkeit. 39...♔c7= und Weiß kann nicht mehr gewinnen.

40.♔xc4 d5+ 41.♔b3 Caro gibt auf. **1-0**

---

87 ChessBase online

Aufgabe 28

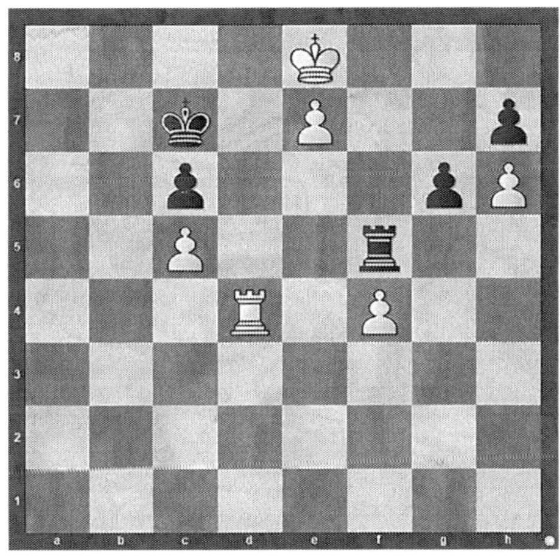

Es ist vielleicht erwähnenswert, dass die Studien, die Lewitt entwickelte, häufig Partiestellungen ähnelten. So auch die vorliegende Schachaufgabe, die er 1927 in der *Deutschen Allgemeinen Zeitung* veröffentlichte. Weiß am Zug.

Aufgabe 29

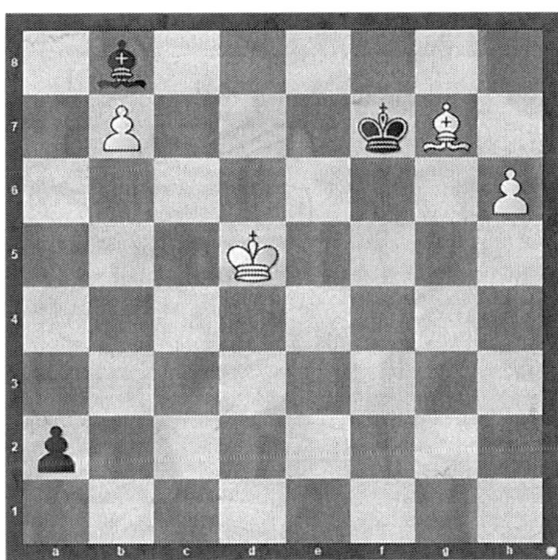

Die nächste Studie (*Deutsche Allgemeine Zeitung 1928*) widmete Lewitt dem anlässlich eines Städtewettkampfs in Berlin weilenden Stockholmer Schachmeister Gösta Stolz. Wiederum ist Weiß am Zug.

Aufgabe 30

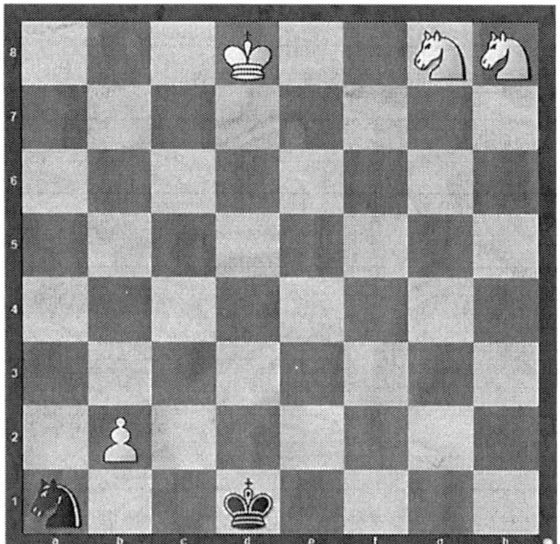

Die nachfolgende Stellung (Weiß am Zug) kann selbstredend kaum in einer normalen Schachpartie entstanden sein. Die Lösung, die Lewitt 1895 in der Publikation Deutsches Wochenschach dazu lieferte ist gleichwohl nicht schwer zu finden.

Hermann Keidanski

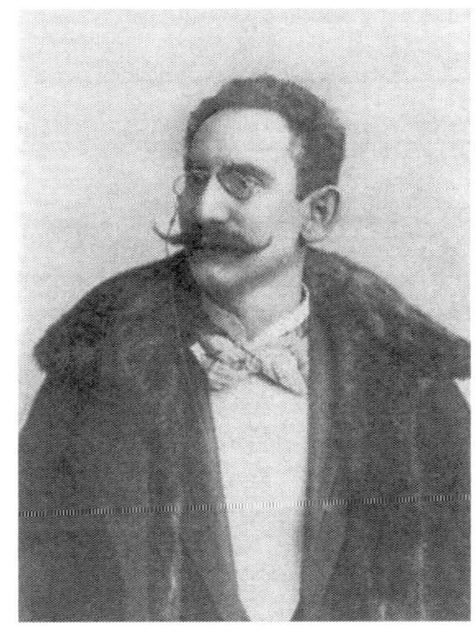

Es gibt nur spärliche Informationen über das Leben von Hermann Keidanski (1865 – 1938), der seinen Nachnamen in späteren Jahren offenbar zu *Kaidanz/Keidanz* ändern ließ. Scheinbar hatte er auch einen Doktortitel. Genauere Informationen dazu fehlen aber leider[88].

Keidanski erblickte in Westpreußen das Licht der Welt und kam bereits in jungen Jahren nach Berlin[89]. Er nahm dort ab den 1890er Jahren mit guten Erfolgen an Turnieren teil und spielte auch einige Einzelwettkämpfe[90].

Augenscheinlich war Keidanski ein kreativer Kopf. Er stand sowohl bei der *Keidanski-Variante* in der preußischen Verteidigung (*1.e4 e5 2.♘f3 ♘c6 3.♗c4 ♘f6 4.d4 exd4 5.e5 d5 6.♗b5 ♘e4 7.♘xd4 ♗c5 8.♘xc6!? Lxf2+ 9.♔f1 ♕h4!*) als auch beim *Keidanski-Gambit* (*1.e4 e5 2.♗c4 ♘f6 3.d4 exd4 4.♘f3 ♘xe4 5.♕xd4*) Pate.

Es ist ferner davon auszugehen, dass Keidanski guten Kontakt mit Emanuel Lasker pflegte. So ordnet *Edward Winter* den beiden Spielern die folgende abgedruckte Schachaufgabe zu.

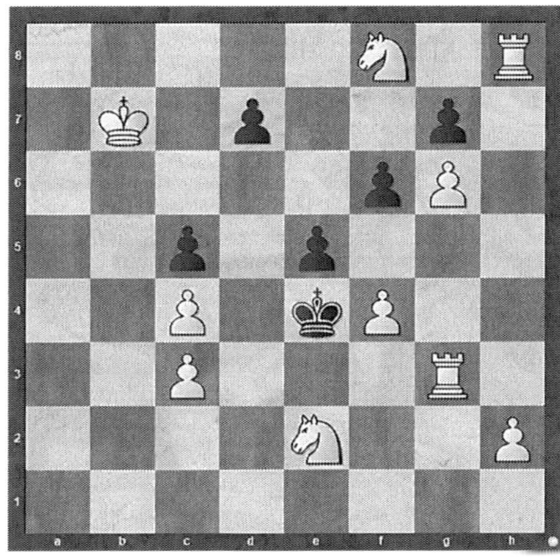

Weiß setzt in 4 Zügen Matt[91]:

1.♘e6 dxe6 2.f5 ♔xf5 (2...exf5 3.♘f4 exf4 *(3...♔xf4 4.♖h4#)* 4.♖e8#) **3.♖h4 e4 4.♖h5#**

---

88 Die Schwalbe, Heft 276, Dezember 2015.

89 https://www.chesshistory.com/winter/winter41.html#5364._Keidanz

90 Chessmetrics.com

91 a.a.O. winter41.html#5364._Keidanz

a) 1...exf4 2.♘xc5+ ♔e5 3.♖e8+ ♔f5 *(3...♔d6 4.♘e4#)* 4.♘d4#;

b) 1...d6 2.f5 (2.♖h4 ♔f5

b1) 2...exf4 3.♖xf4+ ♔e5 4.♖e3#;

b2) 2...d5 3.f5+ *(3.♘xc5+ ♔f5 4.♖h5#)* 3...♔xf5 4.♘xg7#; 3.♘xg7+ ♔e4 4.f5#) 2...♔xf5 3.♘xg7+ ♔e4 4.♖h4#

Keidanski wies überdies eine durchaus beachtliche Spielstärke auf. In der folgenden Partie[92] zelebriert er ein nahezu perfektes Endspiel.

Keidanski – Polak

Skandinavisch, Marshall–Variante (B02)

Städtewettkampf Berlin – Prag, 1923

1.e4 d5 2.exd5 ♘f6 3.♘c3 ♘xd5 4.♗c4 e6

4...♘b6 ist eine weitere Option. Es folgt 5.♗e2 g6 6.d4 ♗g7 7.♘f3 0-0=.

5.♘f3 ♗e7

Oder 5...♘xc3 6.bxc3=.

6.0-0 0-0 7.d4 b6?!

Deutlich zu harmlos. 7...♘xc3= bleibt in der Remisbreite. 8.bxc3 ♘d7.

8.♖e1

Besser ist 8.♘xd5± exd5 9.♗d3.

8...♗b7 9.♘xd5 ♗xd5 10.♕e2 ♗xc4 11.♕xc4 ♘d7 12.♗f4 ♗d6 13.♗g5 ♘f6?!

13...♕c8= hält das Gleichgewicht.

14.♘e5± c5 15.♖ad1! h6?

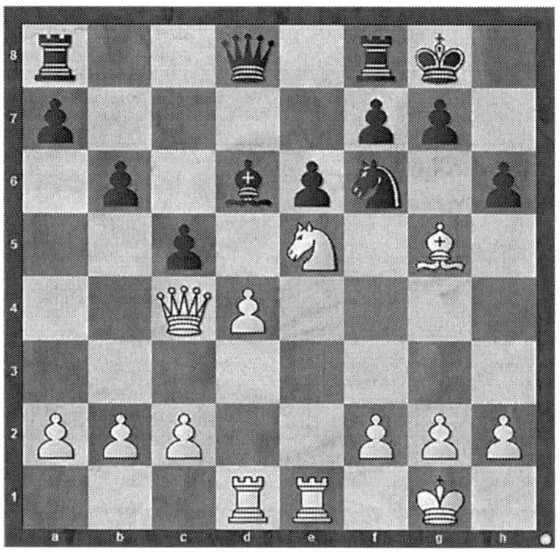

Wieder nicht akkurat genug! 15...♕c7± leistet mehr Widerstand. Ab jetzt lässt Keidanski nicht mehr locker und bringt die Partie mustergültig nach Hause!

16.♗xf6+– gxf6 17.dxc5 fxe5 18.cxd6 ♖c8 19.♕e4 ♖c5 20.b4 f5 21.♕e2 ♖c6 22.♕xe5 ♖f6 23.d7 ♖g6 24.♕xf5 exf5 25.♖e8+ ♔f7 26.♖xd8 ♖cd6 27.♖xd6 ♖xd6 28.♔f1 ♔e7 29.♖h8 ♔xd7 30.♖h7+ ♔c6 31.♖xa7 ♖d2 32.c4 ♖c2 33.b5+ ♔d6 34.♖b7 ♖xc4 35.♖xb6+ ♔c5 36.♖c6+ aufgegeben **1-0**

92 ChessBase online

Aufgabe 31

Die nachfolgende Aufgabe (Schwarz am Zug) soll einer freien Partie zwischen Keidanski und Emanuel Lasker entstanden sein. Ob dies allerdings tatsächlich zutrifft, lässt sich heute nicht mehr mit letzter Sicherheit feststellen. Es könnte auch durchaus sein, dass es sich um eine Simultanpartie handelt. Dies wird jedenfalls auf einigen Schachplattformen kolportiert.

Nach Recherchen des Schachhistorikers Ken Whyld soll die Partie jedoch am 18. Mai 1881 im Cafê Royal in Berlin gespielt worden sein.

Dass zwischen Keidanski und Lasker wohl ein freundschaftliches Verhältnis bestand, wurde ja bereits erörtert. Es könnte demnach auch sein, dass die Stellung das Ergebnis einer Analyse war.

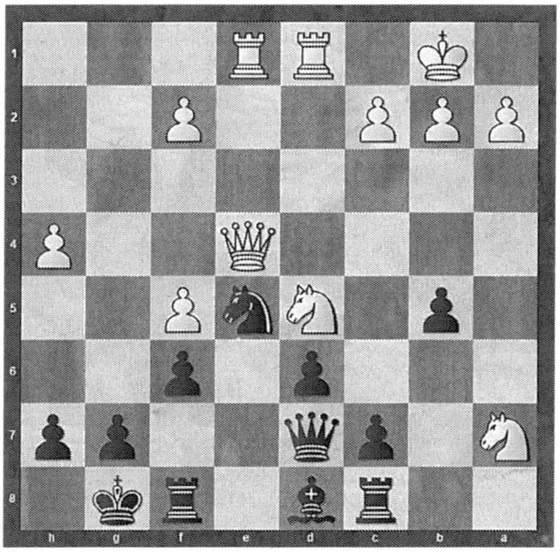

Es sei dem Schachliebhaber Keidanski, der hier die weißen Steine geführt hat, aber gegönnt, dass er zu den wenigen Spielern zählt, die dem späteren Weltmeister besiegten.

In der Diagrammstellung hatte Lasker die Wahl zwischen 22...♖b8 und 22...♖a8.

Er entschied sich für den zweiten Zug, was sich allerdings als fehlerhaft erwies.

Keidanski mag ob dieses groben Versehens verwundert gewesen sein, nutzte jedenfalls die sich ihm gebotene Gelegenheit mit heißem Herzen und zittrigen Fingern aus.

Ein gut aufgelegter Lasker hätte nach der jetzt folgenden Kombination durchaus noch Schwindelchancen wahrnehmen können, doch er ließ seinem ersten Fehler noch einen zweiten Bock folgen. Mehr dazu findet sich im Lösungsteil dieses Buches. Viel Spaß bei der Analyse!

Jacques Jacob Mieses

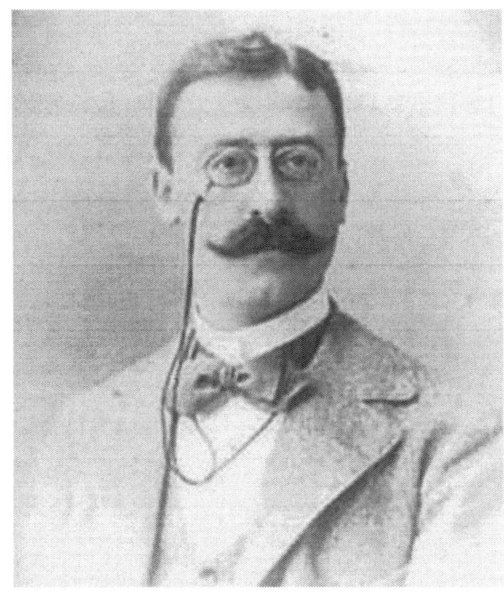

Gemessen am Weltniveau gehörte Jacques Mieses (1865 – 1954) nie zu den besonders herausragenden internationalen Größen. Gleichwohl hatte er seine Sternstunden, und seine lebenslange Gegnerliste liest sich wie das *Who's Who* der Schachgeschichte. Doch der Reihe nach.

Jacques Mieses entstammt einer Kaufmannsfamilie, die ursprünglich aus Brody (damals Österreich – Ungarn, heute Ukraine) stammte. Nach seinem Abitur, das er in Leipzig ablegte, studierte er zunächst vor Ort und später auch in Berlin.

Durch seine schachaffine Verwandtschaft kommt Mieses früh in Kontakt mit dem Spiel der Könige. So galt bereits sein Onkel Samuel Mieses (Badearzt in Landeck und Bad Ems, 1841 – 1884) als ein ambitionierter Spieler. Auch sein Cousin Viktor Mieses (Rechtsanwalt in Leipzig, 1861 – 1939) war als Verfasser von Schachkompositionen kein unbeschriebenes Blatt[93].

Im Rahmen der Recherchen zu diesem Buch konnten zwei Schachprobleme gefunden werden, die unter der Autorenschaft von Viktor Mieses veröffentlicht wurden.

Im ersten Beispiel[94] setzt Weiß nach 1.♘xd5 im nächsten Zug matt.

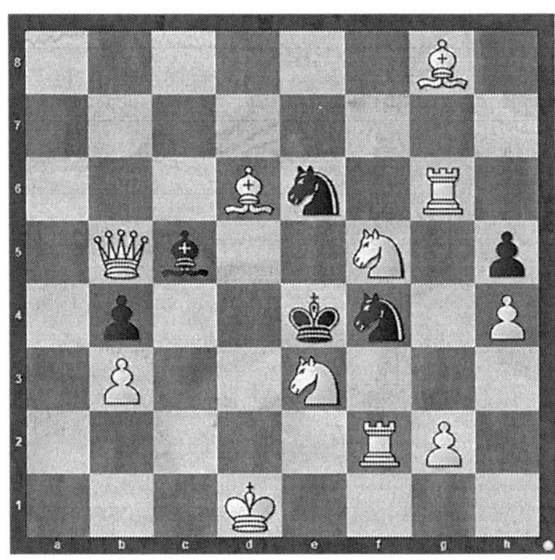

93 Alfred Diel: Jacques Mieses und seine Verwandten. In: Kassiber 6, April – Juni 1998 S. 52 f.

94 Jean Dufresne: Sammlung leichterer Schachaufgaben. Dritter Teil. 1887

Das nächste Stellungsbild[95] beinhaltet ein zweizügiges Matt nach 1.♕d7.

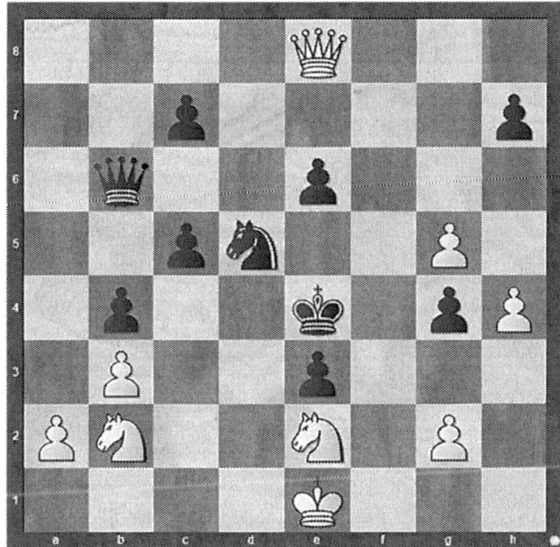

Zunächst komponierte auch Jacques Mieses vorwiegend Schachprobleme. Während seiner Studienzeit in Berlin gab er diese Leidenschaft aber zunehmend zugunsten des Turnierschachs auf[96]

Bis 1948 bestritt Mieses insgesamt 60 hochklassige Schachturniere. Dabei konnte er in Wien (1907) und Liverpool (1923) erste Plätze verbuchen. 1927 nahm er zudem an der Schacholympiade in London teil. Daneben war er in 20 Zweikämpfe involviert. Im Jahre 1950 wurde ihm dann neben weiteren 26 Spielern durch die FIDE der Titel eines *Großmeisters* verliehen.

In seiner aktiven Zeit gab Mieses überdies diverse Blind- und Simultanvorstellungen.

Mieses spielte darüber hinaus eine bedeutende Rolle als Schieds3richter großer internationaler Turniere. Er war bei einigen Turnieren ferner in das Organisationsteam eingebunden. Herausragende Bedeutung hatte dabei das Turnier in San Sebastián im Jahre 1911, in dem teilnehmende Meisterspieler erstmals nicht selbst für Anreise und Unterkunft aufzukommen hatten.

Jacques Mieses war zudem auch journalistisch tätig und ein bedeutender Autor mit mehr als 40 Einzeltiteln. Darunter befinden sich einige Lehr- und Handbücher, die mehrfach aufgelegt und übersetzt wurden.

Er war zudem ein wichtiger Eröffnungstheoretiker. So sind die *Mieses-Eröffnung* (1.d3), die *Mieses-Variante* in der Schottischen Partie (e4 e5 2.♘f3 ♘c6 3.d4 ♘f6) sowie das *Mieses-Gambit* in der Skandinavischen Verteidigung (1.e4 d5 2.exd5 ♕xd5 3.♘c3 ♕a5 4.b4) nach ihm benannt.

Mieses verließ Deutschland bereits 1938, emigrierte nach England und nahm Ende der 1940er Jahre die britische Staatsbürgerschaft an. Er verstarb kurz vor seinem 89. Geburtstag in London. Dabei blieb er bis ins hohe Alter sowohl körperlich als auch geistig fit.

95 Aus: ‚Illustrierte Zeitung', Leipzig, 09.06.1883

96 C. Görschen: *Verwandte beim Schach.* In: Schach-Echo 1978, Nr. 1, S. 14 f..

Von Mieses sind einige Zwei- und Dreizüger bekannt, darunter zwei Miniaturen. Als Beispiel mag das nachfolgende Schachproblem[97] dienen:

1.♗c5! ♔b3 (1...♔c3 2.♘e3 ♔d3 *(2...♔b3 3.♕c2#)* 3.♕c2#; 1...♔d3 2.♘e3 ♔e4 *(2...♔c3 3.♕c2#)* 3.♕f5#; 1...♔d5 **2.♘e7+ ♔c4** *(2...♔e6 3.♕f5#; 2...♔e5 3.♕f5#; 2...♔e4 3.♕f5#)* 3.♕c2#) 2.♘e3 ♔a4 (2...♔c3 3.♕c2#) **3.♕c2#**

Seine vielleicht beste Partie spielte Mieses, der dem Vernehmen nach auch über einen feinen Humor verfügt haben soll, 1906 in Ostende (Belgien)[98].

Mieses – Tschigorin

Wiener Partie (C25)

Ostende 1906

1.e4 e5 2.♘c3 ♘c6 3.♗c4 ♗c5 4.♕g4

Eine interessante Idee! Mieses versucht, die Abwesenheit des schwarzen Königsläufers unmittelbar auszunutzen.

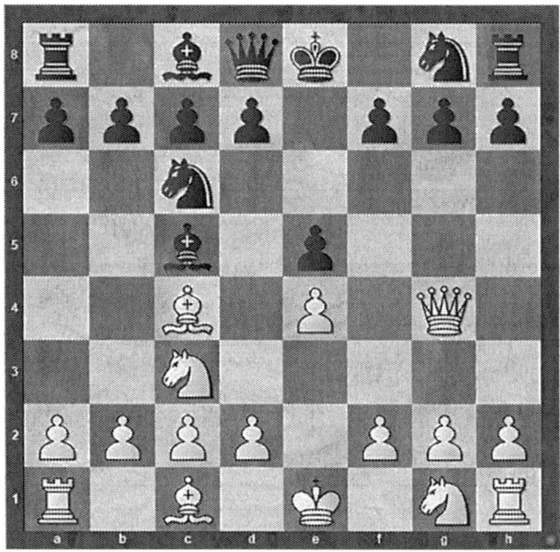

4...♕f6?!

Schwarz weicht bereits vom Pfad der Tugend ab. Besser war 4...♔f8= oder zumindest 4...♗f8 5.♕g3 d6 (5....♘f6?! 6.♘f3+/- Mieses, J. - Marshall, F., Paris 1900) 6.♘ge2+/= Mieses, J. - Teichmann, R., Match 1895.

5.♘d5± ♕xf2+ 6.♔d1 ♔f8 7.♘h3 ♕d4?!

Der nächste Schritt auf dem Weg in den Abgrund. Nötig war 7...h5 8.♕g5 *(8.♘xf2?! hxg4 9.♘xg4 d6 10.♘ge3 ♗xe3*

97 Deutsche Schachzeitung, Februar 1883

98 www.chessgames.com

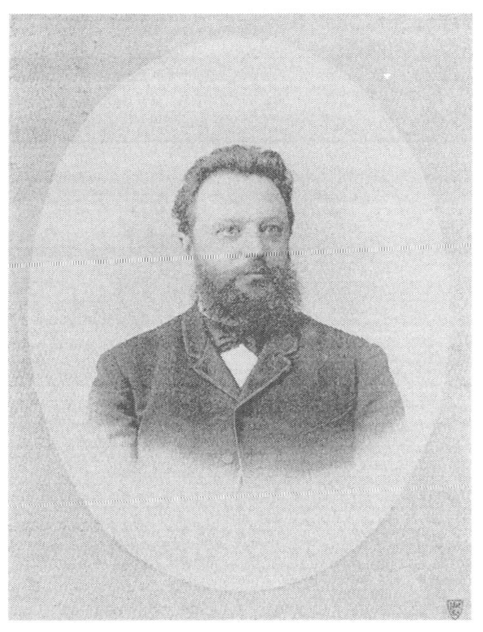

11.♘xe3 ♘f6 12.d3 ♘g4 13.♘xg4 ♗xg4+ 14.♔d2∓ und Schwarz steht bequem.*)* 8...♕d4 9.d3±.

8.d3+−

Mit der üblen Drohung 9.c3 und Damenfang.

8...d6?

Schwarz steht bereits platt. Selbst 8...♗e7 rettet nach 9.♖f1 *(9.♘xc7? d5−+)* 9...h5 10.♖xf7+ ♔xf7 11.♕f5+ die Partie nicht mehr.

9.♕h4 ♗xh3 10.♕xh3 ♘a5

Emanuel Lasker gab 10...♕f2 11.c3 ♘f6 12.d4 ♗xd4 13.♖f1 ♘xe4 (13...♘xd4 14.♗e3 ♕f5+−) 14.♕d7+− an.

11.♖f1! ♘xc4 12.♕d7 f6 13.♘xf6! ♕f2 14.♖xf2 ♗xf2 15.♘h5 Schwarz gibt auf. **1-0**

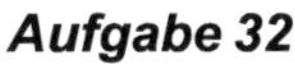

Aufgabe 32

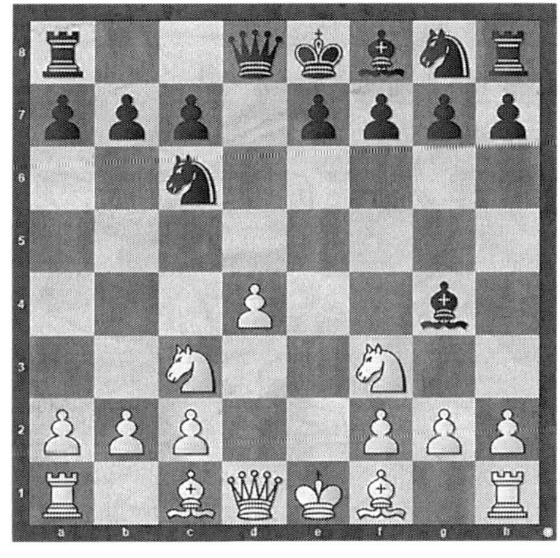

Der finnische Schachlehrer und Kunsthistoriker Johannes Öhquist (1861 – 1949) war 1886 Mitbegründer des Helsinkier Schachclubs, dessen Vorsitz er von 1892 bis 1897 und von 1901 bis 1906 innehatte.

Das vorliegende Fragment entstammt einer Partie, die 1895 in Nürnberg gespielt wurde. Öhquist (Schwarz) kam gleich zu Beginn unter die Räder. Sein letzter Zug 5...♗c8−g4 wurde von Mieses augenblicklich widerlegt.

Aufgabe 33

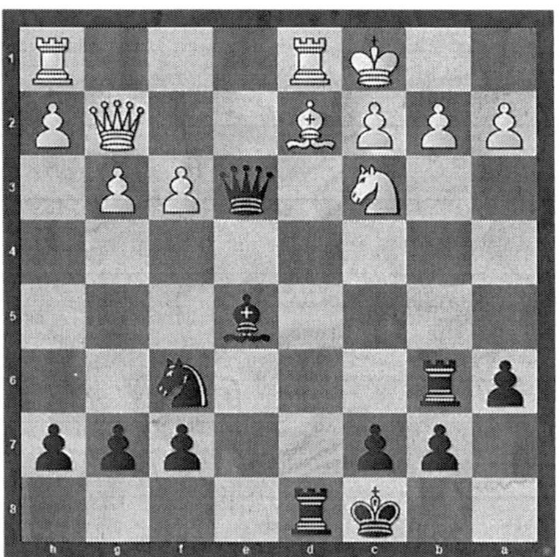

1907 spielte Mieses im belgischen Ostende eine Partie mit Schwarz gegen den Österreicher Dr. Julius Perlis (1880 – 1913). Perlis studierte an der Universität Wien Rechtswissenschaften und promovierte dort 1903. Von 1905 bis 1908 war er als fester Mitarbeiter Konzipient in einer örtlichen Anwaltskanzlei tätig. In Wien frönte er auch seinem Schachhobby. Er war dazu oft im Cafê Central unterwegs.

Dass in der Diagrammstellung Schwarz (am Zug) gut steht, erkennt selbst ein durchschnittlicher Vereinsspieler. Aber wie soll man das jetzt ausnutzen?

Nathan Mannheimer

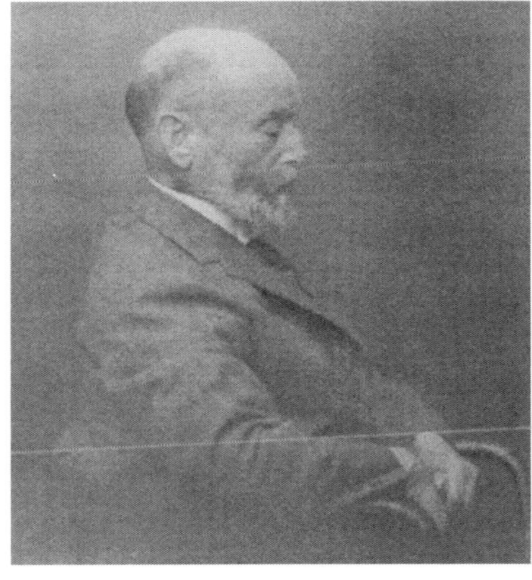

Dr. Nathan Mannheimer (1865 – 1951) wurde in Birkenau (Odenwald) geboren.[99]

Zunächst besuchte er in Weinheim die Volksschule sowie die Höhere Bürgerschule. Später wechselte er zur Höheren Lehranstalt nach Pfungstadt. Dort wurde er zunächst zum Religionslehrer ausgebildet.

1884 wurde Mannheimer als Lehrer in Düdelsheim (Oberhessen) eingestellt. Parallel zu seiner Anstellung holte er 1894 dann das Abitur nach und begann an der Universität Heidelberg danach ein Studium der Fächer Mathematik und Naturwissenschaften. Seine Ausbildung schloss er mit dem Doktortitel ab[100].

Dr. Mannheimer arbeitete anschließend als Mathematiklehrer in Dürkheim und Frankenthal. Ab 1900 wurde er an wechselnden Schulen in Frankfurt angestellt, bis er schlussendlich 1909 eine Festanstellung als Oberlehrer an einem dortigen Mädchengymnasium erhielt.

Aufgrund eines zunehmenden Hörschadens musste Mannheimer jedoch seinen Beruf aufgeben und wurde Autor verschiedener Schulbücher für den Mathematikunterricht, die nachfolgend jahrzehntelang als Standardwerke galten[101].

Die Familie fühlte sich trotz ihres jüdischen Glaubens gesellschaftlich voll integriert, obgleich die ab 1933 mit der Machtübernahme der Nationalsozialisten einsetzenden Repressalien ihr Leben fast unerträglich machten. Doch trotz der Einschränkungen hielten Nathan und seine 1880 geborene Frau Bertha noch lange an Deutschland fest.

Als dann jedoch während des Novemberpogroms 1938 ihre Wohnung verwüstet und das gesamte Mobiliar zerstört wurde, erkannten die Eheleute, die zudem regelrecht ausgeplündert wurden, dass es für sie in Nazi–Deutschland keine Zukunft mehr gab. Sie verließen noch im Dezember des gleichen Jahres das Land und emigrierten nach Brasilien, wo bereits ihr Sohn Erich und ihre Tochter Gertrud auf sie warteten. Ihrer Tochter Elisabeth (Liselotte) gelang parallel die Flucht nach Kolumbien.

---

99 http://www.juedisches–leben–frankfurt.de/de/home/biographien–und–begegnungen/biographien–m–r/nathan–mannheimer.html (auch Bild)

100 Mannheimer, Nathan: Untersuchungen über die Möglichkeit algebraischer Differentialgleichungen für additiv und multiplicatorisch–periodische Functionen zweiter Gattung, Dissertation an der Rubrecht–Karls–Universität Heidelberg 1898.

101 u. a. Mathematisches Unterrichtswerk für ho here Schulen / A. (1,2), Arithmetik und Geometrie II (Obersekunda), Autoren: Max Zacharias, Max Ebner, Nathan Mannheimer, Wilhelm Reinhardt und Max Zeisberg, Herausgeber: Diesterweg, Frankfurt a.M. 1930

Während die Nationalsozialisten seine maßgebliche Beteiligung an der Erstellung von schulischen Lehrmaterialien verleugneten, konnte Dr. Mannheimer in Südamerika an seine Tätigkeit als erfolgreicher Schulbuchautor anknüpfen und sich so bis zu seinem Tode ein recht einträgliches Einkommen sichern.

Mannheimer ist darüber hinaus als zweimaliger Schachmeister der Stadt Frankfurt[102] und als fünffacher Sieger des Meisterturniers des Mittelrheinischen Schachbundes[103] bekannt. Einige seiner Partien sind überliefert[104]. Wir schauen uns nachfolgend seine Begegnung gegen Cornelius Trimborn[105] aus dem Jahre 1899 an:

Mannheimer – Trimborn

Wiener Partie (C29)

Amsterdam 1899

1.e4 e5 2.♘c3 ♘f6 3.f4 d5 4.fxe5 ♘xe4 5.♘f3 ♗b4

5...♗c5= ist auch gut spielbar.

6.♗e2

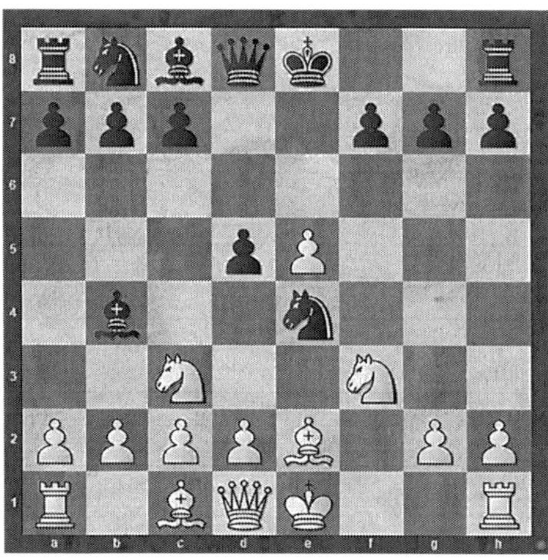

6...c6

Vielleicht ein wenig zu zahm. Eine Option ist 6...♘c6=.

Bekannt war im übrigen 6...♗g4 7.0-0 0-0 8.♕e1 ♘c6 9.d3 ♗c5+ 10.♔h1 ♘xc3 11.bxc3 d4 12.cxd4 ♘xd4 13.♘xd4 ♗xd4 14.♗xg4 ♗xa1 15.♗a3 ♕d4 16.♗xf8 ♖xf8 17.e6 ♗c3 18.exf7+ ♔h8 19.♕e6 ♗b4 20.♗f3 b6 21.♗e4 Schlechter, C. – Weiss, M., Wien 1896 1-0 (45).

7.0-0!± ♕b6+?

Der natürlich aussehende Zug ist bereits ein ernster Fehler. Besser war ⌓7...0-0!±.

8.d4+– ♘xc3 9.bxc3 ♗xc3 10.♗a3

Ein wichtiger Zug! Mannheimer opfert bewusst die Qualität und verhindert dadurch bis auf weiteres die kurze Rochade!

10...♗xa1 11.♕xa1 ♘d7?!

Eigentlich war 11...h6+– nötig.

12.♗d6?!

Ebenfalls ungenau. Nach 12.♘g5+– steht Weiß bereits überlegen!

12...♕d8?!

Gegen den ♘g5 gerichtet. Wieder hätte allerdings 12...h6+– bessere Dienste geleistet.

13.♕e1

Oder noch stärker ⌓13.♕c1+– mit Angriffsideen via f4.

13...♘f8 14.♕g3 ♘e6 15.♕f2?

Wirft den Vorteil eigentlich weg! Vorzuziehen war ⌓15.♗d3+– mit der Idee, einen weiteren Offizier in Stellung zu

102 http://bezirk-frankfurt.schach-chroniken.net/fsm_historie.htm

103 http://www.svkoblenz.de/content/geschichte/geschichte_mittelrhein.htm

104 Chessbase online

105 3. DSB-Präsident von 1899 bis Juli 1901, zuvor seit 1896 Stellvertreter. Vorsitzender des Kölner Schachklub Dr. Lasker 1861 von 1896 bis 1901. Ab Sommer 1901 arbeitete er als Landarzt.

bringen und so den Königsflügel weiter unter Kontrolle zu halten.

15...♕d7?

Angst essen Seele auf! Vermutlich möchte Trimborn präventiv den Punkt f7 überdecken. Doch nach 15...♘f4= hätte er sogar wieder eine halbwegs ausgeglichene Stellung gehabt.

16.♘h4 h5?

Der Sinn dieses Zuges erschließt sich nicht. Will Trimborn seinen Turm ins Spiel bringen? Zu überlegen war stattdessen 16...♘g5+−. Stattdessen wird er jetzt überrollt!

17.♘f5 g6 18.♘e7 ♔d8 19.♕f6 ♖h7 20.♘xc6+ ♔e8 21.♘b8

Noch besser war ⌓21.♗b5!+− und Schwarz hat keine guten Züge mehr! Aber es geht auch so recht schnell zu Ende!

21...♕d8 22.♗b5+ ♗d7 23.♕xe6+!! und Trimborn streckt die Waffen! **1-0**

Emanuel Lasker

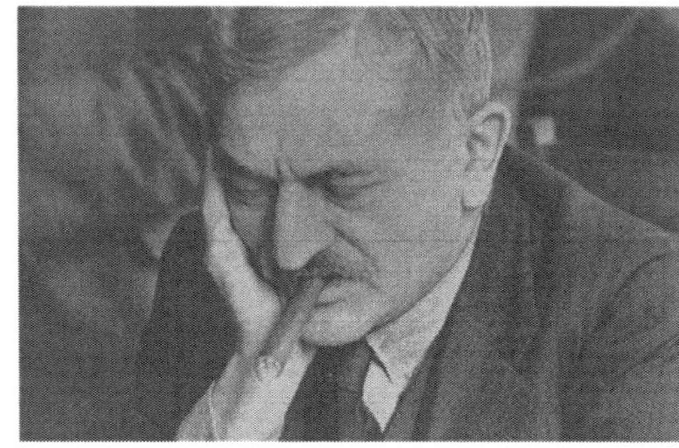

Dr. Emanuel (Immanuel) Lasker (1866 - 1941)[106] kommt im west-pommerschen *Berlinchen* (heute *Barlinek*, Polen) zur Welt. Seine Vorfahren stammten aus der polnischen Ortschaft Lask und bekleideten jüdische Kirchenämter[107].

Lasker hatte zwei Schwestern (Theophilia und Amalie) und einen Bruder (Berthold). Berthold bringt dem mathematisch begabten Jungen im Alter von 12 Jahren auch die Regeln des Schachspiels bei. Schach wird danach schnell zu seiner besonderen Passion.

1879 verließen die Brüder ihre Heimatstadt und ziehen nach Berlin. Dort besuchte Emanuel das Gymnasium. Da er sich aber zu dieser Zeit zu intensiv dem Schachspiel widmet, wird er von seinen Eltern 1887 nach Landsberg an der Warthe geschickt. Dort legt er 1888 sein Abitur ab.

Ein Jahr später nimmt Lasker zunächst in Berlin ein Mathematikstudium auf. Eine von ihm durchaus angestrebte Wissenschaftskarriere schien möglich. Doch dazu wird es nicht kommen.

1898 beginnt vielmehr eine bemerkenswerte internationale Schachkarriere. Zunächst gewinnt er 1890 zusammen mit seinem Bruder ein Meisterturnier in Berlin. Nächster Meilenstein ist sein Sieg gegen den englischen Meisterspieler Henry Edward Bird (1829 - 1908) in einem Wettkampf in Liverpool.

Bereits 1891 geht Lasker dann als Berufsschachspieler nach London. Auch dort feierte er Erfolge in Turnieren und Wettkämpfen. Überdies ist er 1892 bis 1893 auch Herausgeber der Schachzeitung *London Chess Fortnightly.*

1893 folgt er dem amtierenden Weltmeister Wilhelm Steinitz über den großen Teich und wohnt eine Zeit lang in New York.

Nach beeindruckenden Erfolgen in Wettkämpfen und einigen Turniersiegen finden sich schließlich schachinteressierte Mäzene aus den USA und Kanada zusammen, um einen Weltmeisterschaftskampf gegen Wilhelm Steinitz zu finanzieren.

Lasker gewinnt das Match überzeugend und wird danach 27 Jahre lang Schachweltmeister bleiben; ein bis heute ungebrochener Rekord.

Sein erstes Turnier als Weltmeister in Hastings 1895 verläuft allerdings nicht optimal, denn er muss sich hinter dem Amerikaner Harry Nelson Pillsbury (1872 - 1906) mit dem zweiten Platz zufriedengeben.

---

106 Die biographischen Daten sind sämtlich den umfassenden Ausgaben der bislang dreiteiligen Lasker-Biografie von Richard Forster, Michael Negele und Raj Tischbierek: Emanuel Lasker. Bd. I: Struggle and victories. World chess champion for 27 years. Berlin 2018, Bd. II: Choices and chances. Chess and other games of the mind, Berlin 2020 und Bd. III: Labors and Legacy. Chess, Philosophy, and Psychology, Berlin 2022 entnommen.

107 Die Übernahme von Ortsnamen als Familienname war nicht nur bei Juden lange Zeit üblich.

Im selben Jahr veröffentlicht Lasker sein erstes Schachbuch *Common Sense in Chess,* das in Deutschland unter dem Titel *Gesunder Menschenverstand im Schach* veröffentlicht wird. Es beruht im Wesentlichen auf Vorträgen, die er in englischen Schachclubs gehalten hatte.

Bis 1896 lebt Lasker vorwiegend in den Vereinigten Staaten und gibt Steinitz 1897 einen Revanchewettkampf in Moskau. Steinitz verliert auch diese Begegnung chancenlos.

In der Folgezeit widmet sich Lasker wieder vorwiegend seinen akademischen Neigungen. So setzt er zunächst in Heidelberg sowie Göttingen sein Mathematikstudium fort und promoviert dann 1900 an der Universität Erlangen. Versuche, eine Dozentenstelle an Universitäten in Deutschland oder England zu bekommen, scheitern allerdings.

Daher siedelt Lasker 1902 wieder nach New York über. Doch auch die *University of Columbia* nimmt seine Bewerbung nicht an. Insoweit sieht sich Lasker genötigt, wieder als Berufsschachspieler tätig zu werden.

Laskers vergebliche Bemühungen, in akademischen Zirkeln Fuß zu fassen, führen zudem dazu, dass er sich anderen Themen zuwendet. So erscheint 1907 in New York seine erste philosophische Abhandlung *Struggle*, die in der deutschen Ausgabe den Titel *Kampf* trägt[108]

1907 verteidigte Lasker auch seinen Weltmeistertitel gegen den amerikanischen Meisterspieler Frank James Marshall (1877 – 1944) ohne eine einzige Niederlage.

Ein Jahr später kehrt Lasker wieder nach Deutschland zurück und nimmt Wohnsitz in Berlin. Er lässt sich zudem auf einen Wettkampf gegen Tarrasch ein, den er jedoch deutlich gewinnt.

1909 gibt er sein 1904 noch in New York gegründetes und bis dahin auch durchaus erfolgreiches *Lasker's Chess Magazine* auf.

Den wohl spannendsten Wettkampf seines Lebens spielt Lasker 1910 gegen den Österreicher Carl Schlechter (1874 – 1918). Der Weltmeister liegt bis zur letzten Partie zurück und kann seinen Titel erst durch einen Sieg in der 10. Partie retten.

Im selben Jahr verteidigt Lasker seinen Titel überdies auch noch gegen den polnisch-französischen Meister Dawid Markelowitsch Janowski (1868 – 1927), den er allerdings problemlos besiegt.

1911 heiratet er in Berlin die Schriftstellerin Martha Cohn (1867 – 1942). Diese Ehe wird bis zu seinem Lebensende halten.

Zu dieser Zeit erhält er erstmals eine Herausforderung des jungen Kubaners José Raúl Capablanca y Graupera (1888 – 1942) zu einem Weltmeisterschaftskampf. Doch die Verhandlungen scheitern. Gleiches gilt für ein entsprechendes Angebot von Akiba Kiwelowicz Rubinstein (1880 – 1961).

Grund waren v. a. die hohen Geldforderungen des Weltmeisters. Vielleicht war Lasker hier seiner Zeit einfach voraus. Zu seiner professionellen Einstellung gehörte eben auch, dass er eine angemessene Bezahlung seiner Leistung einforderte. Er dachte dabei aber nicht nur an höhere Preisgelder, sondern versuchte auch, ein

108 Seine Theorien führte Lasker später in zwei umfangreicheren Werken (*Das Begreifen der Welt*, 1913, und *Die Philosophie des Unvollendbar*, 1919) weiter aus. Die Bücher werden jedoch von der Fachwelt kaum beachtet.

Urheberrecht an den Zügen seiner Schachpartien durchzusetzen. Ein Thema, das auch heute noch ab und zu diskutiert wird.

1913 erwirbt Lasker in einer kleinen Ortschaft südlich von Berlin ein Bauernhaus nebst Liegenschaften, scheitert als Landwirt allerdings kläglich.

1914 findet in St. Petersburg eines der bedeutendsten Turniere der Schachgeschichte statt. Lasker erhält ebenso eine Einladung wie die großen Spielerpersönlichkeiten Aljechin, Blackburne, Capablanca, Janowski, Marshall, Nimzowitsch, Rubinstein und Tarrasch. Lasker setzt sich in diesem Turnier letztlich nach dramatischem Verlauf durch.

Neben dem Preisgeld und einigen Sachpreisen wollte der Zar die Teilnehmer der Endrunde dieses Turniers übrigens noch in besonderer Weise auszeichnen und bezeichnete sie daher als *Großmeister*. Dies wurde von der Schachwelt als Ehrentitel verstanden und führte später auch zur entsprechenden Qualifizierung durch den Weltschachbund.

Der Erste Weltkrieg geht 1918 mit der Niederlage des Deutschen Kaiserreichs verloren. Lasker war, wie viele deutsche Juden, patriotisch gesinnt. Noch 1916 veröffentlicht er eine Broschüre unter dem Titel *Die Selbsttäuschungen unserer Feinde*, in der er die Kriegsgegner Deutschlands kritisierte. Zudem hatte er sein gesamtes Geld in Kriegsanleihen investiert, die nun nichts mehr wert waren. Er verliert sein Vermögen.

1920 scheitert zunächst aus finanziellen Gründen ein erneuter Versuch Capablancas, Lasker um die Weltmeisterschaft herauszufordern. Neuerliche Anstrengungen erlaubten dann aber die Ausrichtung eines Wettkampfs 1921 in Havanna.

Lasker, der sich einem ungewohnten Klima ausgesetzt sieht, gibt den Wettkampf allerdings bereits nach 14 Partien beim Stand von 5 : 9 (+0–4=10) auf. Capablanca ist neuer Weltmeister.

Als Exweltmeister zieht sich Lasker danach sukzessive vom Turnierschach zurück. Er gewinnt zwar 1923 noch in Mährisch-Ostrau (Ostrava) und 1924 in New York, doch das Moskauer Turnier 1925 sollte dann für lange Zeit das Ende seiner Schachkarriere bedeuten.

Im selben Jahr erscheint sein *Lehrbuch des Schachspiels*, in dem er u.a. die Verdienste Steinitz' um die Erforschung des Positionsspiels würdigt. Das Buch enthält auch zahlreiche philosophische Exkurse und zählt heute immer noch zu den Klassikern der Schachliteratur. Außerdem veröffentlichte er zusammen mit seinem Bruder Berthold ein expressionistisches Drama, das allerdings kein Erfolg wird.

Ab 1926 widmet sich Lasker vermehrt dem Go, das er bereits seit 1910 intensiv pflegte. Daneben interessierte er sich aber auch für Bridge. Außerdem galt er als ganz passabler Pokerspieler.

1927 gründet er in Berlin eine *Schule für Verstandesspiele*. In dieser Zeit erfand er auch Varianten des Dame- und Mühlespiels.

1929 erscheint sein Buch *Das verständige Kartenspiel*; 1931 folgten *Das Bridgespiel*, *Das Skatspiel* und *Brettspiele der Völker*.

1932 nahm er schließlich an einem internationalen Bridgeturnier in London teil und verkündete seinen Abschied vom Schach. Er plante offenbar, sich gänzlich dem

Bridge zu widmen. Zudem hat er eine Version des Nim–Spiels[109] erfunden und entscheidend zur Entwicklung der frühen Spieltheorie beigetragen.

Trotzdem blieb er in der Öffentlichkeit aber präsent. Er publizierte mehrere Artikel und hielt Vorträge, in denen er sich auch kritisch zu politischen Entwicklungen seiner Zeit äußerte.

Das Jahr 1933 und die Machtübernahme der Nazis bedeuteten dann auch für Lasker eine Zäsur. Er erkannte schnell, dass ihn sein Ruhm als ehemaliger Schachweltmeister nicht vor der antisemitischen Repression, die sich bereits andeutete, schützen würde.

Also verließ er mit seiner Frau Deutschland und setzte sich zunächst in die Niederlande ab. Nach einjährigem Aufenthalt zog das Ehepaar 1934 dann nach London.

Um nun seinen Lebensunterhalt zu sichern, musste Lasker seine Schachtätigkeit wiederaufnehmen. Neben der Arbeit an Schachspalten in Zeitungen gab er in dieser Zeit auch vermehrt Simultanvorstellungen.

Nachdem er dann im internationalen Turnier zu Zürich einen fünften Platz belegte, erhielt Lasker 1935 eine Einladung nach Moskau. In dem hochklassigen Turnier belegte er einen erstaunlichen dritten Platz, den er sich ohne eine einzige Niederlage erspielte. Bis heute gilt dies als eine höchst bemerkenswerte Leistung.

Lasker wird daraufhin durch die Akademie der Wissenschaften der UdSSR eingeladen. Lasker nimmt an und emigriert nach Moskau. Offiziell sollte er an einem mathematischen Institut arbeiten. Inoffiziell trainierte er jedoch die sowjetischen Meisterspieler und trug u. a. durch Simultanreisen zu einer weiteren Popularisierung des Schachspiels in der UdSSR bei.

Überdies erscheint er wieder auf internationalem Parkett. Seine letzten Turniere spielte er dann 1936 in Moskau und Nottingham.

1937 schreibt Lasker die Erzählung *Wie Wanja Meister wurde*, deren deutscher Originaltext übrigens erst 2001 veröffentlicht wurde.

Als sein Gönner, der sowjetische Justizminister Nikolai Wassiljewitsch Krylenko (1885–1938), dem stalinistischen Terror zum Opfer fällt, wird Lasker klar, dass auch Moskau kein sicherer Hafen ist. Lasker nutzt daher einen Besuch bei seiner Stieftochter in New York, um die Sowjetunion 1937 wieder zu verlassen.

Er bleibt schließlich in den Vereinigten Staaten, zumal ihm und seiner Ehefrau 1938 die deutsche Staatsbürgerschaft aberkannt wird.

Kurz vor seinem Tode veröffentlicht er noch die politische Schrift *The Community of the Future*, in der er sich gesellschaftlichen Problemen widmet.

Lasker stirbt 1941 nach kurzer, schwerer Krankheit.

---

109 Das Nim–Spiel ist ein Spiel für zwei Personen, bei dem abwechselnd eine Anzahl von Gegenständen, beispielsweise Streichhölzer, weggenommen werden. Gewonnen hat derjenige, der das letzte Hölzchen nimmt (aus: www.Wikipedia.com).

Nach Lasker sind mehrere Eröffnungsvarianten benannt:

- Die *Lasker–Verteidigung* im abgelehnten Damengambit. Sie entsteht nach 1.d4 d5 2.c4 e6 3.♘c3 ♘f6 4.♗g5 ♗e7 5.e3 0-0 6.♘f3 h6 7.♗h4 ♘e4.
- Die *Lasker–Variante im Evans–Gambit*: 1.e4 e5 2.♘f3 ♘c6 3.♗c4 ♗c5 4.b4 ♗xb4 5.c3 ♗a5 6.d4 d6 7.0-0 ♗b6 8.dxe5 dxe5 9.♕xd8+ ♘xd8 10. ♘xe5 ♗e6. Schwarz verschafft sich durch Rückgabe des Bauern eine solide Stellung. Nachdem Lasker diese Verteidigung empfohlen hatte, wurde das Evans–Gambit in der Turnierpraxis nur noch selten angewandt.
- Schließlich geht eine *Eröffnungsfalle in Albins Gegengambit* auf Lasker zurück: 1.d4 d5 2.c4 e5 3.dxe5 d4 4.e3?! (Besser sind 4.♘f3, 4.a3 und 4.e4.) 4...♗b4+! 5.♗d2 dxe3 6.♗xb4? (relativ stärker ist 6.fxe3 ♕h4+=/+) 6...exf2+ 7.♔e2 fxg1♘+! (Nach 8.♔e1 ♕h4+ 9.♚d2 ♘c6 steht Schwarz auf Gewinn. Indiskutabel wäre 8.♖xg1 ♗g4+ und die weiße Dame wandert in den Kasten).

Lasker komponierte auch einige Endspielstudien. Die berühmteste Stellung zeigt das *Lasker–Manöver*[110].

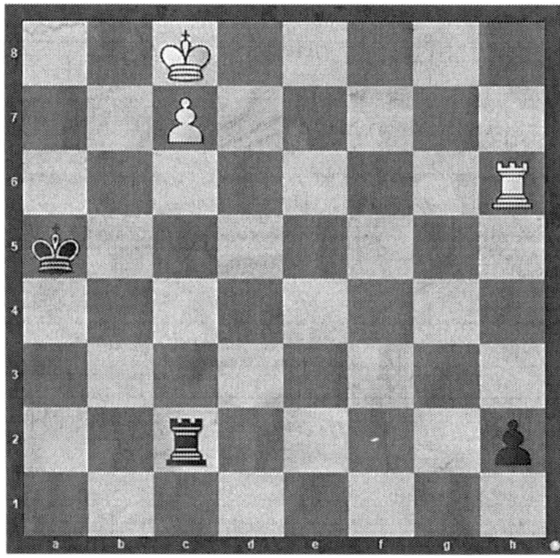

1.♔b7 ♖b2+ 2.♔a7 ♖c2 3.♖h5+ ♔a4 4.♔b6 ♖b2+ 5.♔a6 ♖c2 6.♖h4+ ♔a3 7.♔b6 ♖b2+ 8.♔a5 ♖c2 9.♖h3+ ♔b2 10.♖xh2 ♖xh2 11.c8♕+–

Laskers Spielstil kann als ‚pragmatisch' und ‚kämpferisch' bezeichnet werden. Er hat (im Gegensatz zum wissenschaftlich orientierten Ansatz, den Tarrasch verfolgte) nicht immer den *objektiv besten*, sondern manchmal eben auch den für den jeweiligen Gegner *unangenehmsten* Zug in der Stellung gesucht.

Da er nur sehr wenige offensichtliche Fehler machte, legte er seinen Schwerpunkt nicht auf eine komplexe Eröffnungsvorbereitung. Seine Stärke war dabei v.a. das Endspiel. Überdies konnte er auch schlechtere Stellungen ausgezeichnet verteidigen.

110 Deutsches Wochenschach, 1890

Die erste Partie[111], die wir uns ansehen, beinhaltet ein spektakuläres doppeltes Läuferopfer:

Lasker, E. – Bauer

Bird–Eröffnung (A03)

Amsterdam 1889

1.f4 d5 2.e3 ♘f6 3.b3

Alternativen sind 3.♘f3 oder 3.♗e2.

3...e6

Das engt den ♗c8 ein und macht ihn zu einem ‚schlechten' Läufer. Sinnvoller ist der Abtausch gegen eine weiße Leichtfigur durch 3...♗g4.

4.♗b2 ♗e7 5.♗d3 b6

5...c5∓ war vermutlich vorzuziehen.

6.♘f3 ♗b7 7.♘c3 ♘bd7 8.0-0 0-0 9.♘e2?!

Genauer war 9.♕e1.

9...c5

9...♘c5∓ hätte Weiß sicherlich weniger gefallen.

10.♘g3 ♕c7 11.♘e5 ♘xe5?

11...g6∓ und Schwarz steht sicher!

12.♗xe5?!

Lasker hat vermutlich bereits ein Bild vor Augen und verzichtet daher auf 12.fxe5 ♘d7 13.♕h5+–.

12...♕c6

Bauer jagt einem Geist nach. 12...♕d8= sieht stärker aus.

13.♕e2 a6?

13...g6!∓ war wiederum vorzuziehen. Schwarz baut sich passiv auf, während Weiß alle seine Figuren gegen den schwarzen Königsflügel positioniert hat. Da braut sich Unheil zusammen!

14.♘h5!+– ♘xh5

Schwarz steht bereits bedenklich. So folgt zum Beispiel nach 14...d4 15.♗xf6 ♗xf6 16.♕g4 ♔h8 17.♖f3+–.

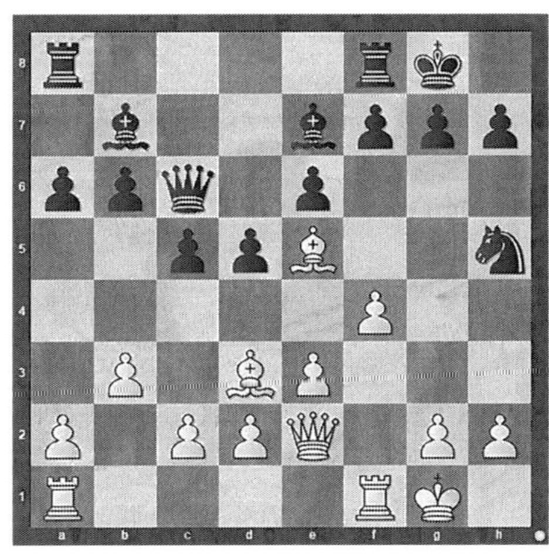

15.♗xh7+!

Der erste Einschlag!

15...♔xh7 16.♕xh5+ ♔g8 17.♗xg7!

Die Pointe des ersten Läuferopfers. Der schwarze König wird völlig entblößt und ist den weißen Schwerfiguren ausgeliefert.

17...♔xg7 18.♕g4+ ♔h7 19.♖f3 e5 20.♖h3+ ♕h6 21.♖xh6+ ♔xh6

Scheinbar hat Schwarz genug materielles Äquivalent für die Dame, nämlich einen Turm und zwei Läufer, doch Lasker gewinnt nun durch einen Doppelangriff.

111 www.chessgames.com.

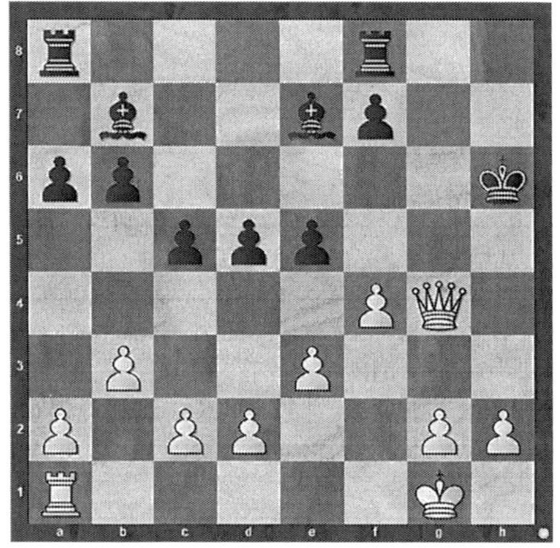

22.♕d7 ♗f6 23.♕xb7

Die Partie ist durch das materielle Übergewicht von Weiß entschieden. Den Rest wickelt Lasker technisch gekonnt ab.

23...♔g7 24.♖f1 ♖ab8 25.♕d7 ♖fd8 26.♕g4+ ♔f8 27.fxe5 ♗g7

27...♗xe5? geht natürlich nicht. Es folgt 28.♕f5+−.

28.e6 ♖b7 29.♕g6 f6 30.♖xf6+ ♗xf6 31.♕xf6+ ♔e8 32.♕h8+ ♔e7 33.♕g7+ ♔xe6 34.♕xb7 ♖d6 35.♕xa6 d4 36.exd4 cxd4 37.h4 d3 38.♕xd3! und Bauer gibt auf! **1-0**

Die nachfolgende Partie[112] markiert möglicher Weise eine Wende im Leben der beiden Kontrahenten. Lasker gewinnt das Vier-Meister-Turnier in St. Petersburg 1896, aus dem diese Partie stammt, überzeugend und zerschmettert im gleichen Jahr Steinitz im Rückkampf um die Weltmeisterschaft. Pillsbury bricht nach diesem Desaster dagegen förmlich ein, verliert die nächsten Partien und kann nachfolgend nicht mehr an seine früheren Erfolge anknüpfen. Er stirbt acht Jahre später im Alter von nur 34 Jahren. Wer kann erahnen, wie oft er jenen traumatischen Tag in St. Petersburg noch einmal in seinen Träumen durchlebt hat und dabei an die verstrichenen Chancen denken musste; Möglichkeiten, die sein Leben vielleicht gründlich geändert hätten.

Pillsbury − Lasker, E.

Damengambit (D50)

St. Petersburg 1896

1.d4 d5 2.c4 e6 3.♘c3 ♘f6 4.♘f3 c5 5.♗g5

Heutzutage zieht man 5.cxd5± vor.

5...cxd4 6.♕xd4 ♘c6

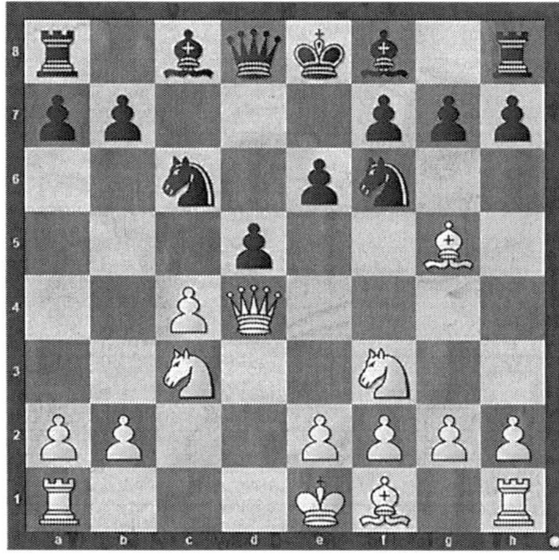

7.♕h4

Pillsbury versucht es später mit 7.♗xf6= gxf6 8.♕h4 dxc4 9.♖d1 ♗d7 10.e3 ♘e5 11.♘xe5 fxe5 12.♕xc4 ♕b6 13.♗e2 ♕xb2 14.0-0 ♖c8 15.♕d3 ♖c7 16.♘e4 ♗e7 17.♘d6+ ♔f8 18.♘c4 ♕b5 19.f4 exf4 20.♕d4 f6 21.♕xf4 ♕c5 22.♘e5 ♗e8 23.♘g4 Pillsbury, H. − Lasker, E., Cambridge-Springs 1904 1-0.

7...♗e7!∓ 8.0-0-0 ♕a5 9.e3?!

9.cxd5 war die bessere Wahl. 9...♘xd5 10.♘xd5 exd5 11.♗xe7 ♘xe7 12.♔b1=.

112 ChessBase Datenbank

9...♗d7

Mit 9...h6 10.cxd5 exd5 11.♗d3 ♗d7 12.♔b1 ♖c8 13.♘d4 0-0 14.♗xf6 ♗xf6 15.♕f4 ♘b4−+ hätte Schwarz bereits in deutlichen Vorteil kommen können.

10.♔b1?!

Etwas zu schematisch. Besser war 10.♘d2∓.

10...h6!∓ 11.cxd5 exd5 12.♘d4 0-0 13.♗xf6 ♗xf6 14.♕h5 ♘xd4 15.exd4 ♗e6 16.f4 ♖ac8 17.f5

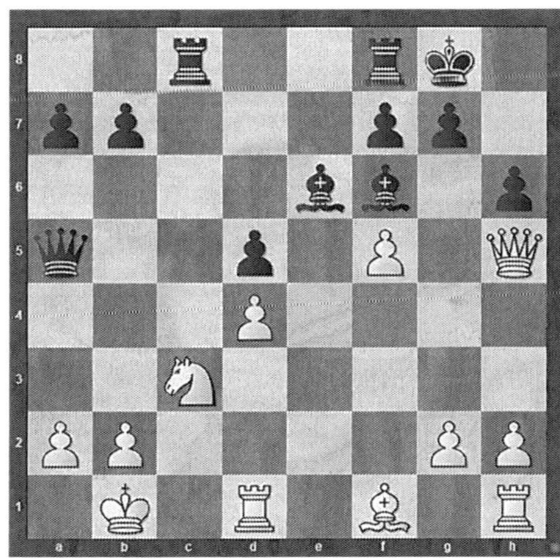

17...♖xc3

Oder 17...♗d7 18.♕f3 ♗a4 19.♘xa4 ♕xa4∓.

18.fxe6∓

Auf 18.bxc3? folgt 18...♗d7 19.♕f3 ♖c8 20.♖d3 *(20.♖c1 ♕b6+ 21.♔a1 ♗xd4−+)* 20...♕b6+ 21.♔a1 ♖xc3 22.♖xc3 ♕xd4 23.♔b2 ♗xf5−+.

18...♖a3! 19.exf7+?

19.bxa3 war relativ besser. Es folgt 19...♕b6+ 20.♗b5 ♕xb5+ 21.♔a1 fxe6∓.

19...♖xf7−+ 20.bxa3 ♕b6+ 21.♗b5

21.♔c2 ♖c7+−+ und Lasker steht klar auf Gewinn.

21...♕xb5+ 22.♔a1

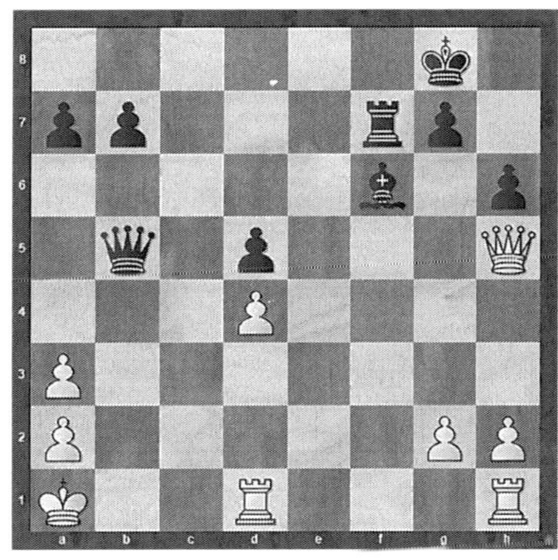

22...♖c7?

Wirft den Vorteil weg! Stark war 22...♕c5 23.♕g4 ♖e7−+.

23.♖d2= ♖c4,

Zu überlegen war auch 23...♖c2!? 24.♖b1 ♕c6 25.♖xc2 ♕xc2 26.♕e8+ *(26.♕xd5+ ♔h8∓)* 26...♔h7±.

24.♖hd1?

Verständlich! Gleichwohl wäre es besser gewesen, den ♖h1 mit 24.♖e1!= aktiv zu stellen. Der Bauer auf d4 war jedenfalls tabu! 24...♗xd4+ 25.♖xd4 ♖xd4 26.♖e8+ ♔h7 27.♕f5+ g6 28.♕f7#.

24...♖c3?!

Mit 24...♕c6! 25.♔b1 ♗g5−+ wäre die Partie entschieden gewesen.

25.♕f5± ♕c4?!

⌓25...♖c5 26.♖b2 ♕a4∓ scheint die weiße Verteidigung bereits zu überlasten.

26.♔b2?

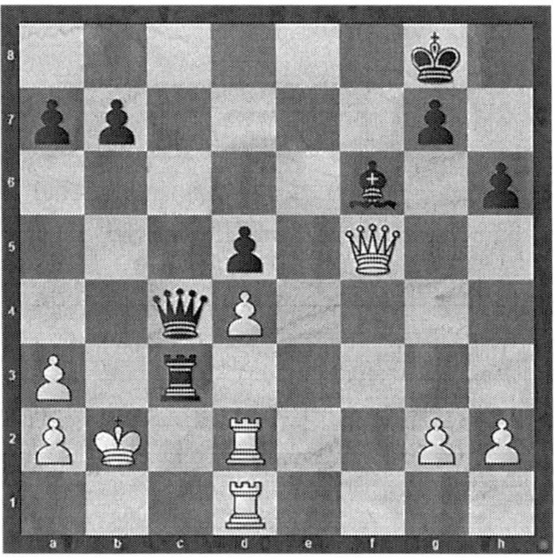

Manchmal kommt es auf Kleinigkeiten an! 26.♔b1! ♕b5+ 27.♖b2+− und Schwarz hat keinen Angriff mehr!

26...♖xa3!!−+ 27.♕e6+

27.♔xa3? scheitert an 27...♕c3+ 28.♔a4 b5+ 29.♔xb5 ♕c4+ 30.ðda5 ðgd8#.

27...♔h7 28.♔xa3

28.♔b1 hätte ebenso nicht ausgereicht. 28...♗xd4 29.♕f5+ ♔g8 30.♕e6+ *(30.♖e1 ♕b4+ 31.♔c1 ♕c3+ 32.♕c2 ♗e3−+)* 30...♔h8 31.♕e8+ ♔h7 32.♕e2 ?b4+−+

28...♕c3+ 29.♔a4 b5+ 30.♔xb5 ♕c4+! 31.♔a5 ♗d8+ 32.♕b6 ♗xb6# 0-1

Wir werden gleich ein wildromantisches Handgemenge aus dem Jahre 1904 erleben[113]. Der Schwarzspieler – William Ewert Napier (1881 – 1952) – bezeichnete das Ergebnis seiner Begegnung mit dem amtierenden Weltmeister Lasker später einmal als *die beste Verlustpartie* seiner Karriere. Der US-Amerikaner zeigte sich besonders davon beeindruckt, dass Lasker trotz großer Zeitnot nie die Übersicht verlor.

Lasker, E. – Napier

Sizilianisch (B72)

Cambridge Springs 1904

1.e4 c5 2.♘c3 ♘c6 3.♘f3 g6 4.d4 cxd4 5.♘xd4 ♗g7 6.♗e3 d6 7.h3

Lasker bereitet einen Bauernsturm auf dem Königsflügel vor. 7.♕d2± ist die moderne Spielweise.

7...♘f6 8.g4

8.♗c4= ist sicher ebenso spielbar.

8...0-0= 9.g5 ♘e8

Zu empfehlen war 9...♘h5. Falls nun 10.♗e2?! so 10...♘f4! 11.♗xf4 *(11.♘xc6 ♘g2+−+)* 11...♘xd4∓ und Schwarz steht besser!

10.h4 ♘c7 11.f4?!

Lasker hält an seinem Plan fest. Gleichwohl war 11.♕d2= vorzuziehen.

11...e5∓

Napier reagiert mit seinem energischen Zentrumsvorstoß eigentlich goldrichtig!

12.♘de2

12.fxe5 ♗xe5 (oder auch *12...♘xe5)* 13.♕d2∓ sieht in der Tat ein wenig luftig aus.

12...d5

Nach 12...f5∓ möchte man lieber mit den schwarzen Steinen spielen, oder?

13.exd5∓ ♘d4?!

113 www.chessgames.com

13...exf4!∓ sieht interessant aus. Aber es ist danach nicht leicht, taktisch alles im Griff zu behalten.

14.♘xd4± ♘xd5

Auf 14...exd4 15.♗xd4 ♖e8+ 16.♗e2 ♗g4 17.♗xg7 ♗xe2 18.♘xe2 ♔xg7 19.c4+− hätte Napier vermutlich das Nachsehen.

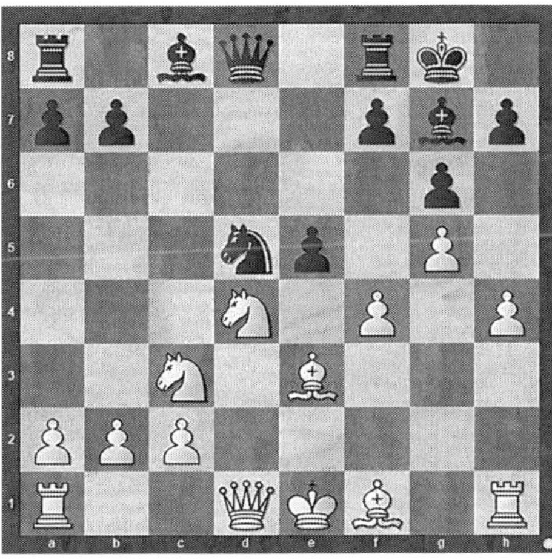

15.♘f5

15.♘xd5?! ist nach 15...exd4 mindestens unklar: 16.♕f3 ♗e6 17.♗c4 ♖c8 18.♗b3 ♖xc2! 19.♗f2 ♖xb2 20.♘f6+ ♗xf6 21.♗xe6 fxe6 22.gxf6 ♕xf6 23.♗g3∞.

15...♘xc3 16.♕xd8 ♖xd8 17.♘e7+

17.♘xg7 reicht nach 17...♘d5= nur zum Ausgleich.

17...♔h8

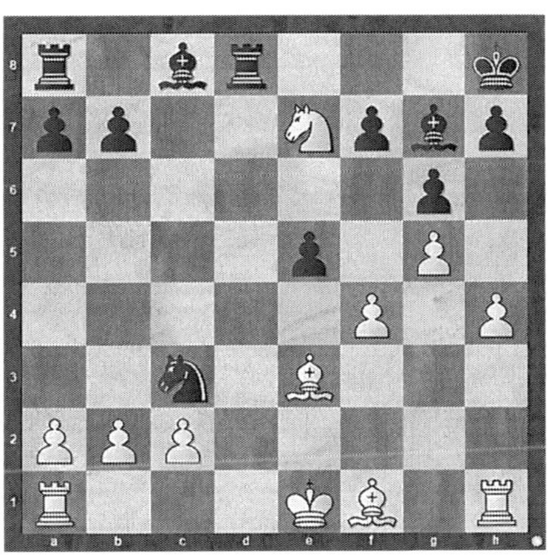

18.h5↑

18.bxc3 war ebenfalls zu berechnen. Es kann z. B. 18...exf4 19.♗d4 ♖e8 20.♗f6 ♖xe7+ 21.♗xe7 ♗xc3+ 22.♔f2 ♗xa1 23.♗c4 ♗d4+ 24.♔f3 ♗d7∓ folgen.

⌓18.f5 war auch einen Gedanken wert! Nach 18...gxf5 19.bxc3 f4 20.♘xc8 ♖axc8 21.♗h3 ♖xc3 22.♗xa7 hat Schwarz eine Figur zu wenig und es ist mehr als zweifelhaft, ob die verbundenen schwarzen Freibauern auf e5 und f4 genug Kompensation bieten.

18...♖e8± 19.♗c5 gxh5 20.♗c4?

Eigentlich sprach nichts gegen 20.bxc3 ♗f8 21.♗b5! ♖xe7 22.♗xe7 ♗xe7+−.

20...exf4?!

Nach 20...♘e4! 21.♗xf7 ♗g4 22.♗xe8 ♖xe8 23.♗a3 stünde Weiß verdächtig! Zum Beispiel 23...♘g3 24.♖g1 exf4−+ und der ♖a1 spielt nicht so recht mit, was die schwarze Minusqualität zumindest im Augenblick mehr als aufwiegt.

21.♗xf7

21...♘e4?!

Heutige Silikongroßmeister würden an dieser Stelle ohne viel Federlesen

21...♗g4 spielen und sehen Weiß nach 22.bxc3 *(22.♗xe8 ♖xe8 23.bxc3 ♗xc3+ 24.♔f2 ♖d8 25.♖ab1∞* ist hingegen höchst unklar*)* 22...♗xc3+ 23.♔f2 ♖ed8 24.♖ab1 ♖d2+ 25.♔g1 ♖ad8 26.♗xh5 ♖d1+ 27.♖xd1 ♖xd1+ 28.♔g2 ♖xh1 29.♗xg4 ♖c1 30.♗f5± locker im Vorteil. Doch welches Wesen aus Fleisch und Blut würde so spielen?

22.♗xe8+– ♗xb2 23.♖b1 ♗c3+ 24.♔f1 ♗g4 25.♗xh5 ♗xh5 26.♖xh5 ♘g3+

26...♘d2+? ist hingegen deutlich schwächer. Es folgt 27.♔g1 ♘xb1 28.g6 ♔g7 29.♖xh7+ ♔f6 30.g7+–.

27.♔g2 ♘xh5 28.♖xb7 a5 29.♖b3 ♗g7 30.♖h3 ♘g3 31.♔f3 ♖a6 32.♔xf4 ♘e2+ 33.♔f5 ♘c3 34.a3 ♘a4 35.♗e3 und Napier gibt auf! **1-0**

Die nachfolgende Partie[114] ist ebenfalls nichts für schwache Nerven. Es geht um nichts Geringeres als den Weltmeisterschaftstitel und Lasker liegt einen Punkt zurück. Er muss gewinnen, sonst verliert er die Krone.

Lasker, E – Schlechter

Grünfeld (D94)

Berlin 1910

1.d4 d5 2.c4 c6 3.♘f3 ♘f6 4.e3 g6

Schlechter versucht es mit einer seinerzeit eher unbekannten Variante.

5.♘c3 ♗g7 6.♗d3 0-0 7.♕c2

Gegen ♗g4 gerichtet. Insoweit ist 7.h3± ebenso spielbar. Das Hauptabspiel lautet 7.0-0 ♗g4 8.h3 ♗xf3 9.♕xf3±.

7...♘a6

7...c5 stellt eine grundsätzliche Option dar, z. B. 8.dxc5 *(8.cxd5 cxd4 9.♘xd4 ♘xd5 10.♘xd5 ♕xd5=)* 8...dxc4 9.♗xc4 ♕a5=.

8.a3 dxc4 9.♗xc4 b5

Sehr verpflichtend. 9...c5 kam in Betracht 10.d5 (10.♗xa6 cxd4 11.♘xd4 *(11.♗xb7?! ♗xb7–+)* 11...bxa6 12.0-0 ♗b7=) 10...♘c7 (bzw. *10...♗g4±)* 11.e4 b5 12.♗e2 b4 13.axb4 cxb4 14.♘a4=.

10.♗d3± b4

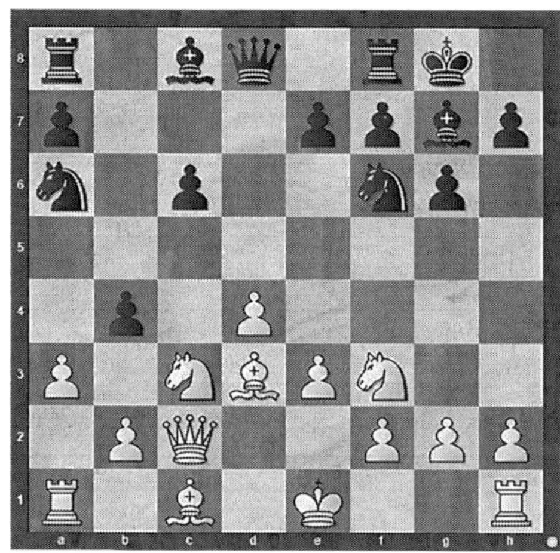

11.♘a4!

Damit vermeidet Lasker Komplikationen, die nach 11.♗xa6 entstehen. Beispielsweise 11...bxc3 12.♗d3 *(12.♗xc8 cxb2 13.♗xb2 ♖xc8 14.0-0 ♘d7 15.♖ac1 c5 16.d5 ♗xb2 17.♕xb2 ♕b6 18.♕e2 c4 19.♖xc4 ♕b5 20.♖c2 ♕xd5=)* 12...♗b7 13.bxc3 c5±.

11...bxa3 12.bxa3

12.♕xc6? ist nicht empfehlenswert. 12...♘b4 *(12...♕a5+ 13.♕c3 ♕xa4 14.♖xa3 ♕d7 15.♗xa6 ♗xa6 16.♖xa6 ♖fc8 17.♕d2 ♘e4 18.♕d1 ♕b5 19.♖a3∓)* 13.♕c3 *(13.♕xa8? ♘xd3+ 14.♔d2 ♕d7 15.♖xa3 ♗a6–+* und die ♕a8 hat kein Feld mehr!*)* 13...a5 14.bxa3 ♘xd3+ 15.♕xd3 ♗a6–+ Weiß steht desolat!

12...♗b7

Schwarz steht danach eher passiv. Besser war ⌓12...c5 13.♗xa6 *(13.♘xc5 ♘xc5*

114 ChessBase Datenbank

14.♕xc5 ♗b7 15.0-0 ♘d7 16.♕g5 ♗xf3 17.gxf3 e5 18.♕xd8 ♖fxd8 19.dxe5 ♘xe5 20.♗e2 ♘xf3+ 21.♗xf3 ♗xa1 22.♗xa8 ♖xa8=) 13...♗xa6 14.♘xc5 ♕c8±.

13.♖b1± ♕c7 14.♘e5

14.0-0+− war vermutlich genauer.

14...♘h5?!

Anstatt es doch mit 14...c5⩲ zu probieren, zieht Schlechter seinen zweiten Springer ins Abseits.

15.g4?!

Auch dieser Zug wurde im Nachgang kritisiert. Zu empfehlen ist 15.0-0+−.

15...♗xe5

Kasparow schlug später 15...♘f6± vor.

16.gxh5?!=

Tarrasch untersuchte seinerzeit ⌓16.dxe5 ♘g7 17.0-0 ♖ad8 18.f4 c5 19.♗e2⩲

16...♗g7! 17.hxg6 hxg6 18.♕c4 ♗c8?!

Zu passiv! 18...c5! bleibt in der Remisbreite. 19.♖g1 e6 (*aber nicht 19...♕xh2? 20.♖xg6 ♕h1+ 21.♔d2+−)* 20.♖xb7 ♕xb7 21.♕xa6 ♕xa6 22.♗xa6 cxd4=.

19.♖g1?!

Zu langsam! Hier scheint 19.h4 das Mittel der Wahl zu sein. 19...c5 20.h5 *(20.♗xg6 ♗e6 21.d5 fxg6 22.dxe6 ♕c6=)* 20...cxd4 21.hxg6 ♕xc4 22.♗xc4 e6 23.exd4 ♗xd4 24.♗h6 ♗g7 25.gxf7+ ♖xf7 26.♔e2±.

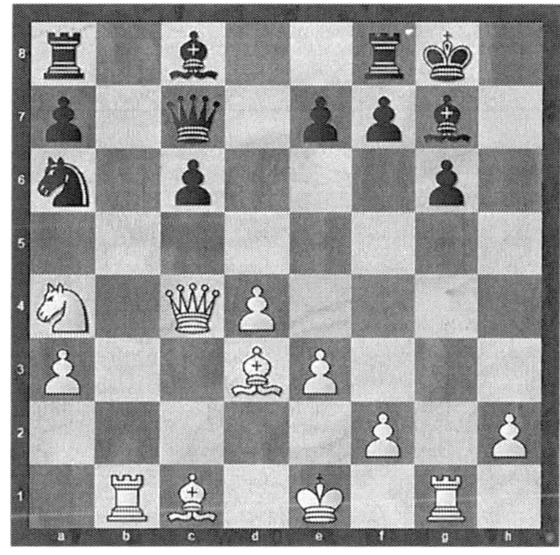

19...♕a5+?!

Man kann den Druck, dem beide Seiten ausgesetzt sind, praktisch mit den Händen greifen. Mit 19...♕xh2 20.♖xg6 ♘c7 21.♖g3 ♕h1+ 22.♔e2 ♕h5+ 23.♔d2 ♕h2= ergäbe sich eine gute Chance auf Zugwiederholung und Schlechter wäre Weltmeister geworden.

20.♗d2+− ♕d5 21.♖c1 ♗b7

⌓21...♘b8+− war ebenfalls in Erwägung zu ziehen.

22.♕c2

22.h4+− oder 22.♘c3+− (Hübner) waren ebenfalls stark!

22...♕h5

22...e6 hätte die schwarze Stellung vielleicht gefestigt.

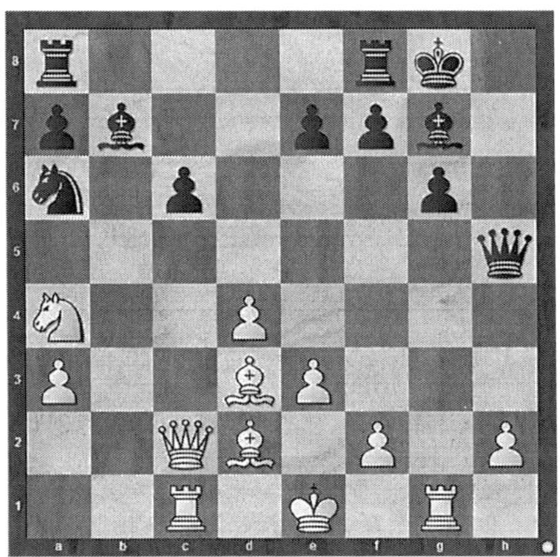

23.♗xg6?

Die Nervenschlacht geht weiter! Von Capablanca wurde 23.♕b3 vorgeschlagen. Tatsächlich scheint das zu funktionieren: 23...♕xh2 24.♖xg6 ♕h1+ 25.♔e2 ♕h5+ 26.f3 ♕h2+ 27.♔d1 ♖ab8 28.♔c2 ♗c8 29.♕c4+−.

23...♕xh2= 24.♖f1 fxg6 25.♕b3+ ♖f7! 26.♕xb7 ♖af8 27.♕b3

27.♕xa6? verliert nach 27...♖xf2 28.♖xf2 ♖xf2 29.♕c8+ *(29.♕c4+? ♔f8−+)* 29...♔h7−+.

27...♔h8 28.f4 g5

Eine andere Methode, gegen den weißen Bauernwall anzugehen, besteht in 28...e5 (Kasparow) 29.dxe5 ♖d7=.

29.♕d3 gxf4 30.exf4

30.♕xa6? trifft auf fxe3−+ und Schwarz gewinnt!

30...♕h4+

30...♘c7 sieht auch gut spielbar aus. Nach 31.♖xc6 ♘d5= sollte sich die Stellung in der Waage befinden.

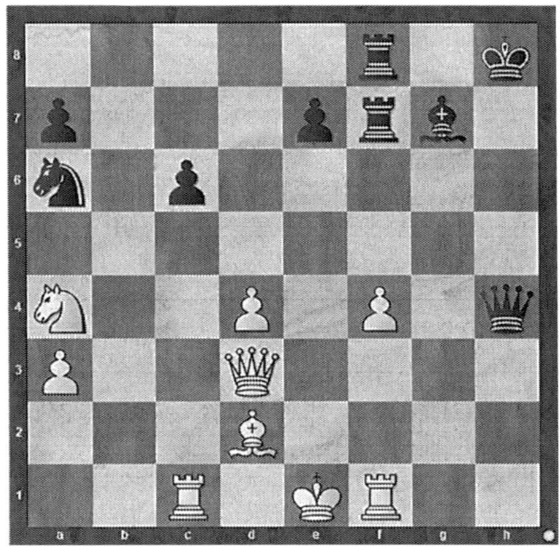

31.♔e2

Eine bewusste Entscheidung! Lasker hat vermutlich gesehen, dass die Stellung nach 31.♔d1 ♕g4+ 32.♔c2 ♕f5= für Schlechter leicht zu halten ist.

31...♕h2+ 32.♖f2 ♕h5+ 33.♖f3 ♘c7

Mit 33...♗h6!= hätte Schlechter eine weitere Figur ins Spiel bringen können, während Weiß zunächst statische Probleme ausräumen muss.

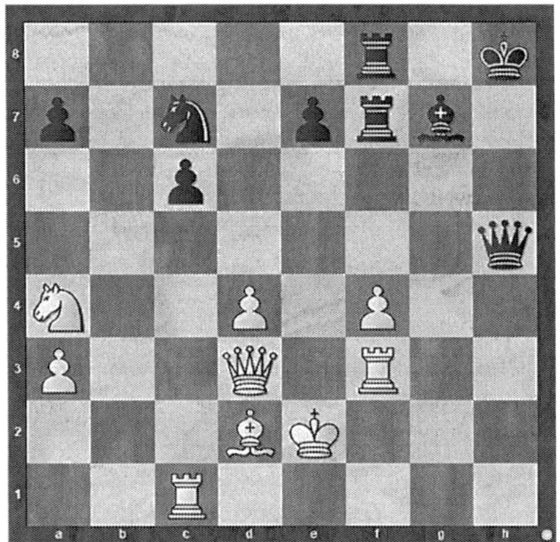

34.♖xc6

Ein Spiel mit dem Feuer! Vorzuziehen ist 34.♖h1! ♕xh1 35.♖h3+ ♕xh3

36.♕xh3+ ♔g8 37.♘c5 ♘b5 38.♘e6 ♘xd4+ 39.♘xd4 ♗xd4=.

34...♘b5 35.♖c4

Wiederum auf Chance gespielt, denn nach 35.♔e1! ♕h1+ 36.♕f1 *(36.♖f1 ♕xc6–+)* 36...♕xf1+ 37.♖xf1= verliert Lasker seinen Titel!

35...♖xf4?!

Vermutlich das Resultat eines Rechenfehlers! 35...♖d8∓ oder 35...♘d6± bekommen bessere Kritiken.

36.♗xf4 ♖xf4 37.♖c8+ ♗f8! 38.♔f2

Hübner schlug 38.♖d8= vor, doch selbst damit kommt Weiß wahrscheinlich nicht weiter.

38...♕h2+

In seinen Vorausberechnungen hatte sich Schlechter offenbar auf 38...♕h4+ 39.♔g2 ♕g4+ verlassen und musste nun feststellen, dass er nach 40.♖g3 ♕xc8 41.♕g6+– verlieren würde.

39.♔e1 ♕h1+?!

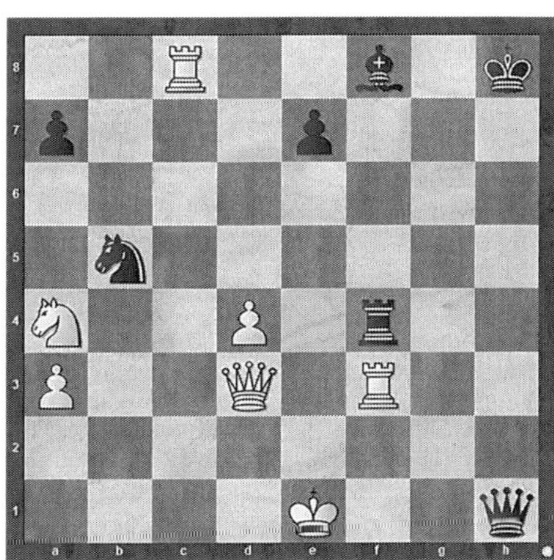

Das falsche Schach zur falschen Zeit! 39...♕h4+! macht Remis! 40.♔d2 *(40.♖g3? ♕h1+ 41.♔d2 ♖f2+; 40.♔d1? ♕h1+ 41.♔e2 ♖xf3 42.♕xf3 ♘xd4+–+; 40.♔f1 ♕h3+! 41.♔f2 ♖xf3+ 42.♕xf3 ♕xc8 43.♕h5+ ♔g8 44.♕xb5 ♗g7∓)* 40...♕h2+ 41.♔e1 *(41.♔e3 ♖xf3+ 42.♔xf3 ♕h3+ 43.♔e2 ♕xc8 44.♕xb5 ♕c2+∓)* 41...♕h4+ 42.♔d2 ♕h2+ 43.♔e1= usw.

40.♖f1± ♕h4+ 41.♔d2 ♖xf1 42.♕xf1 ♕xd4+ 43.♕d3!

43.♔e1?! wäre im Gewinnsinne unzureichend gewesen. 43...♕a1+ 44.♔f2 *(44.♔e2 ♕a2+ 45.♔f3 ♕d5+ 46.♔g3 ♕g5+ 47.♔h3 ♕h6+ 48.♔g2 ♕g5+ 49.♔h3 ♕h6+ 50.♔g2 ♕g5+ 51.♔h3=)* 44...♕f6+ 45.♔g1 ♕d4+ 46.♔h2 ♕e5+ 47.♔g2 ♕g5+ 48.♔h3 *(48.♔h2 ♕e5+ 49.♔g2 ♕g5+ 50.♔h3 ♕h6+ 51.♔g2 ♕g5+=)* 48...♕h6+ 49.♔g2 ♕g5+ 50.♔h3 *(50.♔h2 ♕e5+ 51.♔g2 ♕g5+=)* 50...♕h6+ 51.♔g2 ♕g5+=.

43...♕f2+ 44.♔d1 ♘d6 45.♖c5

Jedoch nicht 45.♕h3+ ♔g7 46.♖d8 *(46.♕g4+ ♔h7=)* 46...♘f5±!

Aber 45.♖d8+– und 45.♖b8± waren ernstzunehmende Kandidatenzüge!

45...♗h6 46.♖d5 ♔g8

Schlechter haderte später mit diesem Zug und schlug stattdessen 46...♕a2 vor. Doch nach 47.♘c5± kann Lasker seine Figuren umgruppieren und steht gut!

47.♘c5 ♕g1+

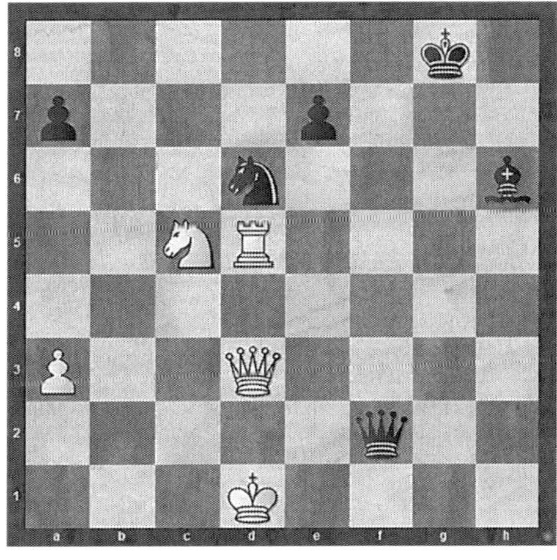

47...♕g2 war vielleicht noch einen Versuch wert. Schauen wir mal: 48.♖e5 ♘b5 49.♖xe7 ♕h1+ 50.♔c2 ♕c1+ 51.♔b3 ♕xa3+ 52.♔c4 ♕xd3+ 53.♘xd3 ♗f8 54.♖d7 a6±. Kann man das noch mit Weiß gewinnen?

48.♔c2! ♕c1+

48...♗e3± war eventuell noch eine Idee. Doch jetzt ist Endspielgott Lasker in seinem Element!

49.♔b3+– ♗g7 50.♘e6! ♕b2+ 51.♔a4 ♔f7

51...♗f6? 52.♕g6+ ♔h8 53.♖h5# ging natürlich nicht!

52.♘xg7 ♕xg7 53.♕b3 ♔e8 54.♕b8+! ♔f7 55.♕xa7 ♕g4+ 56.♕d4 ♕d7+ 57.♔b3 ♕b7+ 58.♔a2 ♕c6 59.♕d3 ♔e6 60.♖g5 ♔d7 61.♖e5 ♕g2+ 62.♖e2 ♕g4 63.♖d2 ♕a4 64.♕f5+ ♔c7 65.♕c2+ ♕xc2+ 66.♖xc2+ ♔b6 67.♖e2 ♘c8 68.♔b3 ♔c6 69.♖c2+ ♔b7 70.♔b4 ♘a7 71.♔c5 und Schwarz gibt auf. **1-0**

Der alte Schachzauberer Lasker war auch ein guter Psychologe. In der nachfolgenden Begegnung musste er gegen Capablanca gewinnen, um noch eine Chance auf den Turniersieg zu haben. Zur allgemeinen Überraschung wählte er aber die eher als harmlos geltende Abtauschvariante der Spanischen Eröffnung. Capablanca war darauf offenbar nicht eingestellt und verlor die Partie. Der Kubaner war von diesem Verlust scheinbar so getroffen, dass er in der nächsten Runde auch gegen Dr. Tarrasch verlor. Überdies wagte er es auch in dem sieben Jahre später stattfindenden Weltmeisterschaftskampf gegen Lasker nicht, diese Eröffnungsvariante zu wiederholen.

Übrigens wurde Lasker am 6. Mai 2008 in die *Hall of Fame des deutschen Sports* aufgenommen. Doch nun endlich zur Partie[115].

Lasker, E. – Capablanca

Spanisch (C68)

St. Petersburg 1914

1.e4 e5 2.♘f3 ♘c6 3.♗b5 a6 4.♗xc6 dxc6 5.d4 exd4 6.♕xd4 ♕xd4 7.♘xd4 ♗d6

Heute wird eher 7...♗d7= oder 7...c5= gespielt.

8.♘c3

Man kann sich auch mit 8.♗e3= aufstellen.

8...♘e7

Oder 8...f6=.

9.0-0∓ 0-0

9...♘g6∓ mag auch gefallen.

10.f4 ♖e8

Warum nicht? Heutige Theorieexperten versuchen hier allerdings häufig 10...f6∓ oder sogar 10...f5=.

11.♘b3?!

Offenbar gegen ♗c5 gerichtet. Aber wäre das so schlimm? 11.e5 ♗c5 12.♗e3 ♘d5 13.♘xd5 cxd5=.

11...f6

Capablanca stemmt sich gegen ♙e5. Stattdessen hätte er problemlos aber auch 11...a5 12.a4 ♗e6∓ spielen können.

12.f5∓ b6 13.♗f4 ♗b7

Beziehungsweise ⌓13...♗xf4 14.♖xf4 c5∓.

14.♗xd6± cxd6 15.♘d4 ♖ad8?!

15...d5± sieht deutlich dynamischer aus.

16.♘e6± ♖d7 17.♖ad1

115 ChessBase Datenbank

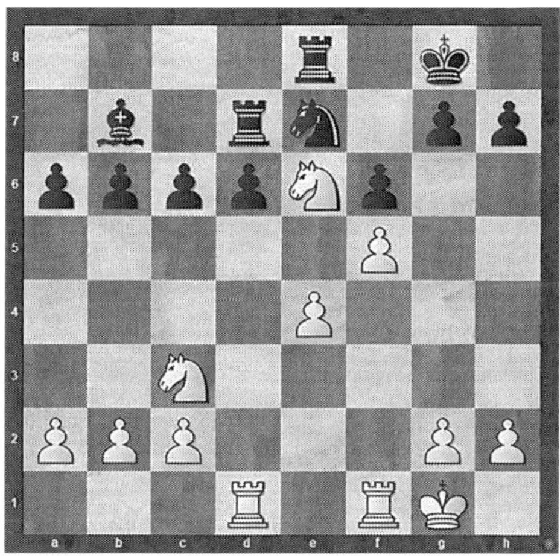

17...♘c8

Recht passiv. Warum Capablanca auf den angriffslustigeren Zug 17...d5± verzichtet, ist ein Rätsel. Irgendwie scheinen seine Gedanken woanders zu sein.

18.♖f2

Lasker hat keine Eile. Erst wird verdoppelt. Andere Kandidatenzüge (z. B. △18.g4±) müssen warten.

18...b5 19.♖fd2 ♖de7 20.b4 ♔f7 21.a3 ♗a8?!

Capablanca bereitet eine Umgruppierung vor, um auf dem Damenflügel aktiv zu werden. Indes war 21...g6± auch nicht so schlecht!

22.♔f2+− ♖a7

Schwarz bleibt bei seinem Plan. Eine Alternative wäre 22...h5± gewesen.

23.g4 h6 24.♖d3 a5 25.h4 axb4 26.axb4 ♖ae7

Auf der a-Linie ist momentan in der Tat wenig auszurichten.

27.♔f3 ♖g8 28.♔f4 g6 29.♖g3 g5+ 30.♔f3!

Der Textzug ist deutlich besser als <30.hxg5?! hxg5+ 31.♔f3 ♖h8 32.♔g2±.

30...♘b6?!

Natürlich nicht 30...gxh4 31.♖h3+−. Aber vielleicht hätte Schwarz mit 30...♖xe6 31.fxe6+ ♔xe6 32.hxg5 hxg5+− in den sauren Apfel beißen müssen. Stattdessen wird er jetzt technisch sauber zerlegt.

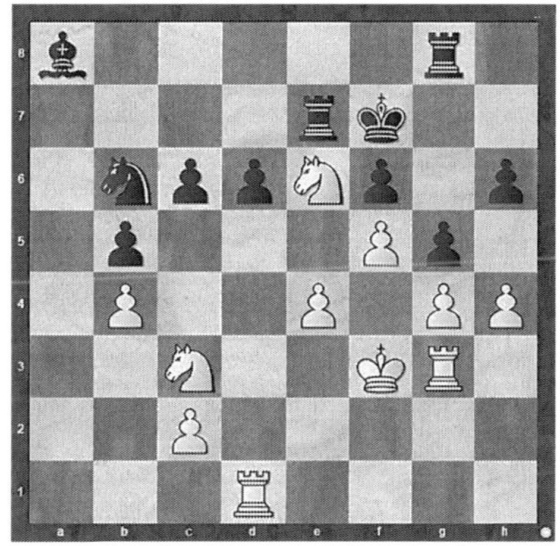

31.hxg5 hxg5 32.♖h3 ♖d7 33.♔g3 ♔e8 34.♖dh1 ♗b7 35.e5! dxe5 36.♘e4 ♘d5 37.♘6c5 ♗c8

<37...♖e7 38.♘xb7 ♖xb7 39.♘d6++− ist noch schlechter.

38.♘xd7 ♗xd7 39.♖h7 ♖f8 40.♖a1 ♔d8 41.♖a8+ ♗c8 42.♘c5 und Schwarz gab auf. **1-0**

Aufgabe 34

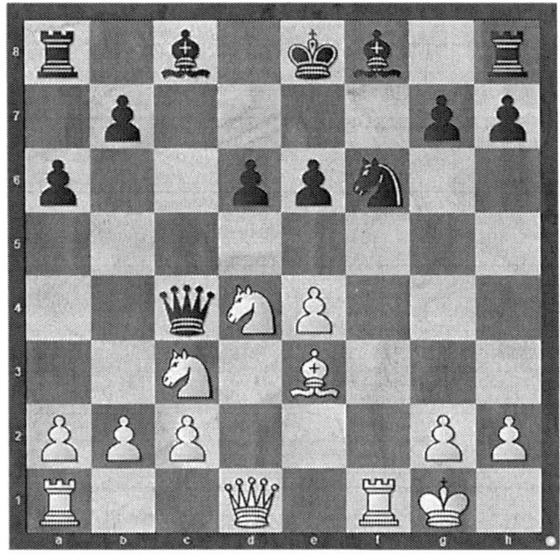

Gegen den Jugoslawen Vasja Pirc (1907 – 1980), dem Namensgeber der Pirc-Verteidigung (1.e4 d6 2.d4 ♘f6 3. ♘c3 g6) gelang Emanuel Lasker mit Weiß eine Glanzpartie. Überhaupt war der 67-jährige Lasker 1935 beim Weltklasse-turnier in Moskau kaum zu stoppen. Lasker belegte hinter Salo Flor (1908 – 1983) und Michail Botwinnik (1911 – 1995) mit einem Rückstand von nur einem halben Punkt den 3. Platz. Dabei konnte er 6 Siege und 7 Unentschieden einfahren. Besiegen konnte den alten Mann in diesem Turnier niemand.

In der Diagrammstellung ist Weiß am Zug! Wie kann man die Schwächen der schwarzen Stellung ausnutzen? Weiß holt schon in wenigen Zügen den vollen Punkt!

Aufgabe 35

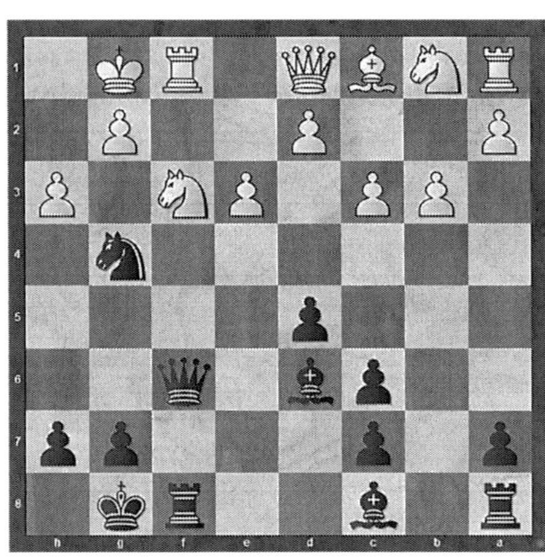

In der 5. Runde des Breslauer A-Turniers 1889 führte Emanuel Lasker gegen Albin Reif die schwarzen Steine. Reif hatte soeben die Diagonaldrohung, die die Dame auf f6 gegen den weißen Turm a1 ausübte, mit 11.c3 abgewehrt. Besser wäre der gleichfalls schützende Entwicklungszug 11.♘c3 gewesen. *„...Hätte, hätte, Fahrradkette..."* . Jetzt macht Lasker jedenfalls kurzen Prozess!

Bernhard Kagan

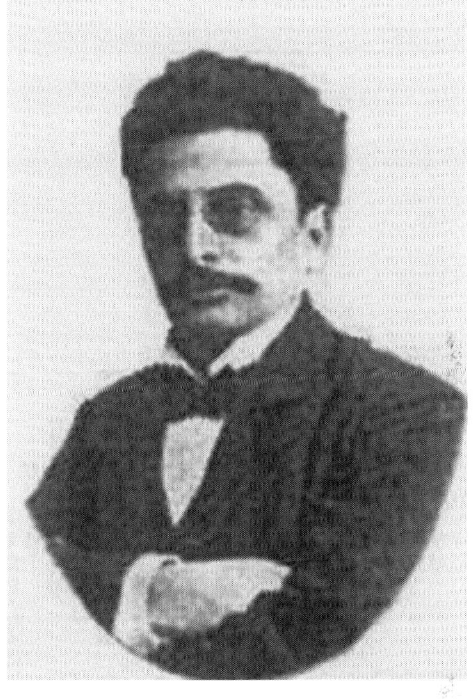

Bernhard Kagan (1866 – 1932) hatte zu seiner Zeit eine herausragende Bedeutung für die Entwicklung des Schachsports in Deutschland. Der in Grodno (Hrodna, heute Weißrussland) geborene Kagan beeinflusste die Schachszene dabei maßgeblich als Mäzen, Publizist, Verleger und Turnierorganisator.

Seine Familie hatte jüdische Wurzeln, ohne dabei jedoch besonderes religiöses Engagement zu entwickeln[116]. Sein Vater war ein erfolgreicher Kaufmann und für damalige Verhältnisse äußerst wohlhabend.

Bereits im zarten Alter von 10 Jahren lernt Kagan das Schachspiel kennen. Offenbar ist es eine Liebe auf den ersten Blick, die ihn sein ganzes Leben nicht mehr loslässt.

So besucht Kagan schon als Jugendlicher die Kaffeehäuser Warschaus, um dort Schach zu spielen. Er wird dabei zu einem starken Amateurspieler, der ab und zu auch gerne Simultanvorstellungen gibt. Ab 1898 spielt Kagan in lokalen Turnieren mit. Dokumentiert sind Turnierteilnahmen in Hannover (1902), Ostende (1907) und Prag (1908)[117].

Kagan fällt es andererseits zunächst schwer, einen geeigneten Beruf zu finden. Nach mehreren Anläufen in Warschau, Paris, Wien und Berlin wird er schließlich Zigarrenhersteller und darüber hinaus Schachverleger.

Grundlegenden geschäftlichen Erfolg erzielt Kagan kurz vor dem Ersten Weltkrieg durch den von guten Bekannten und Förderern vermittelten Auftrag, die Armee mit Tabakwaren zu beliefern. Für die geistige Erbauung verlegt er ab 1917 *Kagans Schachkatalog*, eine Schachbroschüre, die bis 1927 herausgegeben wird.

Finanzielle Gewinne reinvestiert Kagan sofort wieder in den Schachsport. So unterstützt er u. a. bereits während des 1. Weltkrieges in Deutschland internierte russische Schachspieler (darunter Bogoljubow, Romanowski und Selesnjow)[118].

---

116 Die nachfolgenden Ausführungen basieren im Wesentlichen auf dem exzellenten Artikel von Michael Ehn – Lebensaufgabe Schach: Der Spieler, Verleger, Organisator, Literat und Mäzen Bernhard Kagan, Karl 02/2017, S. 22 ff.

117 Jeremy Gaige's CHESS TOURNAMENT CROSSTABLES, Electronic Edition, Anders Thulin, Malmö 2005

118 Saweli Jurewitsch Dudakow: Kaissa i Wotan. Jerusalem/Moskau 1909, S. 100.

Später alimentiert Kagan beispielsweise Aljechin, von Bardeleben und Teichmann. Darüber hinaus organisiert er in Berlin zwischen 1918 und 1920 stark besetzte Turniere[119].

Auch gründet Kagan während dieser Zeit einen eigenen Verlag und publiziert erste Bücher, wie z. B.

- Kagan, Bernhard: *Der Schachwettkampf Rubinstein–Schlechter vom 21. bis 30. Jan. 1918 in Berlin.* Berlin1918,
- Kagan, Bernhard: *Schachmeister Erich Cohn,* Berlin 1918,
- Kagan, Bernhard: *Das Großmeister–Turnier im Kerkau–Palast zu Berlin im Okt. 1918,* Berlin1918 und
- A. Selesnieff, Em. Lasker: *35 Endspielstudien von Schachmeister A. Selesnieff*, Berlin 1919.

1921 wird ein besonderes Jahr für Kagan. Zum einen organisiert er für Aljechin Wettkampfpartien gegen Teichmann und Sämisch. Zum anderen beginnt er mit der Herausgabe des Magazins *Kagan's Neueste Schachnachrichten.*

Die Zeitschrift, die zunächst quartalsweise, später dann monatlich erscheint, weist dabei eine für die damalige Zeit hochmoderne Konzeption auf: So kommentieren die damals stärksten und bekanntesten Schachmeister öffentlichkeitswirksam interessante Partien aus aller Welt. Daneben beschäftigt Kagan aber auch Korrespondenten, die über international herausragende Schachereignisse berichten. Ab 1925 kommen sogar Fotos hinzu, was seinerzeit einen besonderen Reiz ausmachte.

Die abwechslungsreiche und inhaltlich bunte Publikation trifft den Nerv der Zeit und hat schließlich weltweite Verbreitung. Dabei stellt die Autorenliste praktisch das *Who's Who* der damaligen Weltklassespieler dar. So schreiben u. a. Alapin, Aljechin, Grünfeld, Lasker, Nimzowitsch, Réti, Rubinstein, Tarrasch, Tartakower und Spielmann für das Magazin.

Kagan, der eine rege Korrespondenz mit den betreffenden Schachmeistern pflegt und so tiefe Vertrauensverhältnisse aufbauen kann, organisiert zudem weiterhin Turniere, Simultanvorstellungen und Reisen. So vermittelt er beispielsweise die europäischen Teilnehmer für die Turniere in New York 1924 und 1927. In einigen Fällen überzeugt Kagan auch andere Mäzene, Geldzuwendungen für besondere Schachereignisse bereitzustellen.

Kagan wird damit der Mittelpunkt der Schachwelt und nutzt seine Popularität auch dazu, weitere Schachmonografien herauszugeben. Zu nennen sind hier ausschnittsweise:

- Kagan, Bernhard: *Der Schachwunderknabe Samuel Reschewski in Amerika.* Berlin 1921,
- Kagan, Bernhard: *Schachwettkampf Aljechin–Teichmann, gespielt im Juni 1921 im Berliner Schachheim,* Berlin 1921 oder
- Alexei Alexejewitsch Troitzky: *500 Endspielstudien*, Berlin, 1924.

Wirtschaftskrisen und eine zunehmend schwache Gesundheit führen Anfang der 1930er Jahre dazu, dass sich Kagan mehr und mehr aus dem Schachzirkus zurück–

119 Ein gutes Beispiel hierfür ist das Turnier im Kerkau–Palast 1918 mit starken Teilnehmern (u. a. Emanuel Lasker, Akiba Rubinstein, Carl Schlechter und Siegbert Tarrasch).

zieht. Hinzu kommen erste politisch motivierte Angriffe gegen ihn durch deutschnational ausgerichtete Kräfte. Dabei machen v. a. der Funktionär Alfred M. Ehrhardt Post und der Herausgeber der Zeitschrift *Deutsches Wochenschach* – Heinrich Ranneforth – von sich Reden. Schließlich werden im April 1932 auch die *Neuesten Schachnachrichten* eingestellt.

Kagan verstirbt kurze Zeit später im Alter von 66 Jahren in Berlin.

In der nachfolgenden Partie[120] spielt Kagan gegen einen Weltklassespieler; wohl eine der stärksten Leistungen unseres Protagonisten am Brett.

Kagan – Euwe

Spanisch (C68)

Berlin, 1922 (Matchpartie)

1.e4 e5 2.♘f3 ♘c6 3.♗b5 a6 4.♗xc6 dxc6 5.d4 exd4 6.♕xd4 ♕xd4 7.♘xd4 ♗d7 8.♗e3 0-0-0 9.♘d2 c5

So spielt man auch heute noch. Eine Alternative zum Textzug besteht in 9...♘e7 10.0-0-0 f6 11.f3 ♘g6 12.h4 h5⩲.

10.♘4b3

In den modernen Theoriebüchern findet sich 10.♘e2⩱ b6 11.0-0-0 ♘e7⩱.

10...b6!⩱ 11.0-0-0 g6

⌓11...h5 hätte weißes Gegenspiel auf dem Königsflügel vermutlich nachhaltig erschwert.

12.h3

Wahrscheinlich ist ⌓12.♘c4 stärker, zumal Schwarz keine voreiligen Lockerungsübungen auf dem Damenflügel vollziehen darf. So scheitert beispielweise 12...b5? an *(⌓12...♗g7 13.♗f4 ♘e7±)* 13.♘e5+– und Euwe hätte mehr Probleme, als er lösen kann.

12...♗g7 13.♖he1 ♘e7 14.f3 a5 15.♔b1 ♘c6

Oder ⌓15...♖he8 16.♘c1 ♗b5⩱.

16.a3 ♗e6 17.♗g5 ♖d7 18.♘f1 ♘d4 19.♘xd4 cxd4 20.♘h2 h6 21.♗h4 g5 22.♗g3 h5 23.f4 h4 24.♗f2 gxf4 25.♘f3 c5 26.♗xh4 b5

Bisher spielen beide Seiten sehr präzise. Jetzt war allerdings 26...f6⩱ in Erwägung zu ziehen.

27.♗g5= ♗h6 28.♖f1 ♗c4 29.♖f2 ♗xg5 30.♘xg5 ♖g8

30...f6!? 31.♘f3 a4= war ebenfalls möglich.

31.♘f3 d3

Euwe wird aktiv und versucht nachfolgend sehr geschickt, seine Bauernmajorität auf dem Damenflügel effektvoll in Szene zu setzen.

32.♖dd2 a4 33.♘e1

Doch nicht 33.♘e5 dxc2+ 34.♔c1 ♖xd2 35.♖xd2 ♗b3⩱.

33...dxc2+↑ 34.♔xc2 ♗b3+ 35.♔c1 ♖xd2 36.♔xd2 ♖d8+ 37.♔c3 ♖d4 38.♖xf4 b4+ 39.axb4 ♖c4+ 40.♔d2

40.♔d3? geht hingegen den Bach runter! 40...♖c1 41.♘f3 c4+ 42.♔e3 c3 43.bxc3 a3 44.♖f5 a2 45.♖a5 a1♕ 46.♖xa1 ♖xa1+–.

40...cxb4 41.♘d3?!

41.♖xf7 erfordert gehöriges Selbstvertrauen: 41...a3 42.bxa3 bxa3 43.♖f1! a2 44.♘d3 ♖c2+ 45.♔e3 ♖xg2 46.♔f4=.

41...♖c2+⩱ 42.♔e3

120 www.chessgames.com

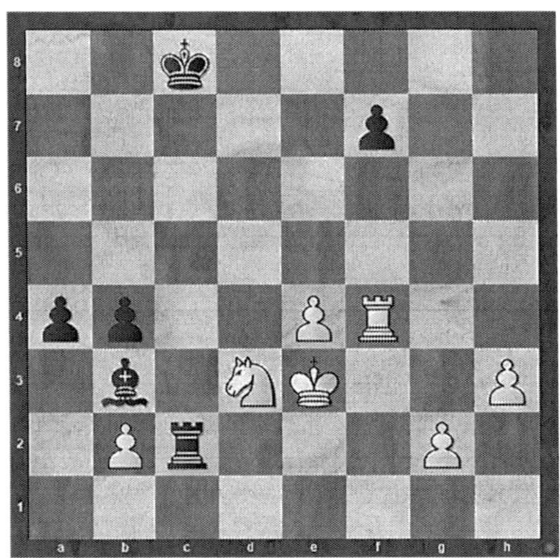

42...a3?!

Euwe wird zum ersten Mal in dieser Partie unaufmerksam. Besser ist 42...♗c4!∓. Weiß muss nachfolgend sehr konzentriert spielen. Schauen wir uns das einmal näher an: 43.h4 *(43.♘xb4?! ♖xb2 44.♘d5 a3∓)* 43...♗xd3 44.h5 *(44.♔xd3 ♖xb2 45.♖xf7 a3 46.♖a7 a2 47.e5 ♖b3+ 48.♔c4 ♖a3−+)* 44...♗b5 45.h6 ♖xg2 46.h7 ♖h2 47.♖xf7 a3 48.bxa3 bxa3 49.♖a7 a2 50.♖xa2 ♖xh7=.

43.bxa3 bxa3 44.♘b4?!

Unklar! Offenbar ist 44.g4= nötig. Auf 44...a2 folgt 45.♖f1=.

44...♖xg2?!

Nach 44...♖c3+! 45.♔d2 ♖g3∓ stünde Euwe chancenreich!

45.♖f5!∓ ♖g3+

Oder vielleicht 45...♔b7 46.♘d5 ♔c6 47.♖xf7 a2=.

46.♔d4= ♖xh3 47.♖a5 ♗e6 48.♘d5 ♖f3 49.♔c5 f5 50.♔d6 ♗xd5 51.exd5 ♖e3 52.♖a4 ♔b7 53.♔c5 ♔c7 54.d6+ ♔d7 55.♖a7+ ♔c8 ½-½

Richard Teichmann

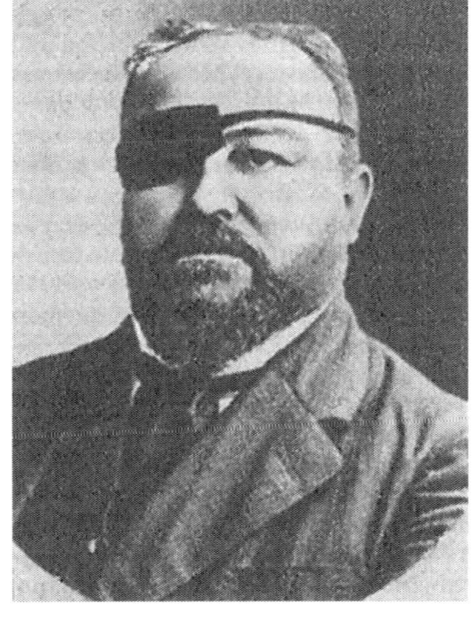

Richard Teichmann (1868 – 1925), der in Lehnitzsch bei Altenburg geboren wurde, verlor bereits als Jugendlicher sein rechtes Auge. Da er dem Vernehmen nach aber kein Glasauge vertrug, wurde eine Augenklappe neben einem massigen Erscheinungsbild zu seinem unverwechselbaren Markenzeichen.

Teichmann, der evangelisch getauft war, obwohl seine Familie jüdische Ursprünge hatte, studierte nach dem Abitur, das er mit Auszeichnung ablegte, in Jena und Berlin und wurde Philologe.

Er kam bereits als Schüler mit dem Schachspiel in Berührung und machte schließlich auch in der Reichshauptstadt entsprechend von sich Reden. So siegte er u. a. 1890/91 in einem Turnier der Berliner Schachgesellschaft.

Zwischen 1892 und 1908 folgte dann ein langer Aufenthalt in London. Während dieser Zeit nahm er an einigen wichtigen Turnieren teil und spielte auch den einen oder anderen Wettkampf.

Sein erstes internationales Turnier bestritt Teichmann 1894 in Leipzig. Hier schaffte er es immerhin auf den dritten Platz.

Weitere Höhepunkte waren das Turnier in Karlsbad 1911 und ein Zweikampf gegen Alexander Aljechin im Jahre 1921. Er gewann außerdem Wettkämpfe gegen Frank Marshall, Jacques Mieses und Rudolf Spielmann.

Teichmann galt als ein typischer Remisspieler. So soll er beispielsweise in einem Zweikampf mit Sämisch abrupt alle Figuren zusammengeschoben haben, um danach die Partie mit dem Bonmot *„...genug des Stumpfsinns – Remis...“* zu beenden. Oft reichte es daher nur für den 5. Platz im Turnier. Einerseits trug ihm das den Spitznamen *Richard V.* ein. Andererseits deckten die Preisgelder dadurch nur knapp seinen schon sehr sparsamen Lebensstil[121].

Richard Teichmann war ein herausragender Eröffnungskenner und Endspielvirtuose. Auch sind von ihm einige Schachstudien bekannt.

Er verstarb nach einem langen Nieren- und Herzleiden 1925 in Berlin[122].

Wenden wir uns zunächst einmal einer seiner Kompositionen zu[123].

---

121 Jack Spence: The chess career of Richard Teichmann. Revised edition. The Chess Player, Nottingham 1995

122 https://www.schachbund.de/news/genug-des-stumpfsinns-remis-richard-der-fuenfte-kam-aus-altenburg.html

123 Ursprünglich: Die Zeit (Wien) v. 27.02.1904, https://pdb.dieschwalbe.de

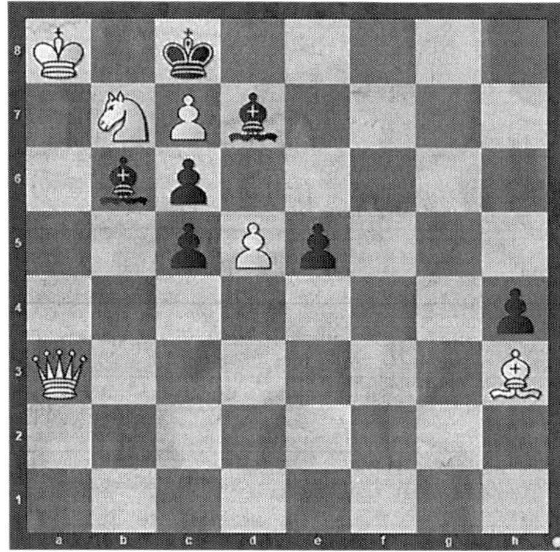

Matt in drei Zügen! Der Schlüsselzug ist **1.♕a4!** Die schönsten Lösungen lauten:

a) 1....♗xh3 2.♕xh4 c4 3.♕d8#

b) 1...♗xc7 2.♕g4 ♗xg4 3.♗xg4# und

c) 1...♔xc7 2.♕xc6+ ♗xc6 3.d6#

Wie stark Teichmann war, beweist die folgende Matchpartie gegen Alexander Aljechin aus dem Jahre 1921[124].

Aljechin – Teichmann

Spanisch (C68)

Matchpartie, Berlin 1921

1.e4 e5 2.♘f3 ♘c6 3.♗b5 a6 4.♗xc6

Aljechin wählt eine eher harmlose Variante. Schwarz bekommt jetzt zwar einen Doppelbauern, doch dieser Nachteil wird durch das Läuferpaar wieder aufgehoben. Teichmann mag das gefallen haben, da er damit schnell zum Ausgleich kommt.

4...dxc6 5.♘c3 f6 6.d4 exd4 7.♕xd4 ♕xd4 8.♘xd4 ♗d6

Ein Hauptabspiel ergibt sich durch 8...♗d7=.

9.♘de2 ♘e7 10.♗f4 ♗e6 11.♗xd6

Wiederum eher ambitionslos gespielt. Ohne Abtausch geht's mit 11.0-0-0 0-0-0 12.♗g3 ♖he8 13.♖d2 ♘g6 14.♖hd1 ♘e5 15.b3∓ weiter.

11...cxd6 12.0-0-0 0-0-0 13.♖he1 ♗f7

Mit 13...♔c7 14.♘d4 ♗c8 15.f4 ♖he8 16.♖d2 b5 17.a3 c5 18.♘f3 ♗b7 19.♖de2∓ bekäme Schwarz leichten Vorteil.

14.♘d4 ♖he8 15.f3 ♔c7 16.a4 b5 17.axb5 axb5 18.b4 ♘c8 19.♘f5 g6 20.♘e3 ♘b6 21.♔b2?!

Bisher war nicht viel los und 21.♘g4= hätte dies nicht geändert! Mit dem Textzug ergeben sich für Schwarz jetzt jedoch taktische Optionen.

124 ChessBase Datenbank

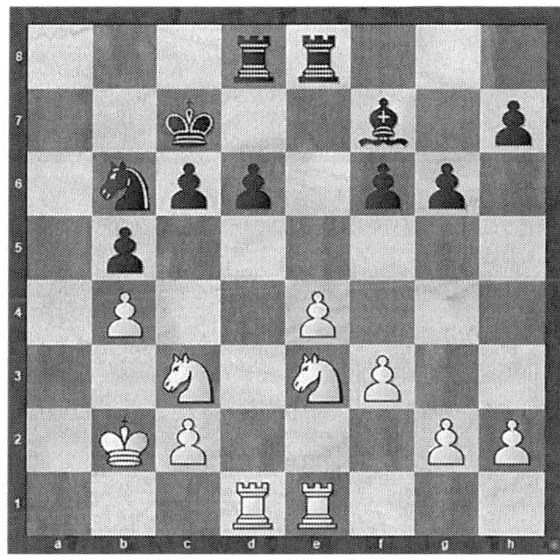

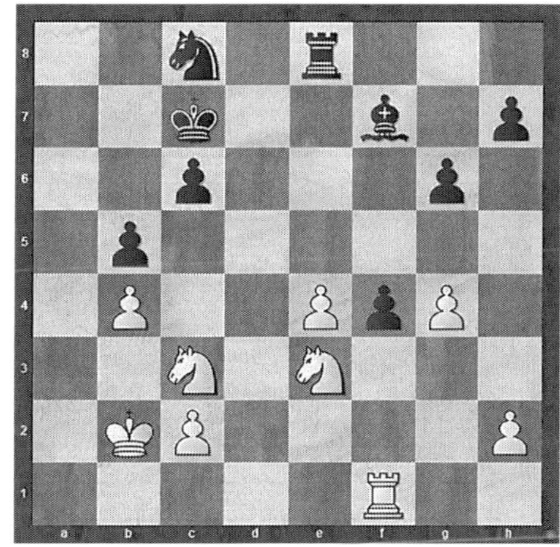

21...d5

Zu empfehlen war 21...f5! 22.♘f1 (und nun keinesfalls 22.exf5? wegen ♖xe3! 23.fxg6 *(23.♖xe3?! ♘c4+−+)* 23...♘c4+ 24.♔b1 ♗xg6−+) 22...♖a8∓ Schwarz steht besser.

22.♖d4

22.exd5? geht nicht wegen 22...♖xe3! und den bekannten Motiven. Aber 22.♘g4!= war wieder spielbar.

22...f5∓ 23.♖a1 ♘c8 24.g4?!

Aljechin kompromittiert seinen Königsflügel. Etwas mehr Festigkeit hätte 24.g3∓ gegeben.

24...dxe4−+ 25.♖xd8 ♔xd8?!

Günstiger ist 25...♖xd8 26.fxe4 f4 27.♘g2 *(27.♖f1 g5 28.♘f5 ♘d6−+)* 27...♖d4 28.♘xf4 ♖xb4+ 29.♔c1 ♖c4−+.

26.fxe4∓ f4 27.♖d1+

Vorzuziehen war 27.♘f1∓.

27...♔c7 28.♖f1?

Eine verfehlte Idee. Aljechin hätte sich objektiv betrachtet vermutlich auf 28.♘g2−+ einlassen müssen. Aber Bescheidenheit ist nicht seine Sache.

28...g5−+

28...fxe3 29.♖xf7+ ♔d6 30.♖xh7 ♘b6 31.♔b3 ♔e5 32.♖c7 ♖h8 33.♖xc6 ♘a4∓ und der Bauer auf e3 wird zu einem gefährlichen Gesellen!

29.♘f5 ♘d6 30.♖a1

Aljechin versucht nochmals zu tricksen. Hätte er es besser mit 30.h4−+ probieren sollen?

30...♘c4+ 31.♔c1 ♔b7

Der weiße Turm steht jetzt im Abseits.

32.♘d4 h5 33.gxh5 ♗xh5 34.♘b3 f3

Teichmann hat es verständlicher Weise eilig!

35.♘d2?

35.♘d1 verlängert vermutlich nur das Leiden. 35...♖d8 36.♘f2 g4 37.♘c5+ ♔b8 38.♘a6+ ♔c8−+.

35...♘e3 36.♖a3 f2 37.♘a4

37.♘xb5 hätte Teichmann mit 37...♘c4! −+ beantwortet.

37...bxa4 38.♖xe3 ♖d8 und Weiß gab auf! **0-1**

Aufgabe 36

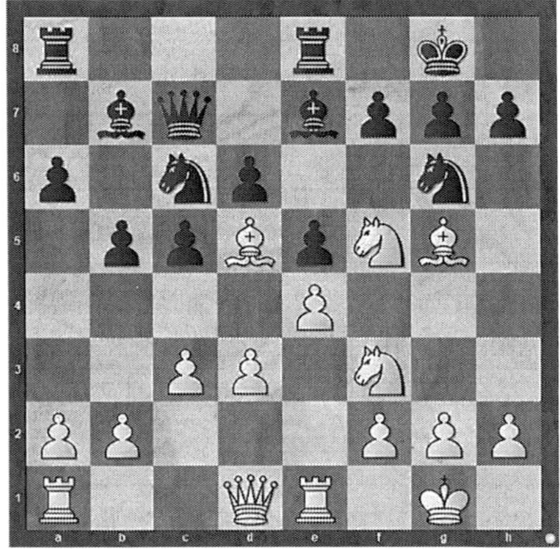

Der Österreicher Carl Schlechter hatte 1910 nur ganz knapp den Weltmeistertitel verpasst, als er einen Wettkampf gegen Emanuel Lasker mit +1 =8 −1 unentschieden hielt. Beim Turnier 1911 in Karlsbad stand der allerdings gegen Richard Teichmann deutlich im Nachteil. Sein letzter Zug 17...♘f8−g6 war bereits ein Offenbarungseid, denn jetzt ließ Weiß es richtig krachen.

Aufgabe 37

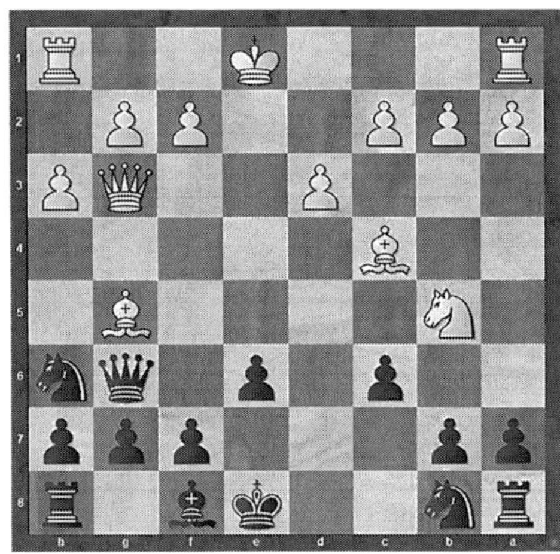

In einer freien Partie, die 1914 in Berlin stattfand, entkorkte Teichmann gerade 11.♘b5. War dieser Zug gut oder ein Rohrkrepierer? Hätte Weiß etwas anderes spielen sollen? Was passiert eigentlich, wenn Schwarz den frechen Gaul einfach schlägt? Fragen über Fragen!

Paul Lipke

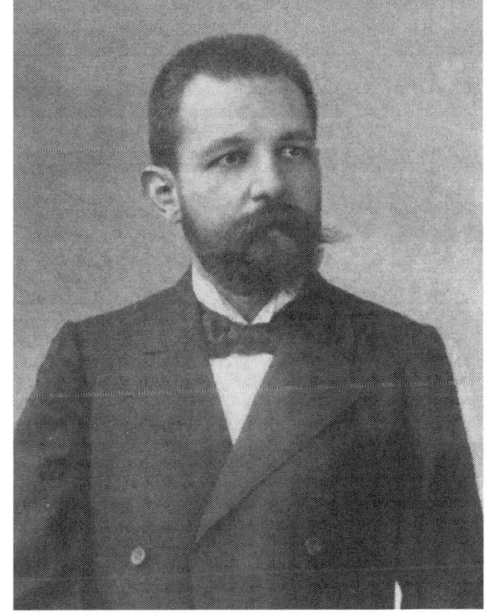

Nach dem Abitur in Magdeburg studierte der groß gewachsene Paul Lipke (1870 – 1955) ab 1892 Jura an der Universität Halle an der Saale und trat ein Referendariat an[125].

Im Anschluss daran arbeitete er zunächst als Gerichtsassessor in Halle und wurde dann Rechtsanwalt und Notar in Stendal sowie seinem späteren Wohnort Osterburg[126]. Seinen Beruf, den er auf Druck seiner Tante ergriffen hatte, die den Vollwaisen aus Erfurt erzog, übte er bis ins hohe Alter aus[127].

Paul Lipke war zweimal verheiratet und hatte Kinder aus beiden Ehen. Er liebte Musik, gab Klavierunterricht und leitete in seiner Heimatstadt offenbar einige Gesangsvereine und Chöre[128].

Auch wenn er dem Schach sein ganzes Leben lang treu blieb, dauert seine Schachkarriere eigentlich nur wenige Jahre. Er lernt das Spiel mit 14 Jahren und tritt dem Magdeburger Schachverein bei.

1889 macht der junge Mann bereits mit einem geteilten 5./6. Platz beim Breslauer Hauptturnier von sich reden.

Drei Jahre später gewinnt er schon das Dresdener Hauptturnier, das zur Teilnahme an den international besetzten DSB–Kongressen qualifizierte.

Es folgen hervorragende Platzierungen in Halle (1892), Kiel (1893), Leipzig (1894) gegen zum Teil namhafte Gegner.

1886 spielt er in Eisenach einen Wettkampf gegen Johann Nepomuk Berger (österreichischer Schachtheoretiker und Hochschullehrer, 1845 – 1933)[129], der mit +1–1=5 vergleichsweise friedlich endet.

1898 teilt sich Lipke mit dem Ungarn Géza Maróczy (1870 – 1951) beim *Kaiser–Jubiläums–Schachturnier* in Wien den 8. Platz. Danach verzichtet der ebenfalls als Blindsimultanspieler begabte Lipke auch aus beruflichen Gründen aber auf die Teilnahme an weiteren Meisterturnieren. Allerdings bleibt er als Redakteur der *Deutschen Schachzeitung* tätig und wird 1909 Herausgeber der in Coburg erscheinenden *Deutschen Schachblätter*.

125 Deutsche Schachzeitung, Nr. 1/1900, S. 33 f.

126 Deutsche Schachzeitung, Nr. 7/1909, S. 219

127 Kaissiber Heft 7 Juli–September 1998, S. 64 f.

128 Heimatverein Osterburg (Altmark) e.V. (Hg.): Osterburg im 20. Jahrhundert. Beiträge zur Stadtgeschichte, Halle 2006, S. 142 ff.

129 https://de.wikipedia.org/wiki/Johann_Berger_(Schachtheoretiker)

Lipke bleibt danach auch in Schachvereinen aktives Mitglied. So ab 1905 bei der *Stendaler Schachgesellschaft*. Überdies war er 1927 Mitbegründer des *Osterburger Schachvereins*, der bis 1939 bestand.

Lipke gelingt im *Kaiser–Jubiläums–Schachturnier* 1898 eine denkwürdige Partie gegen den Polen Dawid Janowski (1868 – 1927), die ihm einen Schönheitspreis und ein Preisgeld von immerhin 300 Kronen einbringt[130]; damals eine stattliche Summe. Trotzdem hadert Lipke mit diesem Turnier, in dem er für seinen Geschmack zu viele Remisen und einige Punkte liegen ließ.

Lipke – Janowski

Spanisch (C67)

Wien, 1898

1.e4 e5 2.♘f3 ♘c6 3.♗b5 ♘f6 4.0-0 ♘xe4 5.♖e1 ♘d6 6.♘xe5 ♗e7 7.♗d3 0-0 8.♘c3 ♘xe5 9.♖xe5 f5

Alternativen sind 9...c6= und das interessante 9...♗f6 10.♖e3=.

10.♘d5

oder 10.♖e1= b6 11.♗e2 ♗b7 12.d3 ♗f6 13.♗f3 ♗xc3 14.bxc3 ♗xf3 15.♕xf3 ♕f6 16.♗d2 ♖ae8 17.♕f4 ♖xe1+ 18.♖xe1 ♖e8 19.♖xe8+ ♘xe8 20.♕a4 ♕e6 21.♔f1 a5 22.c4 ♕c6 23.♕xc6 dxc6 24.c5 a4 Maroczy, G. – Euwe, M., Bad Aussee 1921, 1-0 (44)

Viel später wird auch 10.b3 ♗f6 11.♖e3 b6 12.♗a3 *(12.♗b2∓)* 12...c5= ausprobiert.

10...♗f6⩲ 11.♖e1 b6 12.♗e2 c6?!

12...♗b7= scheint hier besser zu funktionieren.

13.♘xf6+± ♕xf6 14.d4 f4 15.♗d3 ♘f7?!

Schwarz verschlechtert schleichend seine Stellung. Mit ⌓15...a5± hätte sich Janowski die Option auf ♗a6 eröffnet. Mithin wäre es möglich gewesen, das Spiel auf den Damenflügel zu verlagern. Lipke ergreift jetzt jedoch die Chance und beginnt einen Angriff gegen den schwarzen König.

16.♖e4+– g5 17.h4 h6 18.hxg5 hxg5 19.♕h5! ♖d8?

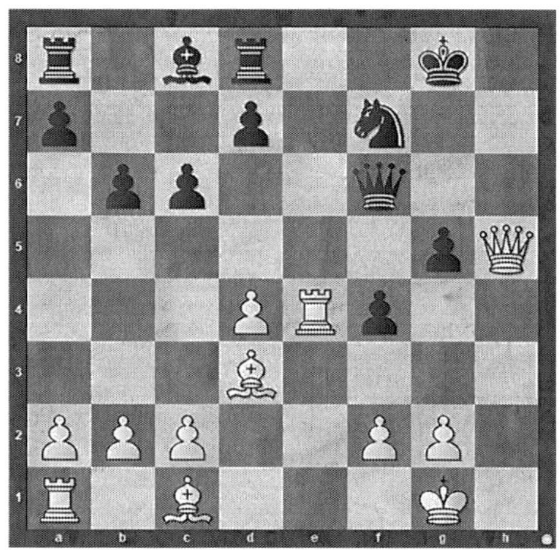

Janowski ist arglos. Besser war ⌓19...♕h6 20.♕xh6 ♘xh6+–.

20.♗xf4!

Man kann sich gut vorstellen, wie es den Schwarzen gerade aus dem Stuhl hebt!

20...gxf4 21.♖ae1 ♕h6 22.♕g4+

22.♖e8+ ♖xe8 23.♖xe8+ ♔g7= reicht nicht!

22...♕g5 23.♕f3 d5 24.♖xf4 ♘h6 25.♖e5 ♕g7 26.♕h5 ♗f5 27.♗xf5 ♖f8

130 https://www.schachbund.de/news/paul-lipke-ein-mitteldeutscher-schachgigant-der-goldenen-dekade.html

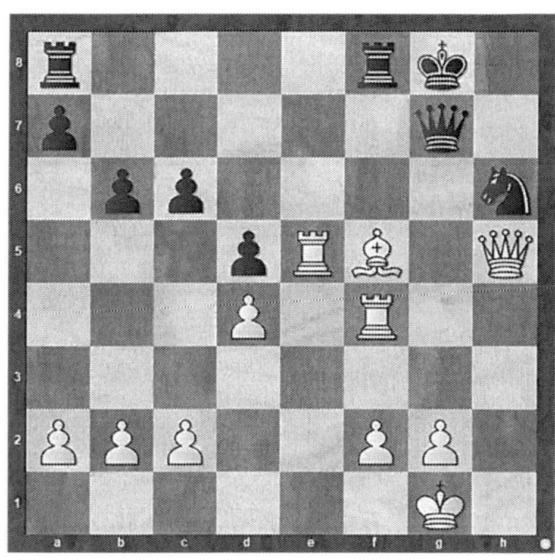

27...♘xf5 scheitert an 28.♖fxf5+−.

28.♖g4! ♘xg4

28...♖xf5 29.♖xg7+ ♔xg7 30.♖xf5 ♘xf5 31.♕xf5+− ist hoffnungslos!

29.♗e6+

Natürlich nicht 29.♕xg4 ♕xg4 30.♗xg4 ♖f4 31.♗e6+ ♔g7=.

29...♖f7 30.♖g5

Weniger effektiv wäre 30.♕xf7+ ♕xf7 31.♖g5+ ♔f8 32.♗xf7 ♔xf7 33.♖xg4+−.

30...♔f8 31.♖xg7 ♖xg7 32.♕h8+ und Schwarz streicht die Segel! **1-0**

Erich Cohn

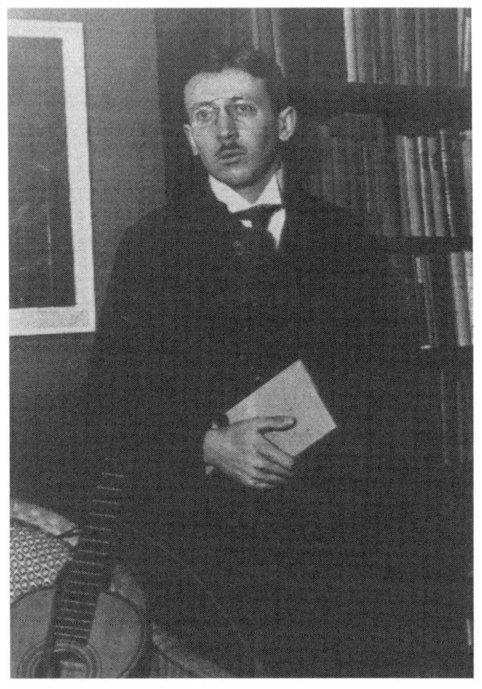

Ein liebenswürdiger Mensch! So wurde Erich Cohn (1884 - 1918) gemeinhin beschrieben[131]. Cohn studierte nach seiner Reifeprüfung zunächst eine Weile Literatur und Kunstgeschichte. Später wollte er Arzt werden und begann ein Medizinstudium.

Sein Schachtalent trat früh zu Tage. Er konnte dabei einige bedeutende Turniererfolge verbuchen. So wurde er beispielsweise in den Jahren 1906 und 1910 Berliner Meister.

Zum Teil durchaus erfolgreiche Turnierteilnahmen folgten (u. a. Nürnberg 1906, Ostende 1907, St. Petersburg 1909, Vier-Meisterturniere Berlin 1909, 1910 und 1912, Breslau 1912, Stockholm 1912 und Berliner Meisterturnier 1914).

Überdies spielte Cohn auch mehrere Wettkämpfe gegen bekannte Schachmeister - z.B. Horatio Caro (Berlin 1906), Rudolf Spielmann (München, 1909) und Edward Lasker (Berlin 1909).

Dabei muss man allerdings feststellen, dass seine große Begabung partiell durch mangelnde Ausdauer, fehlende Beständigkeit und manch ungünstige äußere Faktoren überlagert wurde. Vieles davon ist sicherlich auch durch gesundheitliche Probleme zu erklären.

Als der Erste Weltkrieg beginnt, wird Cohn eingezogen. Er fällt 1918 bei Kämpfen in Frankreich.

Ein gutes Beispiel für die Spieltugenden Cohns ist die Partie gegen den Schweizer Paul Johner (1887-1938) aus dem Jahre 1912[132].

131 Deutsche Schachzeitung, Nr. 2-3, Februar-März 1919, S. 52.

132 ChessBase online

Cohn,E - Johner

Vierspringerspiel (C49)

Bad Pistyan, 1912

1.e4 e5 2.♘f3 ♘c6 3.♘c3 ♘f6 4.♗b5 ♗b4 5.0-0 0-0 6.d3 d6 7.♗g5 ♘e7 8.♘h4 c6 9.♗c4! ♘g6

9...d5= ist ebenfalls zu beachten.

10.♘xg6 hxg6 11.f4 ♕b6+ 12.♔h1 ♘g4?

Wie sich zeigen wird, ein sehr ungenauer Zug! Besser ist 12...exf4 13.♖xf4 ♗xc3 14.bxc3 d5 15.exd5 *(15.♗xf6 dxc4 16.♗h4 ♕a5 17.♗e1=)* 15...♘xd5 16.♖h4=.

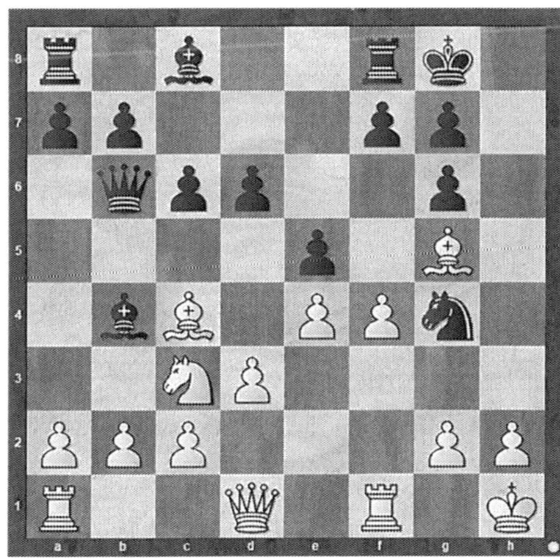

13.♕f3!+- ♗xc3 14.bxc3 ♘e3?!

Schwarz hätte sich vermutlich auf 14...d5 15.♗b3+- einlassen müssen.

15.f5! ♘xc4 16.f6! gxf6

Der Versuch, den Springer z. B. mit 16...♘a5 zu retten, wird sofort bestraft! 17.fxg7 ♔xg7 18.♗f6+ ♔g8 19.♕g3+- und neue Bälle!

17.♕xf6

Aber natürlich nicht ?17.♗h6? wegen 17...♕d8! 18.♗xf8 *(18.dxc4 ♖e8∓)* 18...♘d2 19.♕xf6 ♕xf6 20.♖xf6 ♔xf8=

17...♕d8 18.♕xd8 ♖xd8 19.♗xd8

Von diesem Qualitätsverlust wird sich Schwarz nicht mehr erholen.

19...♘e3 20.♖f3 ♘xc2 21.♖c1?!

Oder sogar noch besser △21.♖af1 ♗g4 22.♗f6 und falls nun 22...♗xf3 so 23.♖xf3 ♔f8 24.♖h3 ♔e8 25.♖h8++- stünde Weiß klar auf Gewinn!

21...♘a3?

Verliert sofort! Zäher ist 21...♗g4 22.♖g3 ♖xd8 23.♖xg4 ♘a3 24.c4+-

22.♗e7 ♗e6 23.c4 Schwarz gibt auf! **1-0**

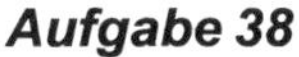

Aufgabe 38

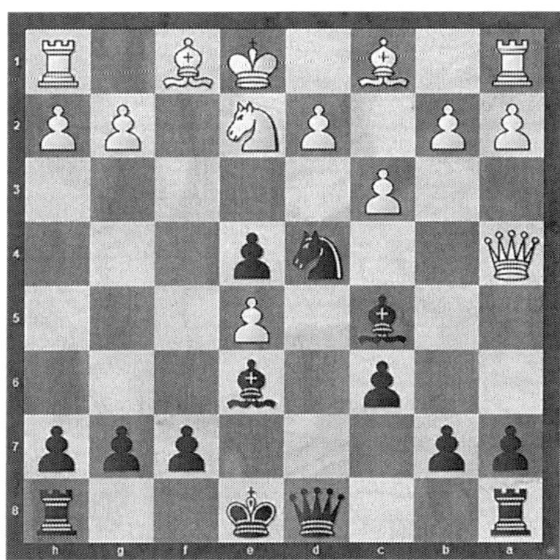

Zu Beginn des 20. Jahrhunderts war Fritz Englund einer der bedeutendsten skandinavischen Schachspieler. Zudem wurde die Zugfolge 1.d4 e5 als Englund-Gambit bezeichnet.

Beim Turnier in Barmen 1905 konnte er Erich Cohn allerdings nur wenig Widerstand leisten. Cohn spielte mit Schwarz und hatte nach dem letzten weißen Zug 11.c3 bereits eine Gewinnstellung auf dem Brett, die er auch konsequent zu Ende führte.

Aufgabe 39

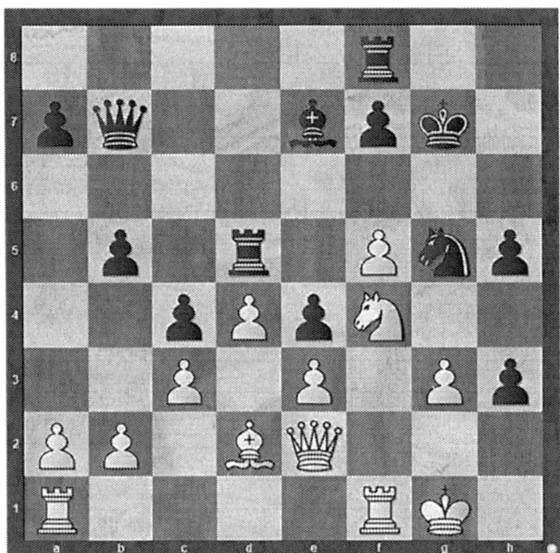

Der Tscheche Oldrich Duras war um 1910 ein absoluter Spitzenspieler. Beim Turnier in St. Petersburg wurde er jedoch von Erich Cohn, der die weißen Figuren befehligte, sauber überspielt. Cohn unterstrich damit sein hohes Spielniveau. Was zog unser Protagonist?

Edward Lasker

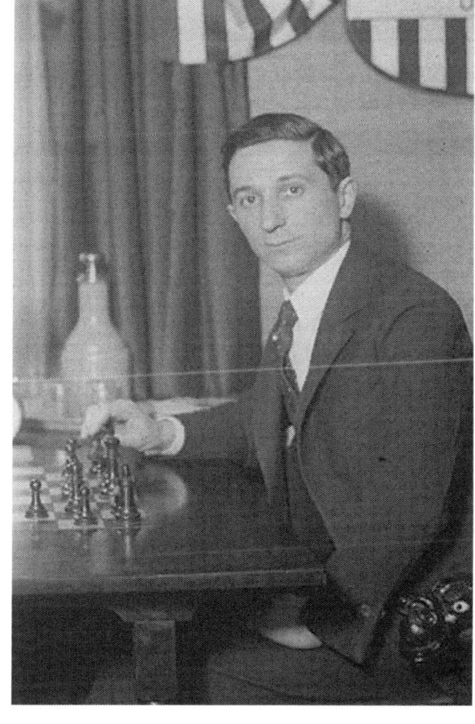

Der Name *Lasker* bürgt für Qualität! Edward (Eduard) Lasker (1885 – 1981) war studierter Mathematiker und Maschinenbauingenieur.

Der gebürtige Posener zog nach seinem Studium berufsbedingt früh nach London und emigrierte 1914 kurz vor Ausbruch des 1. Weltkrieges in die Vereinigten Staaten. Er lebte danach in Chicago und machte dort mehrere Erfindungen[133].

Schachlich wurde Lasker, der über viele Jahre hinweg mit der Schachmeisterin Mona Karff (1914 – 1998) zusammenlebte, durch die Breslauer Schachschule um Arnold Schottländer geprägt[134]. Ab 1909 spielte er dann recht erfolgreiches Turnierschach. Hervorzuheben sind dabei sicherlich der Gewinn der Meisterschaft des *City of London Chess Club* (1914) und ein fünfmaliger Sieg in den offenen US-Meisterschaften zwischen 1916 und 1921.

Seinen schachlichen Höhepunkt hatte Lasker, der auch ein begeisterter Go-Spieler war, dann in den 1920er Jahren. Allerdings wurde er nie Berufsspieler.

Edward Lasker, der weitläufig mit den Lasker-Brüdern Berthold und Emanuel verwandt war, schrieb mehrere Schach- und Go-Bücher, die zum Teil auch heute noch beliebt sind. Zu nennen sind an dieser Stelle:

- *Schachstrategie* (1911),
- *Chess and Checkers: The Way to Mastership* (1919),
- *Go and Go-Moku* (1934),
- *Chess for fun and chess for blood* (1942),
- *Modern Chess Strategy* (1945),
- *The Adventure of Chess* (1949),
- *Chess Secrets I learned from the masters* (1951) und
- *The Game of Chess: The strategy and tactics of expert play for amateurs of all classes* (1972).

Edward Lasker erhält 1921 die amerikanische Staatsbürgerschaft. Nach dem 2. Weltkrieg verleiht ihm der Weltschachbund den Titel eines Internationalen Meisters. Er stirbt schließlich im Alter von 95 Jahren in New York.

133 https://de.wikipedia.org/wiki/Edward_Lasker

134 Ludwig Bachmann, in: Schachkongreß Teplitz-Schönau 1922, Zürich 1981, S. 585.

Lasker war ohne Frage ein Bulle am Brett. Zur Illustration schauen wir uns dazu einmal gemeinsam eine seiner bekanntesten Partien an[135].

Gemäß zeitgenössischer Quellen hatte Edward Lasker ein paar Tage vor dieser Partie eine eindrucksvolle Simultanvorstellung in Paris gegeben und in den folgenden beiden Tagen einen Zweikampf über drei Partien gegen Frédéric Lazard (1883 – 1948) gewonnen. Nach einer Ruhepause reiste er dann am 29. Oktober 1914 nach London. Dort angekommen ruhte er sich zunächst ein wenig aus und besuchte dann den *City of London Chess Club*. Dort traf er dann mit den weißen Steinen auf Sir George Alan Thomas (1881 – 1972). Lasker gewann durch eine der nachhaltigsten Kombinationen der Schachgeschichte.

Lasker,Ed – Sir Thomas

Holländisch (A83)

London 1912

1.d4 e6 2.♘f3 f5 3.♘c3

Spielbar. Heute wählt Weiß entweder 3.g3± oder 3.c4±.

3...♘f6 4.♗g5 ♗e7?!

Die erste Ungenauigkeit. Vorzuziehen war △4...♗b4=.

5.♗xf6± ♗xf6 6.e4 fxe4 7.♘xe4 b6?!

Der falsche Plan. Er kostet zu viel Zeit. Es war vielleicht klüger, sich mit △7...♗e7± zurückzuziehen. 7...0-0± wäre ebenfalls möglich gewesen.

8.♘e5?!

Lasker trifft offenbar bereits Angriffsvorbereitungen. Nachhaltiger war allerdings 8.♗d3 ♗b7 9.♕e2 ♘c6 10.c3± und Weiß steht besser!

8...0-0± 9.♗d3?!

Vielleicht ein wenig für die Galerie gespielt. Stattdessen hält 9.g3± den leichten Vorteil fest.

9...♗b7?!

Weshalb spielt Schwarz nicht einfach △9...♗xe5? Nach 10.dxe5 ♘c6∓ gewinnt er einen Bauern!

10.♕h5

Weiß setzt seinen Angriffsplan unbeirrt fort. Solider wäre allerdings 10.0-0± gewesen, doch dann wäre die Partie mit Sicherheit nicht so berühmt geworden.

10...♕e7?

Dieser Fehler entscheidet den Abend! Stattdessen war 10...♗xe5 11.♘d2 *(11.♕xe5 ♘c6∓; 11.dxe5 ♖f5∓)* 11...g6! 12.♕xe5 ♘c6= nötig!

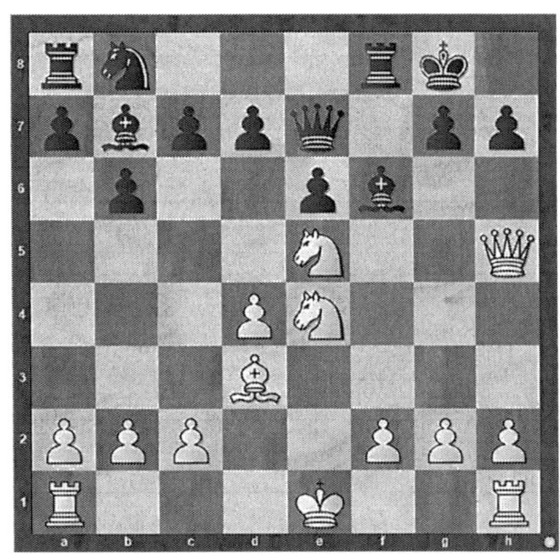

11.♕xh7+!!

Was für ein Einschlag! Hätten Sie das gesehen?

11...♔xh7 12.♘xf6+ ♔h6

Auf 12...♔h8 folgt selbstverständlich 13.♘g6#

13.♘eg4+

135 ChessBase Datenbank

Der schwarze König wird jetzt über das ganze Brett gejagt und findet sich zum guten Schluss auf der weißen Grundreihe wieder.

13...♔g5 14.h4+ ♔f4 15.g3+ ♔f3 16.♗e2+

16.♔f1 (oder 16.0–0) gxf6 17.♘h2# war selbstverständlich ebenso möglich, aber das stattdessen jetzt entstehende Mattbild ist an Ästhetik nur schwer zu überbieten.

16...♔g2 17.♖h2+ ♔g1 18.♔d2# oder 18.0-0-0#, was ab und zu auch angegeben wird. **1-0**

Aufgabe 40

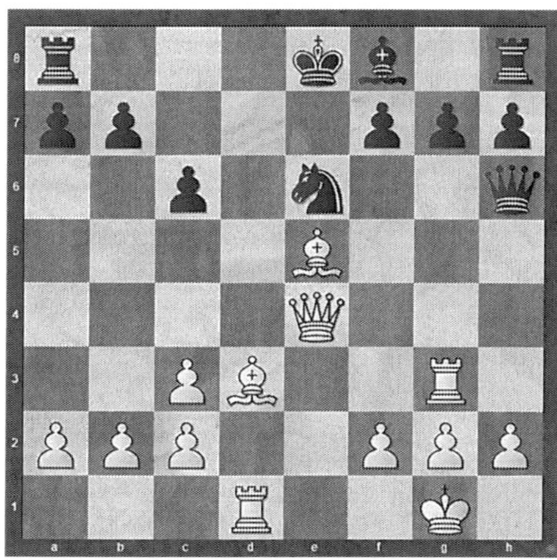

Englund muss jetzt schon wieder seinen Kopf hinhalten. Der zweite Teil der Komödie ereignete sich beim Turnier in Scheveningen 1913. Edward Lasker spielte Weiß und hatte den leidgeprüften Skandinavier nach 19 Zügen komplett an die Wand gespielt.

In der Diagrammstellung zog Englund 19...0–0–0. Hatte er die Nase voll oder die Folgen übersehen? Edward Lasker wusste jedenfalls, wie er jetzt fortsetzen musste.

Aufgabe 41

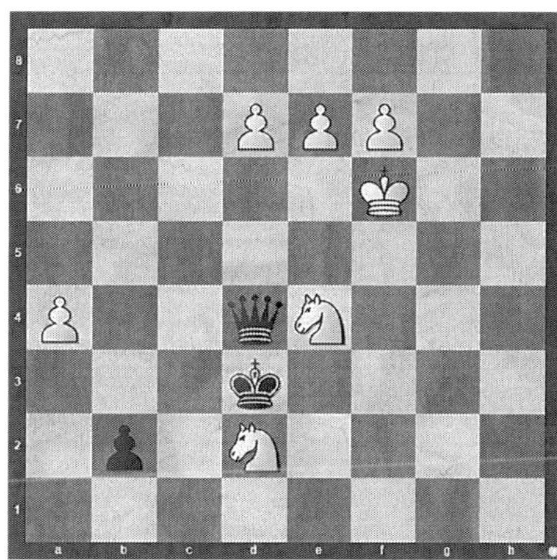

Das vorliegende Fragment stammt aus einer 1924 in New York gespielten Partie zwischen David Janowski und Edward Lasker. Es wäre jedoch auch als Schachkomposition ein herrliches Kunstwerk. Das Paradoxe daran ist, dass die innewohnende Schönheit erst durch einen groben Fehler Janowskis zum Vorschein kam. Dieser entzog sich durch 69.♔e6 dem Damenschach, wohl auf die gegnerische Kapitulation wartend. Tatsächlich warf er mit diesem Zug jedoch den Rettungsring für den unermüdlich kämpfenden Lasker aus. Wie leitete Edward seine nahezu wundersame Wiederauferstehung ein?

Aufgabe 42

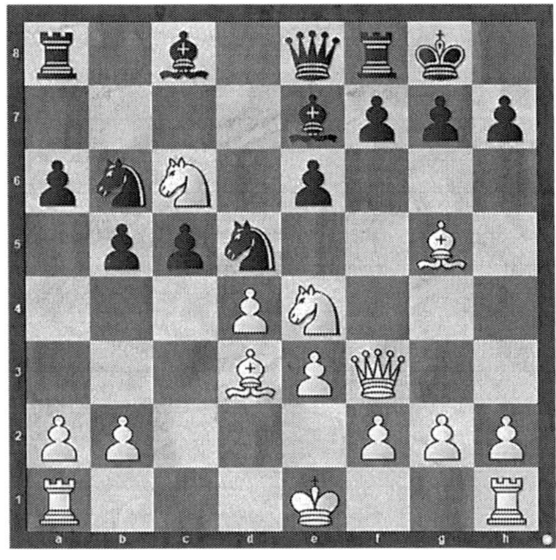

Manchmal scheint beim Schach alles ganz einfach zu sein. Die Figuren werden auf sinnvolle Felder gestellt und schwupps steht plötzlich alles bereit für den finalen Rettungsschuss.

Beim Anblick des nebenstehenden Diagramms, das aus der 1922 in New York ausgetragenen Begegnung zwischen Edward Lasker und Winkelmann stammt, erkennt auch der durchschnittliche Vereinsspieler, dass die Partie bestimmt nicht am Damenflügel entschieden wird. Weiß am Zug!

Aufgabe 43

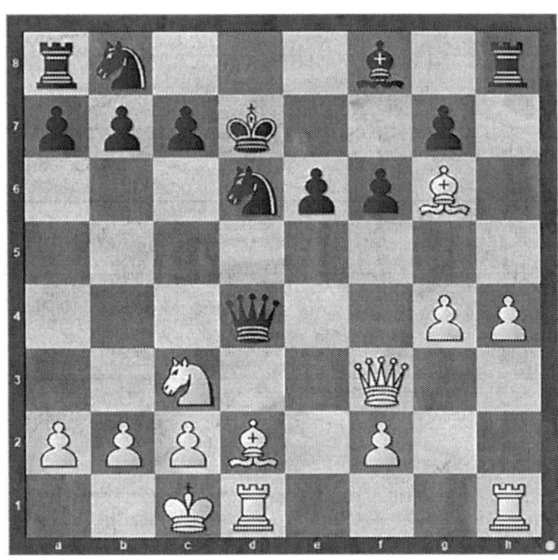

Das Turnier in Scheveningen 1913 war für Edward Lasker erfolgreich. Er belegte hinter Aljechin, Janowski, Olland und Yates den 5. Platz. Ein Grundstein für diese gute Platzierung war auch die Partie gegen Jacques Mieses, der später auf dem 8. Platz zu finden war. Edward Lasker führte die weißen Truppen. Mit welchem schönen Manöver zwang er Schwarz zur Aufgabe?

Erich Ernst Zepler

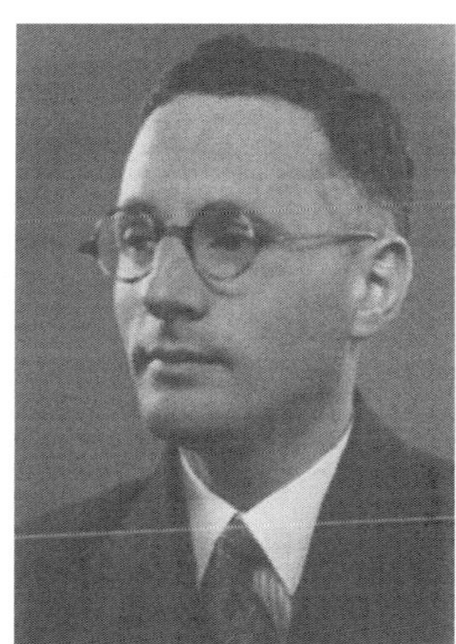

Der in Herford (Westfalen) geborene Dr. Erich (‚Eric') Ernst Zepler (1889 – 1980) gehört sicherlich zu den beachtenswertesten Persönlichkeiten im Dunstkreis der jüdischen Schachszene Deutschlands vor und nach den beiden Weltkriegen[136]. Er war der jüngere Sohn des Landarztes Martin Zepler und seiner Frau Flora.

1902 konvertiert die Familie zum Christentum und zieht kurze Zeit später nach Evingsen in Westfalen. Dort besucht Erich die Grundschule.

Zu dieser Zeit versucht sich der auch technisch begabte Junge am Schachbrett. Während seiner Gymnasialzeit komponiert Zepler dann bereits erste Schachaufgaben.

Die Faszination für das Problemschach wird ihn sein Leben lang nicht mehr loslassen. Neben Schach hat 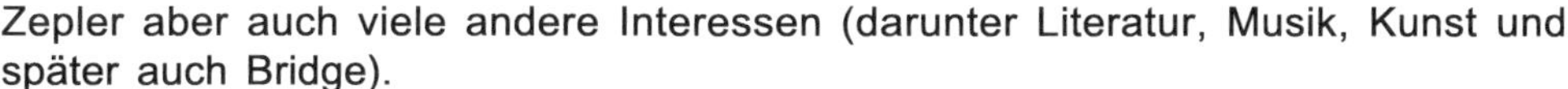 Zepler aber auch viele andere Interessen (darunter Literatur, Musik, Kunst und später auch Bridge).

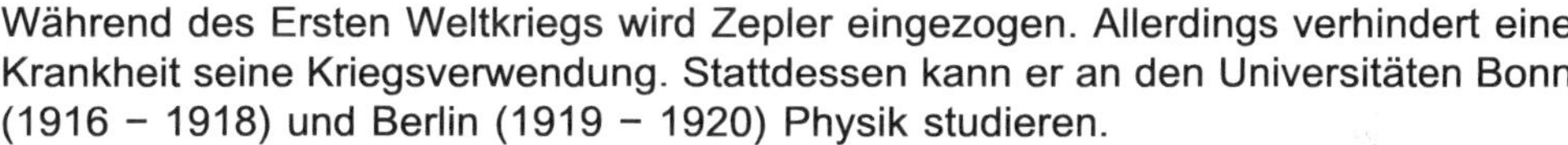

Während des Ersten Weltkriegs wird Zepler eingezogen. Allerdings verhindert eine Krankheit seine Kriegsverwendung. Stattdessen kann er an den Universitäten Bonn (1916 – 1918) und Berlin (1919 – 1920) Physik studieren.

Nach seinem Abschluss forscht Erich Zepler an der Universität Würzburg und erhält dort 1922 seinen Doktortitel. Danach arbeitet er ein Jahr lang am Würzburger Physikalischen Institut.

1923 verlässt er die Forschung und wird Mitarbeiter von Telefunken. Dort ist er an den bahnbrechenden Arbeiten zur Funktechnik beteiligt. U. a. entwickelt er zusammen mit einem Kollegen einen der ersten vertriebsfähigen Rundfunkempfänger.

Zu dieser Zeit lernt Zepler auch seine große Liebe Eleonore Fischer kennen. Das Paar heiratet 1926.

Während der Weltwirtschaftskrise werden die Funktechnikwerkstätten von AEG und Siemens in den Telefunkenkonzern eingegliedert. Zepler wird 1932 Leiter der Konstruktionsabteilung für kommerzielle und militärische Ausrüstung. Er entwickelt v. a. Geräte für den staatlichen Rundfunk und die militärische Kommunikation.

Im Rahmen seiner Tätigkeit erarbeitet sich der außergewöhnlich erfindungsreiche Ingenieur insgesamt 37 Einzel- und 22 Gemeinschaftspatente. Außerdem verfasst er zahlreiche ingenieurtechnische Veröffentlichungen zu unterschiedlichsten Themen aus der Radioelektronik.

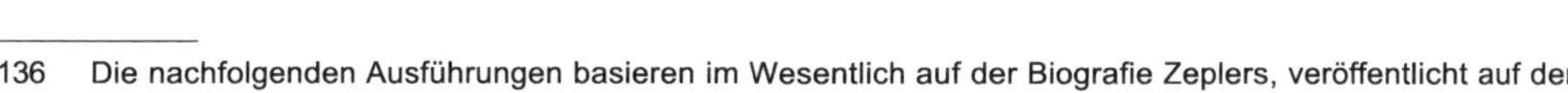

Wegen der zunehmenden Verfolgung und antisemitischer Diskriminierung emigriert Zepler allerdings dann 1935 nach England. Seine Frau folgt bald darauf. Seinem Bruder Hans gelingt ebenfalls die Flucht; er wird Arzt in den USA.

136 Die nachfolgenden Ausführungen basieren im Wesentlich auf der Biografie Zeplers, veröffentlicht auf der Homepage der Universität Southampton, https://www.ecs.soton.ac.uk/node/3578

Zepler findet bei der *Marconi Wireless Telegraph Company* in Chelmsford schnell eine neue Anstellung. Dort nimmt er trotz anfänglicher Sprachbarrieren seine Arbeit an Funkempfängern und -sendern wieder auf. Die betreffenden Geräte werden schnell zum Standard der britischen Marine und der Luftstreitkräfte.

Anfang 1940 beschließt die britische Regierung zunächst, alle deutschstämmigen Ausländer zu internieren. Zepler, dessen Vater 1939 verstirbt, wird infolgedessen zusammen mit einigen Wissenschaftlern, Ingenieuren, Schriftstellern, Künstlern und Musikern für 10 Monate auf der Isle of Man festgesetzt.

Um sich dort zu beschäftigen, beginnt der akademisch orientierte Teil der Internierten ihren jeweiligen beruflichen Interessen nachzugehen und Kurse zu unterschiedlichen Themen abzuhalten. Zepler gibt beispielsweise Kurse über Elektronik und Radiodesign. Außerdem beginnt er die Arbeiten an seinem Buch *The technique of radio design*, das später veröffentlicht und zu einem Klassiker der Radioelektronik wird[137].

Als Zepler aus der Internierung entlassen wird, beginnt er in der Ingenieurabteilung des *Technical College* in Shrewsbury zu unterrichten. 1941 wechselt er dann als Dozent an das *Department of Physics* des *Southampton University College*.

1943 erfährt Zepler, dass seine Mutter im Ghetto Theresienstadt verstirbt. Was dieser persönliche Verlust für ihn bedeutet hat, lässt sich nur erahnen.

Doch das Leben geht weiter. Im gleichen Jahr wird Zepler als Dozent an das *Department of Physics* der *Cambridge University* abgeordnet.

Der Krieg endet, und im Oktober 1946 kehrt Erich Zepler als *Lecturer in Telecommunications* an die Universität Southampton zurück. Ein Jahr später erhält er zusammen mit seiner Familie – inzwischen waren seine Kinder Carole und Matthew geboren – die britische Staatsbürgerschaft und ändert seinen Namen auf *Eric* Zepler.

1947 gründete er in Southampton eine der weltweit ersten universitären Elektronik-Abteilungen. Zwei Jahre später wird für den inzwischen zum *Senior Lecturer* beförderten Zepler dort dann sogar ein entsprechender Lehrstuhl eingerichtet. Die Fakultät befindet sich heute in dem nach ihm benannten *Zepler Building*.

In seiner beruflich aktiven Zeit trägt Zepler entscheidend dazu bei, die Elektronik als eigenständigen Zweig der Ingenieurwissenschaften zu etablieren. Zwischen 1959 und 1960 wird Eric Zepler sogar Präsident der *British Institution of Radio Engineers*. Die Organisation wird später durch Lord Mountbatten geleitet.

Nach seiner Pensionierung 1963 beginnt der umtriebige Ingenieur, der weiterhin an diversen Publikationen beteiligt ist, Probleme des Hörens zu erforschen. 1977 wird ihm dafür eine Ehrendoktorwürde zuteil.

Zepler verstirbt drei Jahre später im hohen Alten von 91 Jahren.

Als Zepler im zarten Alter von 14 Jahren damit beginnt, Schachprobleme zu komponieren, ist nicht absehbar, dass er später einer der bedeutendsten Vertreter der *Neudeutschen Schule* (auch bekannt als *Logische Schule*) werden sollte. Er komponiert dabei hauptsächlich Drei- und Mehrzüger sowie einige Endspielstudien.

In den 1920er Jahren startet er gemeinsame Projekte mit seinem Schachfreund Adolf Kraemer, der ebenfalls 1898 geboren wurde. Daraus entwickelt sich eine enge persönliche Verbundenheit, die trotz Kraemers Mitgliedschaften in der NSDAP bestehen bleibt. Sie wird allerdings 1935 unterbrochen, als Zepler nach England zieht.

137 Erich E. Zepler: The Technique of Radio Design. Wiley, New York NY 1943

Nach dem Zweiten Weltkrieg hilft Zepler seinen Freund aus der Internierung. Kurz danach nehmen sie ihr gemeinsames Hobby wieder auf.

So veröffentlichen Kraemer und Zepler über Jahrzehnte hinweg Schachprobleme. Ihre besten Arbeiten veröffentlichen Sie in den Büchern

- Adolf Kraemer, Erich Zepler: *Im Banne des Schachproblems. Ausgewählte Schachkompositionen,* Walter de Gruyter, Berlin 1951 sowie
- Adolf Kraemer, Erich Zepler: *Problemkunst im 20. Jahrhundert. Ausgewählte Schachaufgaben,* Walter de Gruyter, Berlin 1957.

1952 werden sie gemeinsam *„...als die größten damals lebenden Komponisten der Neudeutschen Schule (und) leidenschaftliche Verfechter der Auffassung vom Kunstcharakter des Schachproblems..."* [138] Ehrenmitglieder der Problemschachvereinigung *Die Schwalbe.*

1973 wird Zepler sogar der Titel eines *Internationalen Meisters für Schachkomposition* verliehen; eine Ehrung, die ihn nach eigenem Bekunden sehr stolz machte.

Zepler ist aber auch im Nahschach aktiv. So wird er 1957 zum *Internationalen Schiedsrichter* ernannt und spielt für den *Southampton Chess Club.* Leider sind keine Partien verfügbar. Lassen Sie uns stattdessen zwei der bekannteren Kompositionen Zeplers ansehen[139]:

Das erste Beispiel stammt aus dem Olympischen Turnier 1936 und erhielt den 1. Preis. Weiß am Zug. Matt in drei Zügen.

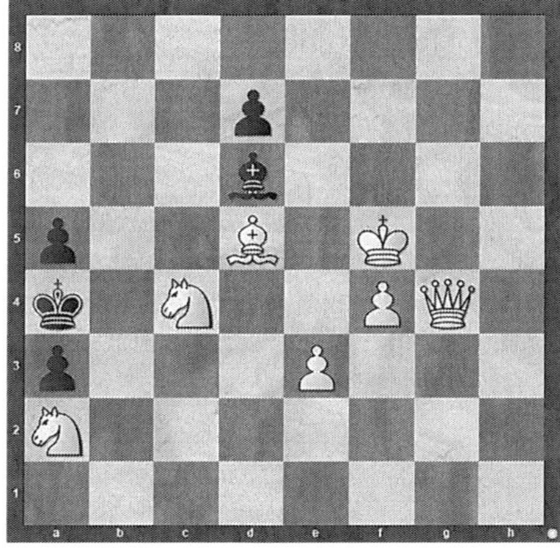

Hier scheitert 1.♔g6? an 1...♗xf4 2.♘d6 und Patt. Stattdessen muss Weiß einen Sperrzug finden. **1.♔e4!** Nun wird der Läufer durch Zugzwang von d6 abgelenkt: **1...♗beliebig 2.♘d6! 2.♗xd6 3.♕xd7#.** Nebenlösungen sind z. B. 1...♔b3 2.♕e2 ♔a4 3.♘b6# oder 1...♔b5 2.♕xd7+ ♔a6 3.♕b7#

138 Wolfgang Dittmann: Der Flug der Schwalbe. Herausgegeben von Die Schwalbe, Wegberg 1988. S. 47

139 https://pdb.dieschwalbe.de

Das zweite Beispiel wurde ebenfalls im Jahre 1935 veröffentlicht und im *Berger Memorial* mit dem 1. Preis bedacht. Es dokumentiert eindrucksvoll den logischen Ansatz Zeplers.

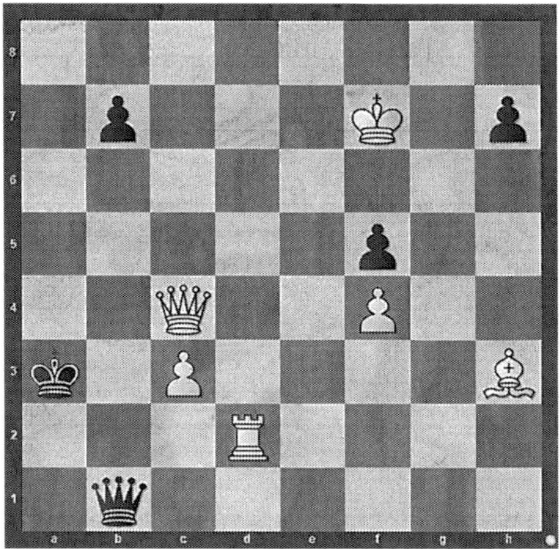

Weiß am Zug. Matt in vier Zügen.

Weiß würde gerne 1.♖a2+ ♕xa2 2.♕b4# spielen, aber die weiße Dame ist an den König gefesselt, was das Mattsetzen unmöglich macht. Weiß muss daher seinen König auf ein anderes Feld ziehen.

Der direkte Ansatz mit 1.♔f8 oder 1.♔g7 scheitert an 1...♕b2! und Königszüge auf die e–Linie erlauben 1...♕e1+.

Daher ist das nicht offensichtliche **1.♗xf5!** nötig! Nach 1... **♕xf5+ 2.♔e7 ♕b1** (bei allen anderen Schachs wird die Dame einfach geschlagen) haben wir wieder die ursprüngliche Stellung, nur dass der König nicht mehr auf der Diagonale a2–g8 steht, wodurch das Matt möglich wird: **3.♖a2+ ♕xa2 4.♕b4#**

Bruno Moritz

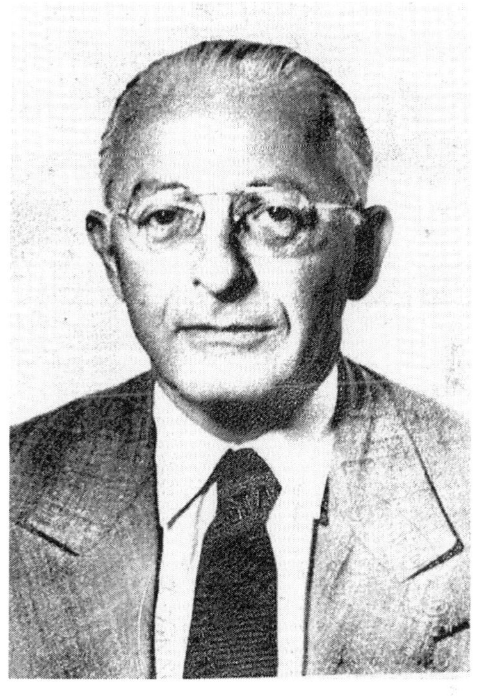

Nach vorliegenden Informationen[140] wurde Dr. Bruno Moritz (1898 – 1966) in Neuwarp/Pommern (heute *Nowe Warpno*, Polen) geboren. Der Geburtsort liegt unmittelbar an der polnisch-deutschen Grenze, westlich der Odermündung am Stettiner Haff. Seine Eltern waren Leo Moritz und Luise Blau.

Moritz promoviert nach seinem Studium, arbeitet danach als Geschäftsmann (vermutlich Buchhändler) und heiratet anscheinend zum ersten Mal.

Seine Schachkarriere beginnt bereits in den 1920er Jahren mit guten Platzierungen in Kulmbach (1920), München (1920), Bad Oeyenhausen (1922, DSB-Kongress, Hauptturnier), Frankfurt/Main (1923, DSB-Kongress), Breslau (1925, DSB-Kongress), Wien (1926, DSV-Kongress), Stargard (1926), Budapest (1926, inoffizielle Olympiade), Stettin (1930) und Swinemünde (1931 - DSB-Kongress und 1932).

Ab 1933 muss Dr. Moritz, wie alle jüdischen Mitbürger, die perfiden Repressalien der Nationalsozialisten ertragen. 1939 gelingt ihm dann jedoch zusammen mit seiner späteren Frau Lilly Alexander, offenbar über eine gefälschte Schachturniereinladung, die Flucht nach England. Kurz nach Kriegsausbruch emigriert das Paar schließlich auf Vermittlung der *Hebrew Immigrant Aid Society* nach Ecuador.

Nach ihrer Heirat lassen sich die Eheleute 1940 in *Santiago de Guayaquil*, einer Provinzhauptstadt, nieder. Dort schlägt sich Dr. Moritz zunächst als Straßenhändler durch.

Schach öffnet schließlich die Türen in bürgerliche Kreise. So gewinnt Dr. Moritz 1952 die Landesmeisterschaft. Er wird bekannt und es gelingt ihm nachfolgend, zunächst einen stationären Buchhandel zu eröffnen. Dieses Geschäft entwickelt sich als *Libreria Cientifica* nach und nach schließlich zu einem der bedeutendsten Buchhandelsunternehmen des Landes. In diesem Zusammenhang publiziert er auch ein Buch seines Freundes Arturo Eichler[141].

Nach seiner Scheidung im Jahre 1956 versucht Dr. Moritz zunächst wieder in Deutschland Fuß zu fassen. Den Buchhandel übergibt er an seinen Stiefsohn Werner A. Alexander. Als Alexander dann aber 1960 nach Israel emigriert, kehrt Moritz zurück

140 Die Angaben basieren im Wesentlichen auf die wirklich hervorragende Quellenarbeit von Frank Hoppe: https://www.schachbund.de/news/bruno-moritz-geboren-1900-schicksal-unbekannt.html

141 Arturo Eichler: „Nieve y Selva en Ecuador“ („Schnee und Urwald in Ecuador“), Quito & Guayaquil, 1952

und übernimmt wieder die Geschäfte. Er engagiert sich fortan auch in der Wohltätigkeitsorganisation der örtlichen jüdischen Gemeinde.

Dr. Moritz feiert aber weiterhin auch schachliche Erfolge und wird 1964 Mitglied der ecuadorianischen Mannschaft bei der Schacholympiade in Tel Aviv und kommt immerhin fünf Mal zum Einsatz[142]. Er verstirbt dann zwei Jahre später.

Eine Partie, die Dr. Moritz 1922 mit den schwarzen Steinen gespielt hat, wurde 1975 scheinbar für den Film *Night Moves* verwendet[143]. Der Hauptdarsteller, Gene Hackman, spielt hier einen Privatdetektiv. In einer Szene hat er ein Taschenschachspiel vor sich aufgebaut. Die darauf zu erahnende Stellung beinhaltet eine sehenswerte Mattkombination. In der Bezugspartie verpasst Moritz diesen Geniestreich jedoch in hochgradiger Zeitnot[144]. Es macht trotzdem Spaß, sich diese Partie einmal näher anzusehen. Die Analyse erfolgt dabei unter Berücksichtigung der ursprünglichen Partiekommentierung seines Gegners, Kurt Emmrich.

Emmrich – Dr. Moritz

Albins Gegengambit (D08)

Bad Oeynhausen 1922 (Stichkampf)

1.d4 d5 2.c4

Mit 2.♘f3 kann man dem nun folgenden Gambit ausweichen.

2...e5 3.dxe5 d4 4.♘f3 ♘c6 5.♘bd2 f6

Seinerzeit die modernste Fortsetzung.

6.exf6!

Auf 6.♕a4 folgt 6...♗d7⩲

6...♕xf6?!

6...♘xf6± ist wohl besser.

7.g3+– ♗g4

Beide Seiten streben nach schneller Entwicklung.

8.♗g2 0-0-0 9.0-0

Damals vermutlich eine Neuerung. Bekannt war 9.h3 ♗f5 10.0-0 g5 11.♕a4 h5 12.♘e1 ♘ge7 13.♘d3 g4 14.h4 ♗xd3 15.exd3 ♕f5 16.♘e4 ♔b8 17.f4 ♘c8 18.a3 ♖h6 19.b4 ♖e6 20.♖b1 ♖ee8 21.♗d2 ♘b6 22.♕c2 ♔a8 23.a4 ♘d7 Teichmann, R. – Mieses, J., Berlin 1910, 1-0

9...♘ge7

Nach 9...d3 10.exd3 ♖xd3 11.♕e2 fehlt dem vorgerücktem Turm der Rückhalt. ⌓9...♘h6 10.h3 ♗f5+– war hingegen einen Gedanken wert.

10.♕b3 ♘g6

Schwarz möchte das Feld e5 stützen. Gleichwohl war ⌓10...h6 11.♘e4 ♕f5+– mit Gegenspielchancen anzustreben.

11.a4?!

Das eröffnet nachfolgend gute Optionen für Schwarz. Besser war 11.h3!+– und Moritz muss sich entscheiden, was er mit seinem Läufer machen möchte.

11...♗b4

Nicht die stärkste Erwiderung. Nach 11...♕f5= hätte Schwarz hingegen vollständig ausgeglichen.

12.a5

Weiß bietet Material an und zielt dabei auf eine Öffnung der a-Linie.

12...♗xa5?!

Ein Bauer ist ein Bauer. Mit 12...a6⩲ hätte Schwarz allerdings alles unter Kontrolle gehalten.

13.♕a4?

142 www.olimpbase.org/1964/1964ecu.html

143 Night Moves (Die heiße Spur) ist ein US-amerikanischer Spielfilm aus dem Jahr 1975 (Regisseur – Arthur Penn, Drehbuch – Alan Sharp). Die Hauptrollen spielten Gene Hackman, Jennifer Warren und Susan Clark; in einer der Nebenrollen ist Melanie Griffith zu sehen (Angaben nach Wikipedia).

144 http://stefanmag.blogspot.com/2011/09/schach-im-film-night-moves-alan.html

Wohl mit der Idee ♘b3. Mit 13.h3!↑ hätte Weiß jedoch wieder das Heft des Handelns in die Hand nehmen können.

13...♖he8?!

Die Idee ist klar! Schwarz möchte Gegenspiel auf e2 und f3 bewirken und bringt vorbereitend weitere Kräfte ins Spiel. Deutlich besser wäre aber 13...d3⩲ 14.exd3 *(14.♘e4? ♕f5–+)* 14...♖xd3⩲ gewesen.

14.♘b3 ♖xe2 15.♘xa5

Nach ⌓15.♗g5! bekommt Schwarz arge Probleme. 15...♕f5 16.♘xa5 ♗xf3 17.♘xc6 ♗xc6 18.♕xa7 ♘e7 *(18...♕xg5? 19.♗h3++–)* 19.♖a5+– und Weiß steht überlegen!

15...♗xf3

15...♘xa5? ist vergleichsweise schwächer. Es folgt 16.♕xa5 ♕b6 17.♕xb6 cxb6 18.h3 ♗xf3 19.♗xf3 ♖c2 20.♖xa7+–.

16.♗h3+ ♖d7

Praktisch erzwungen. Nach 16...♔b8? gewinnt 17.♘xc6+ ♕xc6 18.♕xa7#.

17.♕b5?!

Viel zu langsam! Der beste Zug ist 17.♘xb7!+– ♘ce5 *(17...♔xb7 18.♗xd7+–)* 18.♘c5 ♗c6 19.♗xd7+ ♘xd7 20.♕a6+ ♔d8 21.♘b7+ ♔e8 22.♘a5 ♗f3 23.♕c8+ ♔e7 24.♘b7+–.

17...♘ce5–+

Dreht sich die Partie?

18.♗xd7+

Alternativ war ⌓18.♖a3 möglich. Schwarz muss danach sehr sorgfältig spielen, um den Vorteil festzuhalten. 18...a6 19.♗xd7+ ♘xd7 20.♕b3 ♘ge5–+.

18...♘xd7 19.♖a3 ♖e5 20.♕b3 ♘h4

Sehr geistreich gespielt.

21.♗f4

Weiß versucht, Material einzusammeln. 21.gxh4? ♕g6+ 22.♗g5 ♖xg5+ 23.hxg5 ♕xg5# ging selbstverständlich nicht!

21...♕g6

21...♖f5–+ war ebenfalls ein Kandidatenzug. Nach 22.♖e1 ♕g6 23.♕d3 ♘c5 24.♕xd4 ♘e6 25.♖xe6 ♕xe6–+ wäre Schwarz im Vorteil!

22.♗xe5+– ♘xe5

Verfehlt wäre 22...♕g4? wegen 23.♗xd4! ♕h3 *(23...♕xd4 24.♕e3 ♕xe3 25.♖xe3+–)* 24.♕xf3 ♘xf3+ 25.♖xf3+– und Weiß steht auf Gewinn.

23.♕b5?!

Weiß verpasst 23.c5 ♗e4 24.♕g8+ ♔d7 25.f4 ♘c6 26.♘xc6 ♗xc6+– und Schwarz geht das Material aus.

23...♕h5⩲ 24.♕c5?

In beiderseitiger Zeitnot versucht Emmrich seinen Gegner zu beschäftigen. Stärker war vermutlich allerdings ⌓24.♖e1. Die Fortsetzung führt nach 24...♗e4 bei genauem Spiel vielleicht gerade noch auf die Siegerstraße: 25.gxh4 (erzwungen) 25...♕g6+ 26.♖g3 ♘f3+ 27.♔g2 ♘xe1+ 28.♔f1 ♗d3+ 29.♖xd3 ♘xd3 30.♕xb7+ ♔d7 31.♕d5+ ♔c8 32.♘c6±.

24...♘hg6–+ 25.♕b5

Gegen die Drohung Dh3 gibt es nichts anderes.

25...♘f4!

Gleichwohl bleibt es für Weiß weiterhin unangenehm!

26.♖e1

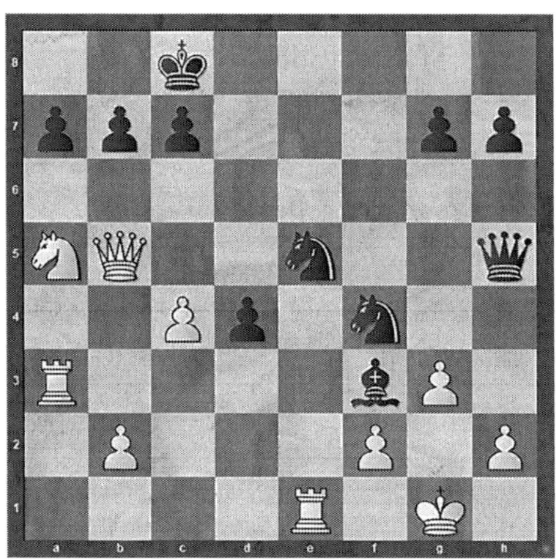

Jetzt sind wir mitten im Film[145]. Allerdings greift Moritz im Eifer des Gefechtes fehl und spielt

26...♗d5??

Stattdessen hätte er mit 26...♕xh2+ 27.♔xh2 *(27.♔f1 ♗g2#)* 27...♘g4+ 28.♔g1 ♘h3+ 29.♔f1 ♘h2# ein Mattbild für die Ewigkeit schaffen können!

Übrigens war auch 26.♖fa1 unzureichend. Nach 26...d3 27.h4 ♘e2+ 28.♔f1 ♗g2+! 29.♔e1 *(29.♔xg2 ♕f3+ 30.♔h3 ♘f4+ 31.♔h2 ♕g2#)* 29...♘c3 ist die Partie ebenfalls vorbei!

Der Textzug verliert indes sofort. Schwarz übersieht für einen dunklen Augenblick, dass der **?**a3 das Feld f3 genügend überdeckt.

27.cxd5+– ♘h3+ 28.♔f1

Schwarz gibt auf, da Material und Zeit verbraucht sind. Eine kombinationsreiche, allerdings durch Zeitnotfehler entstellte Partie. **1-0**

Natürlich können wir die *Akte Moritz* nicht ohne eine Gewinnpartie von ihm schließen[146]:

Dr. Moritz – Richter

Englische Eröffnung (A34)

Swinemünde 1932

1.♘f3 c5 2.c4 ♘f6 3.♘c3 d5 4.cxd5 ♘xd5 5.d3

Ebenso spielbar sind 5.e4± oder 5.d4=. Beide Spieler werden vermutlich auch 5.g3 ♘c6 6.♗g2 e6 7.0-0 ♗e7 8.d3 0-0 9.♗d2 b6 10.♕b3 ♗b7 11.♘e4 ♖c8 12.♖ac1 ♖c7 13.a3 ♕a8 14.♗g5 ♖d8 15.♗xe7 ♘dxe7 16.♕c3 ♘f5 17.♖fe1 ♘cd4 18.♘xd4 ♘xd4 19.f3 ♖cd7 Bogoljubow, E.–Romanovsky, P., Leningrad 1924 ½-½ (61) gekannt haben.

5...♘c6 6.g3 e5 7.♗g2 ♘f6

7...♘c7= war ebenfalls denkbar.

8.0-0

8.♘d2± sieht auch spielbar aus.

8...♗e7= 9.b3 ♗f5 10.♗b2 ♕d7

10...0-0= hält das Gleichgewicht.

11.♘e4

11.♘a4± macht mehr Sinn.

11...♖d8 12.♖c1

Eigentlich gut gesehen, denn 12.♘xe5? ginge in die Hose! 12...♘xe5 13.♗xe5 ♗xe4 14.♗xf6 *(14.dxe4? ♕e6–+; 14.♗xe4? ♘xe4 15.♗xg7 ♖g8 16.♗b2 ♕h3–+)* 14...♗xf6∓.

Auch 12.♗xe5? scheitert: 12...♗xe4 13.♗xf6 *(13.dxe4? ♕e6–+)* 13...♗xf3 14.♗xg7 ♗xg2 15.♔xg2 ♖g8 16.♗b2–+ und Schwarz steht eindeutig besser.

Moderne Rechenprogramme empfehlen an dieser Stelle allerdings 12.♕c2!± und sehen Weiß leicht im Vorteil.

12...♗xe4

Günstiger ist vermutlich 12...♘xe4 13.dxe4 ♕c7 14.♕c2 ♗e6 15.e3 0-0∓.

145 In der besagten Filmszene steht der schwarze Läufer allerdings auf c6, was bei Schachexperten diverse Fragen aufwirft. Nun, wir wollen mal nicht zu streng sein!

146 www.chessgames.com

13.dxe4⩲ ♕e6 14.♕c2 0-0 15.♖fd1 ♘b4 16.♕b1 ♘d7

Will Richter etwaige Bauernvorstöße auf dem Königsflügel vorbereiten? Ansonsten bleibt der Zug ein Rätsel. Denkbar war alternativ 16...♘c6 17.e3 ♖xd1+ 18.♖xd1⩲ a6⩲.

17.♕a1± ♘c6 18.♖c2

Moritz möchte offenbar seine Türme auf der d-Linie verdoppeln. Eigentlich war aber 18.e3± nötig.

18...♘d4

Genauer scheint 18...b5⩲ nebst weiterem Bauernvormarsch auf dem Damenflügel.

19.♖cd2± ♘b6?

Der Springer richtet dort nichts aus. Er verhilft Moritz stattdessen sogar zu einem taktischen Geplänkel! Kontraproduktiver kann man kaum spielen. Besser war jedenfalls 19...f6±.

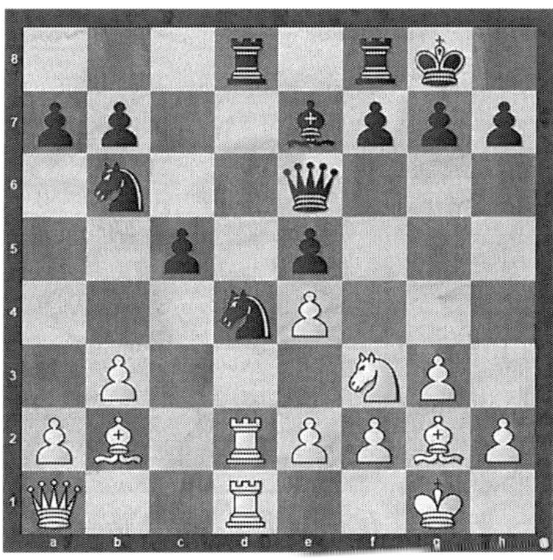

20.♘xe5!+– ♕xe5 21.e3 ♘xb3 22.axb3

Aber nicht 22.♗xe5 ♘xa1 23.♗xa1 ♖xd2 24.♖xd2 ♖c8⩲.

22...♕b8?!

Wiederum etwas zu ungenau. Vorzuziehen ist 22...♕e6 23.♗xg7 ♖xd2 24.♖xd2 ♖c8+–.

23.♗xg7 ♖xd2 24.♖xd2 ♖d8 25.♗h6! f6

Nach 25...♗f8 lässt sich Weiß auch nicht mehr die Butter vom Brot nehmen: 26.♖xd8 ♕xd8 27.♗xf8 ♕xf8 28.♕xa7 +–.

26.♕d1 ♕c8 27.♖xd8+ ♗xd8 28.♕d6 1-0

Joseph Platz

Der in Köln geborene Dr. Joseph Platz (1905 – 1981) erlernte das Schachspiel, als er 13 Jahre alt war[147]. Schon kurz darauf begann er damit, die Partien der großen Meister seiner Zeit zu studieren, und machte dabei große Fortschritte. Bereits drei Jahre später galt er als einer der besten Spieler seiner Heimatstadt, was er mit mehreren Schachklubmeisterschaften unterfütterte.

Nach dem Abitur im Jahre 1922 wollte Platz zunächst Medizin studieren. Der frühe Tod seines Vaters und die allgemein schwierige wirtschaftliche Lage nach dem 1. Weltkrieg führten jedoch dazu, dass er zwischen 1923 und 1926 zunächst als Bankbuchhalter arbeitete.

1926 gewann Platz die Kölner Stadtmeisterschaft. Außerdem bekam er die Chance, ein Match gegen den Österreicher Rudolf Spielmann (1883 – 1942) auszutragen, der zu dieser Zeit als einer der besten Angriffsspieler galt. Platz gewann diesen Wettkampf zur allgemeinen Überraschung knapp, aber verdient.

Nach der erneuten Heirat seiner Mutter und einer damit einhergehenden Verbesserung der wirtschaftlichen Rahmenbedingungen eröffnete sich für Platz die Chance, das verworfene Medizinstudium anzugehen. Sein Enthusiasmus war so groß, dass er das Grundstudium bereits 1928 nach nur eineinhalb Jahren abschließen konnte.

Im gleichen Jahr siegte er bei der *Rheinischen Meisterschaft* in Karlsruhe, gewann das Meisterschaftsturnier in Hannover und lernte in München sein Idol Siegbert Tarrasch kennen.

1929 folgte eine durchaus erfolgreiche Turnierteilnahme auf dem Deutschen Schachkongress in Duisburg.

Nach bestandenem Staatsexamen 1931 in Köln absolvierte Platz das erforderliche Ärztepraktikum in Hannover. 1932 promovierte er. Es schloss sich eine Zeit als Assistenzarzt in der Chirurgie des *Schwarzwaldkrankenhauses* in Offenburg an.

Die beruflichen Verpflichtungen ließen Dr. Platz nur wenig Zeit, seinen schachlichen Leidenschaften zu frönen. Überliefert sind aus dieser Zeit lediglich ein erfolgreicher Wettkampf gegen den niedersächsischen Meister Heinz Matthai und der Sieg in der südwestdeutschen Meisterschaft in Freiburg.

Mit der Machtergreifung 1933 änderte sich die Lage für jüdische Mitbürger dramatisch. Dr. Platz erkannte offenbar schon früh die Zeichen der Zeit und emigrierte noch im gleichen Jahr in die Vereinigten Staaten. Dort eröffnete er nach einem einjährigen Praktikum am *Fordham Krankenhaus* in New York City und den erforderlichen Prüfungen der staatlichen Ärztekammer eine Allgemeinpraxis in der Bronx.

1934 trat er auch dem *Manhattan Chess Club* bei und widmete sich ab diesem Zeitpunkt auch wieder erfolgreich dem Turnierschach.

Ein glücklicher Zufall führte dazu, dass Platz 1938 die Bekanntschaft des ehemaligen Weltmeisters Dr. Emanuel Lasker machen konnten, gegen den er zwischen 1939 und 1940 diverse Trainingspartien spielte. Die Freundschaft der beiden Männer hielt bis zum Tode Laskers 1941.

1940 verheiratete sich Dr. Platz außerdem mit Ester Semenoff aus Providence.

147 Ludwiig Steinkohl: Schach und Schalom, Düsseldorf 1995, S. 40 ff.

Offenbar blieb die harte Schule, die man Lasker nachsagte, nicht ohne Folgen, denn Dr. Platz konnte in den folgenden Jahren immerhin sechsmal die Meisterschaft des *Bronx Chess Club* erringen, 1948 qualifizierte er sich zudem für die Endrunde der US-Schachmeisterschaft. Hier konnte er sich immerhin im vorderen Mittelfeld etablieren und erhielt einen Meistertitel der *United States Chess Federation.*

1952 eröffnete Dr. Platz eine Arztpraxis in der beschaulichen Stadt Manchester, Connecticut. Zunächst ließ ihm sein Beruf wenig Zeit, doch ab 1954 konnte er sich auch wieder dem Schach widmen.

Seine aktive Zeit dauerte bis 1972. Während dieser Phase gewann er 33 Turniere (darunter 14 Mal die *Western Massachusetts and Connecticut Valley Open Championship* und dreimal die *Connecticut-Meisterschaft)* sowie drei Wettkämpfe. Außerdem nahm er viermal mit guten Ergebnissen an der *New England Championship* teil und erspielte sich drei Schönheitspreise.

1978 schrieb Dr. Platz ein Buch unter dem Titel *Chess Memoirs: The chess career of a physician and Lasker pupil*, in dem er u.a. seine Erinnerungen an seine Schachbegegnungen mit Tarrasch, Lasker, Capablanca, Euwe und Fischer aufarbeitete und einige seiner Partien veröffentlichte.

Dr. Platz konnte Robert ‚Bobby' Fischer (1943 – 2008) im Rahmen einer Simultanpartie 1964 in Hartfort, Connecticut besiegen[148]. Der Gewinn war allerdings mehr als glücklich. Dies hinderte Dr. Platz später jedoch nicht daran, ein auf den ersten Blick leidlich seltsames Statement abzugeben. Er schrieb: *„...Mein Sieg über Fischer gab mir eine doppelte Genugtuung, da ich Dr. Lasker rächte, den Fischer nicht einmal zu den zehn größten Spielern aller Zeiten zählte...“*

Zu euphorisch, meinen Sie? So dachte ich erst auch. Doch wenn man weiß, dass Dr. Platz 1941 sogar sein Blut spendete, um dem todkranken Lasker wieder auf die Beine zu helfen, so hat dieses Zitat sogar etwas Anrührendes an sich.

---

148 www.chessgames.com

Fischer – Dr. Platz

Simultanpartie, Hartfort 1964

Französisch (C18)

1.e4 e6 2.d4 d5 3.♘c3 ♗b4 4.e5 c5 5.a3 ♗a5 6.b4 cxd4

6...cxb4?! ist eher nicht zu empfehlen. Nach 7.♘b5 ♘c6 8.axb4 ♗xb4+ 9.c3 ♗e7 10.♗d3 a6 11.♕g4 ♔f8 12.♗a3 ♗xa3 13.♖xa3 ♘h6 14.♕f4+– steht Weiß klar besser.

7.♕g4! ♔f8 8.bxa5 dxc3 9.a4

Oder Weiß leitet mit 9.♘f3 ♘c6 10.♗d3 ♘ge7 11.0-0± in eine der Hauptvarianten des Systems über.

9...f5?!

Durchaus zweischneidig. Dr. Platz gab nach der Partie richtiger Weise 9...♘e7= an.

10.♕g3± ♘c6 11.♘f3

Etwas günstiger ist 11.♗a3+ ♘ge7 12.a6±

11...♘ge7 12.h4 ♗d7 13.h5 ♖c8?!

Spätestens jetzt war 13...h6!= angezeigt.

14.h6!+– g6 15.a6

Nach 15.♕h4+– steckt Schwarz bereits im Schlamassel! Platz gibt hingegen <15.♗g5± an.

15...♘b4 16.♕h4

Ein typischer Zug für eine Simultanpartie. Fischer will die Stellung verkomplizieren. Solider sieht allerdings 16.♔d1± aus.

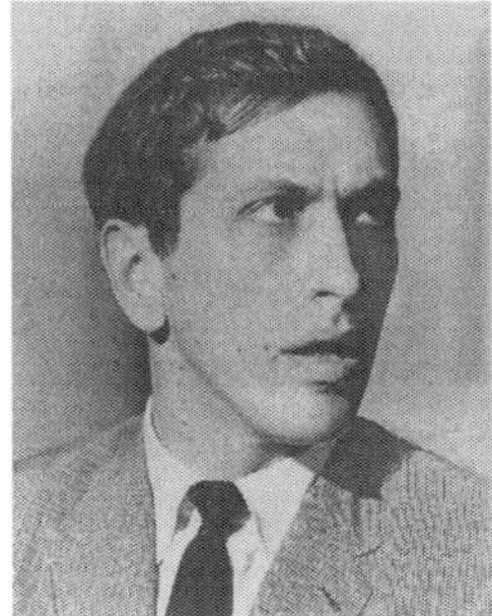

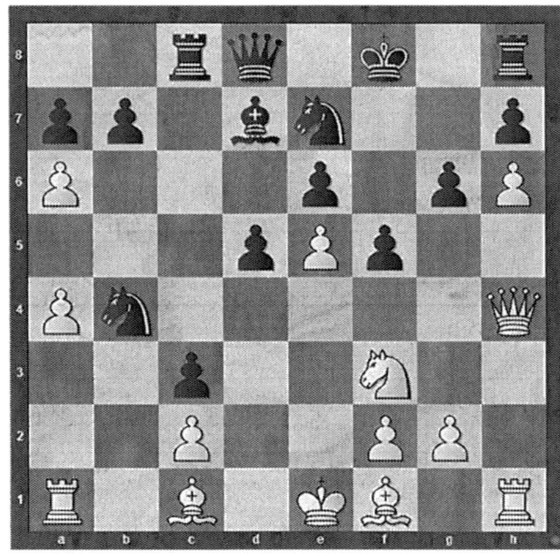

16...♘ec6?

Wie weit hat Dr. Platz hier wohl rechnen können? Immerhin muss er einen Zug machen, wenn sein Gegner wieder vor dem Brett steht: 16...♘xc2+ 17.♔d1 g5 *(17...♘xa1? 18.♕f6++–)* 18.♕xg5 ♖g8 19.♕f6+ ♔e8 20.♔xc2. Darauf wird sich vermutlich auch Fischer verlassen haben. Doch jetzt wird es noch einmal kompliziert: 20...♕b6 21.♗e2 ♕xf2 22.♔d3 ♖xg2 23.♕h8+ ♘g8 24.♖e1 bxa6 25.♗e3 ♕g3 26.♗g5+–

17.♗a3

Die von Dr. Platz nach der Partie angegebene Variante 17.♗g5 ♕b6 18.♗d3 ♘xd3+ 19.cxd3 ♕xa6 20.0-0+– ist relativ schwächer.

17...d4 18.axb7

Prosaischer war 18.♕xd8+ ♖xd8 19.♖b1+–.

18...♖b8 19.♗b5?!

⌓19.♕xd8+ ♖xd8 20.0-0-0 und Weiß ist immer noch auf der Siegerstraße.

19...♕xh4?!

Dr. Platz ist wahrscheinlich erleichtert, dass die schwarze Dame vom Brett verwindet. Gleichwohl war ⌓19...♔e8+– vermutlich genauer!

20.♖xh4 ♔e8

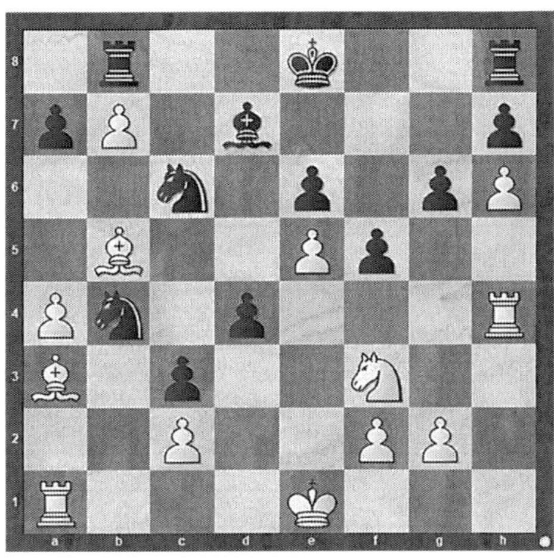

21.♗xc6?

Weiß wirft den Vorteil weg! Vorzuziehen war △21.♗xb4 ♘xb4 22.♗xd7+ ♔xd7 23.♖xd4+ ♘d5 24.♖b1+−.

21...♘xc2+= 22.♔d1 ♘xa1 23.♗d6?

Warum? Nach 23.♗xd7+ ♔xd7 24.♖xd4+ ♔c6 25.♖c4+ ♔xb7 26.♖xc3 ♖hd8+ 27.♗d6 ♖bc8 28.♖xc8 ♔xc8 29.♘g5↑ hätte Fischer noch gute Chancen.

23...♗xc6!−+ 24.♗xb8

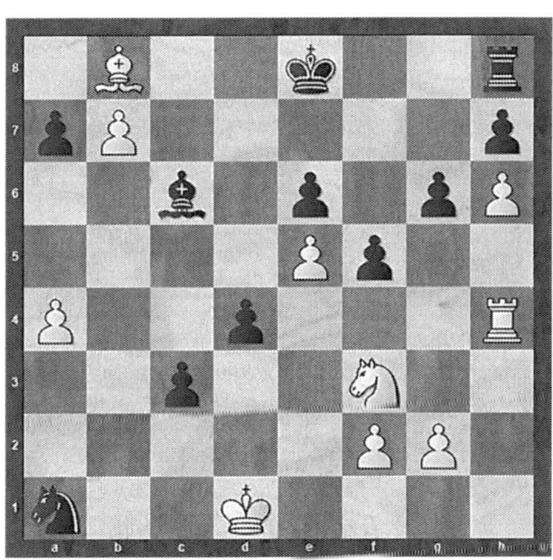

24...♗xa4+?

Gier frisst Hirn! Besser ist 24...g5−+ 25.♘xd4 *(25.♖xd4? ♗xf3+ 26.gxf3 c2+ 27.♔d2 ♘b3+ 28.♔xc2 ♘xd4+−+; 25.♘xg5? ♗xb7 26.♗xa7 ♖g8−+)* 25...c2+ 26.♔d2−+ ♘b3+! 27.♔xc2 *(27.♘xb3? gxh4 28.♗xa7 ♗xb7−+)* 27...♗xb7−+.

25.♔e1!∓ ♗c6! 26.♘xd4 ♗xb7 27.♗d6 ♔d7

Bloß nicht <27...♗xg2? 28.♘xe6+− ♔d7 29.♘c5+ ♔c6 30.♖a4 ♘c2+ 31.♔d1+−

27...♔f7!∓ war jedoch ebenfalls spielbar.

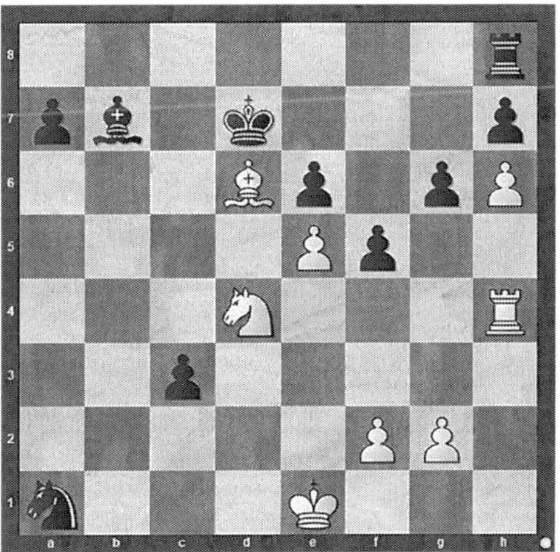

28.f3?

Fischer will vermutlich den Bauern g2 schützen. Stattdessen hätte er 28.♘e2!= spielen sollen und Weiß steht relativ sicher.

28...♖c8−+

Jetzt bekommt Dr. Platz Oberwasser und macht keinen Fehler mehr!

29.♘e2 ♘b3 30.♗a3 ♗d5 31.♖a4 a5 32.♘c1 ♘xc1 33.♗xc1 ♖c5 34.♖a3 ♔c6 35.♗e3 c2 36.♖a1

△36.♗c1 hilft auch nicht: 36...♗c4 37.♔d2 ♔b5 38.♔xc2 ♗b3+ 39.♔d3 a4 −+.

36...♖b5 37.♖c1 ♗b3 Weiß gab auf. **0-1**

Paul Klein

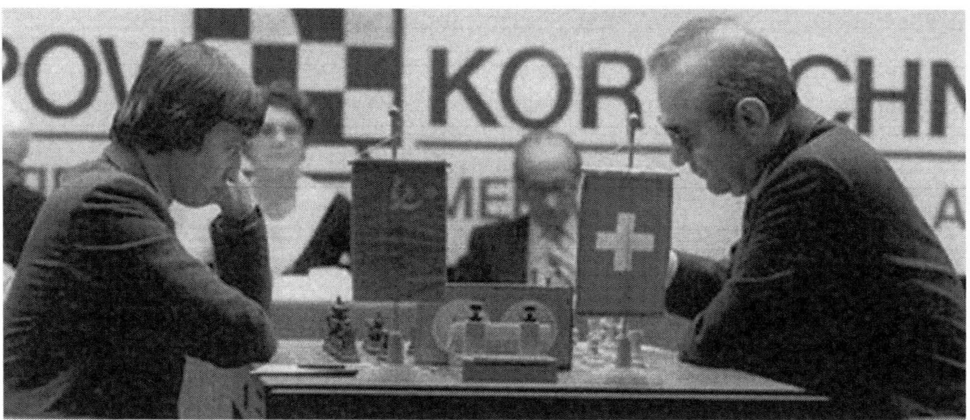

Den absoluten Experten unter Ihnen ist Paul (Paúl) Klein (1915 – 1992) vielleicht als Oberschiedsrichter bei der 23. Schacholympiade[149] und der 8. Schacholympiade der Frauen[150] bekannt, die 1978 in Buenos Aires stattfanden. Außerdem leitete er 1981 als Hauptschiedsrichter den Kampf um die Schachweltmeisterschaft zwischen Anatoli Karpow und Viktor Kortschnoi in Meran[151].

Zu Paul Klein sind aktuell leider nur wenige biographische Daten verfügbar. Fest steht allerdings, dass er in Deutschland geboren wurde und aufgrund der repressiven Politik der Nationalsozialisten gegenüber den Juden nach Südamerika emigrierte. Klein spielte danach für Ecuador (u. a. bei der 14. Schacholympiade in Leipzig 1960)[152].

---

149 http://www.olimpbase.org/1978/1978in.html

150 http://www.olimpbase.org/1978w/1978in.html

151 Die Aufgabe des Hauptschiedsrichters wird nicht leicht gewesen sein. Der vorangegangene Schachweltmeisterschaftskampf zwischen Karpow und Kortschnoi 1978, der über 32 Partien ging und mit einem knappen Sieg Karpows endete, war bereits emotional aufgeladen. Kortschnoi hatte die Sowjetunion 1976 im Streit verlassen und machte seinem ehemaligen Heimatland seit dem schwere Vorwürfe. So wurde u. a. seiner Familie die Ausreise verwährt. Ihm selbst warf die UdSSR diverse Verfehlungen vor. Den sowjetischen Behörden mag insoweit überhaupt nicht daran gelegen haben, Kortschnoi gar als neuen Weltmeister zu sehen. Kortschnoi wiederum provozierte, wo er nur konnte (u. a. mit einer Spiegelbrille – um gegen Hypnosestrahlen geschützt zu sein, dem Tragen des Abzeichens der polnischen Solidarnosc-Bewegung, Zornesausbrüchen mit Beschimpfungen und der Einschaltung von philippinischen Yogis. Wer hierzu näheres erfahren möchte, dem sei das Buch von Dr. Helmut Pfleger & Otto Borik, Schach-WM'81, Niedernhausen 1981, wärmstens empfohlen.

152 http://www.olimpbase.org/1960/1960id01.html

Als Beispiel für seine schachlichen Qualitäten mag eine Partie aus dem Meinberg-Open 1986 gelten[153].

Klein – Eising

Sizilianisch (B89)

Meinberg, 1986

1.e4 c5 2.♘f3 d6 3.d4 cxd4 4.♘xd4 ♘f6 5.♘c3 ♘c6 6.♗c4 e6 7.♗e3 ♗e7 8.♕e2 0-0 9.0-0-0 ♗d7 10.f4 ♕c7

Neuerdings wird auch 10...♖c8 probiert. Allerdings scheint dies keine Verbesserung zu sein: 11.e5 ♘e8 *(11...dxe5 12.♘xc6 bxc6 13.fxe5 ♘d5 14.♘e4 ♕c7 15.♗c5 ♗xc5 16.♘xc5±)* 12.♘xc6 ♗xc6 13.f5±.

11.♖hf1⩲

Bzw. 11.♘db5 ♕b8 12.♖hf1⩲ mit angenehmer Stellung für Weiß.

11...♖ac8

Entspannter für Schwarz ist 11...♘xd4 12.♖xd4 ♗c6⩲.

12.♗b3± ♘a5 13.g4?!

13.♔b1!± ist sicher nachhaltiger. Der Angriff auf dem Königsflügel läuft Klein ja nicht weg.

13...d5?!⩲

Eigentlich keine so schlechte Idee. Gemeinhin soll man Angriffe auf dem Flügel mit einem Vorstoß im Zentrum beantworten. Im vorliegenden Fall wäre es jedoch aus taktischen Gründen weiser gewesen, zunächst das Manöver 13...♘xb3+ 14.♘xb3 einzustreuen, um dann mit 14...d5 15.e5 ♘e4∓ zu kontern.

14.exd5

Besser ist △14.e5. Nach 14...♘e4 15.♘xe4 dxe4 16.c3 ♘xb3+ 17.axb3⩲ steht Weiß etwas besser. Klein hat offenbar aber andere Pläne!

14...♘xb3+= 15.axb3 ♕a5 16.♔b1 exd5?!

Über 16...♖xc3 17.bxc3 ♘e4= war es wert nachzudenken. Stattdessen verfinstert sich die Stimmung auf dem Schachbrett. Weiß wird aktiv!

17.g5!+– ♘e4 18.♘xe4 dxe4 19.f5! ♗c5 20.♖f4?!

Wiederum etwas zu ungeduldig. 20.h4+– bietet bessere Gewinnchancen.

20...♖fe8⩲ 21.g6

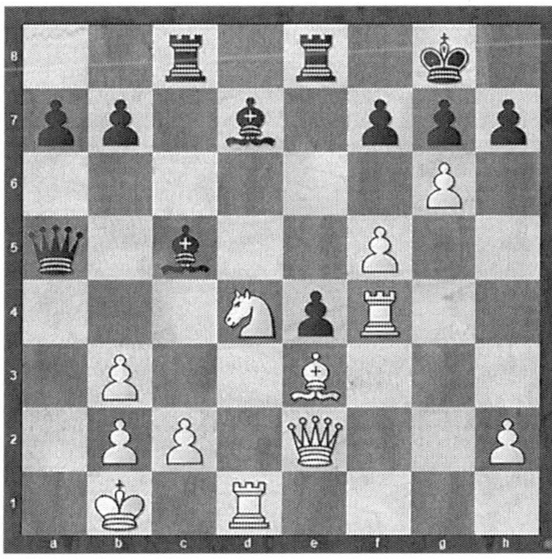

Es gibt wunderbare Partien von Michail Tal zu diesem Motiv. Der Angreifer steht immer vor der Wahl, welchen der beiden vorgerückten Bauern er in die Schlacht wirft. Bei nüchterner Betrachtung scheint hier allerdings 21.f6 substanzieller zu sein. Nach 21...g6 22.h4 h5 23.gxh6⩲ steht Weiß besser. Nun muss Eising aber erst noch die richtige Erwiderung finden.

21...♗xd4?

Das war sie nicht! Nötig ist 21...fxg6 22.fxg6 hxg6= und die Stellung befindet sich in einem dynamischen Gleichgewicht.

153 https://www.365chess.com/players/Paul_Klein

22.gxf7++−

Noch schlechter wäre 22.♗xd4 hxg6 23.fxg6 fxg6 24.♗xg7+−.

22...♔xf7 23.♗xd4 e3

Auch 23...♗xf5 scheitert 24.b4 ♕d5 25.♗xg7 ♕e6 26.♕g4+− ♕g6 27.♖d7+ ♔e6 28.♕d1+− und aus!

24.♕g4

Schwarz gibt zu Recht auf. Nach **24...♖g8 25.♗c3 ♕b5 26.♕h5+ ♔f8 27.♖xd7 ♕xd7 28.♗b4++−** ist die Partie spätestens vorbei! **1-0**

Jacob Silbermann

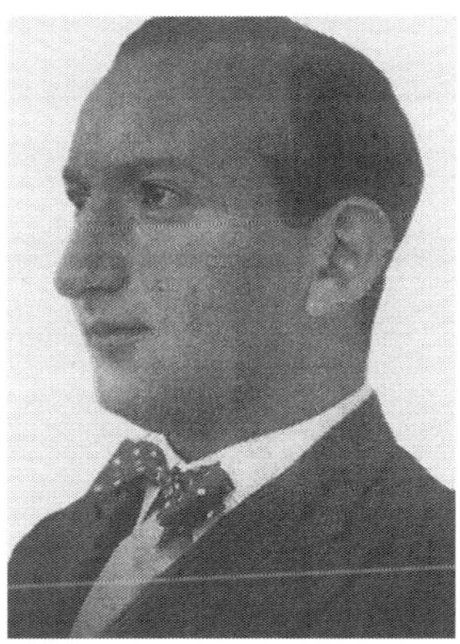

Manchmal ist man erstaunt, welche Kapriolen das Schicksal für gewisse Menschen bereithält. Der Jurist Dr. Jacob Silbermann (1907 – 1978) wird in Czernowitz (Ukraine) geboren. Er und seine spätere Frau, die Schauspielerin Edith Horowitz (1921 – 2008) gehörten zum engeren Bekanntenkreis des bekannten jüdischen Lyrikers Paul Celan (1920 – 1970). Die komplexe Beziehung zwischen den Freunden wurde von Edith Silbermann später auch literarisch verarbeitet[154].

Jacob Silbermann überlebt zunächst die deutsche Besatzung und schafft es 1945 unter abenteuerlichen Umständen zusammen mit Celan, pikanterweise der Jugendliebe seiner Frau, aus dem sowjetisch besetzten Czernowitz nach Rumänien zu fliehen[155]. Neben seiner anwaltlichen Tätigkeit machte Silbermann, der bereits 1936 in Reus (Spanien) einen geteilten Turniersieg mit dem bekannten Schachtheoretiker Esteban Canal (1896 – 1981) verbuchen konnte, dort auch als Schachtrainer von sich reden. So betreute er zwischen 1949 bis 1963 auch die rumänische Nationalmannschaft[156].

Nach vielfachen Auswanderungsgesuchen treffen Edith und Jacob Silbermann 1963 dann in Wien ein. Obwohl die Eltern seiner Frau einst österreichische Staatsbürger waren, verweigern die Behörden einen längeren Aufenthalt. Diesmal ist es Celan, der inzwischen in Paris lebt, der seinen Freunden über seine Kontakte weiterhilft. Die Reise endet schließlich 1964 in Düsseldorf[157]. Silbermann eröffnet hier eine Anwaltskanzlei und nimmt rege am neuen jüdischen Leben in der nordrhein-westfälischen Landeshauptstadt teil. Unter anderem wird er Chefredakteur der *Jüdischen Allgemeinen Zeitung*[158].

Offenbar kann er in dieser Zeit auch nicht die Finger vom Schachbrett lassen. So wird er Mitglied in der *Düsseldorfer Schachgesellschaft Rochade 1925* und spielt u.a. regionale Mannschafskämpfe. Seine Spielstärke scheint in dieser Zeit noch recht ordentlich gewesen zu sein[159]. Außerdem veröffentlicht er einige Essays mit schachhistorischem Bezug[160] und lieferte einige Beiträge zu Klaus Lindörfers Arbeiten *Großes Schach-Lexikon* (München, 1984) sowie *Das rororo Schachbuch von A-Z.* (Reinbek, 1984).

---

154 Amy D. Colin, Edith Silbermann, Paul Celan – Edith Silbermann, Zeugnisse einer Freundschaft. Gedichte, Briefwechsel, Erinnerungen. New York 2010

155 Ebenda

156 https://de.wikipedia.org/wiki/Jacob_Silbermann

157 a.a.O. Amy D. Colin, Edith Silbermann, Paul Celan – Edith Silbermann.

158 https://www.hagalil.com/2021/05/rose-auslaender

159 Siehe u. a. Düsseldorfer Schach Mitteilungen unter https://www.schachbezirk-duesseldorf.de/ext/sbd/ds/pdf/Duesseldorfer-Schach-Mitteilungen_1971_165_166.pdf

160 Bekannt sind Alt-Czernowitz aus der Sicht des Schachmeisters Georg Marco, 1976 Anastasia und das Schachspiel. Zum Roman von Wilhelm Heinse (Schach-Echo, Nr. 1/1977) und Schachtriumph (Die Zeit, Nr. 41/1972).

Besondere Bedeutung hat allerdings das viel beachtete Werk *Geschichte des Schachspiels*, das Silbermann im Jahre 1975 zusammen mit dem bekannten deutschen Schachgroßmeister Wolfgang Unzicker (1925 – 2006) herausgegeben hat. In dem Buch, dessen Vorwort kein Geringerer als Dr. Machgielis ‚Max' Euwe (1901 – 1981) verfasst hat, wird nicht nur das Leben und Wirken historischer Schachmeister von Philidor bis Fischer dargestellt, sondern auch der Einfluss des Schachspiels auf verschiedene Lebensbereiche analysiert.

Silbermann verstirbt mit 70 Jahren in Düsseldorf an einer ‚tückischen Krankheit' (vermutlich Krebs)[161].

161 Düsseldorfer Schach–Mitteilungen 2. Jahrgang Juni/Juli 1978 Nr. 219 (https://www.schachbezirk–duesseldorf.de)

Sammi Fajarowicz

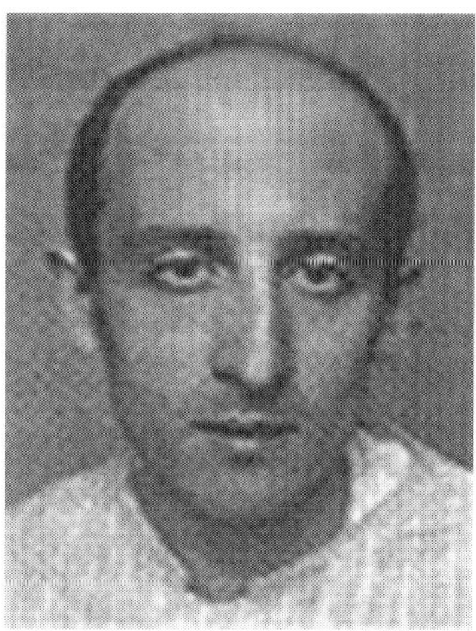

Ein tragisches Leben – anders kann man die Biografie des Kaufmannssohns Sammi Fajarowicz (1908-1940) kaum beschreiben.

Seine Eltern waren im Lederhandel tätig und stammten ursprünglich aus Galizien sowie der Ukraine. Sammi, der noch einen Zwillingsbruder hatte, legte zwar Mitte der 1920er Jahre sein Abitur ab, doch ein Studium war aufgrund wirtschaftlicher Probleme nicht möglich. Stattdessen hielt er sich mit Gelegenheitsjobs über Wasser.

Schach gewann für Sammi aber bereits früh Bedeutung. Schon mit 20 Jahren galt er als einer der stärksten Spieler in Sachsen, wie vordere Platzierungen bei den Leipziger Meisterschaften 1928 und 1929 sowie beim 18. Kongress des Sächsischen Schachbundes 1930 in Zwickau bewiesen. 1931 und 1933 wurde er zudem Leipziger Stadtmeister.

Die Schachwelt verdankt Sammi Fajarowicz das nach ihm benannte *Fajarowicz-Gambit* (1.d4 ♘f6 2.c4 e5 3.dxe5 ♘e4), das er erstmals 1928 in Wiesbaden gegen den Amerikaner Herman Steiner (1905 – 1955) anwandte.

Nach der Machtergreifung wurde die Familie zunächst expatriiert. Die Familienangehörigen erhielten einen sogenannten *Fremdenpass*[162]. Es folgten die üblichen Repressalien, denen Juden in dieser Zeit ausgesetzt waren. Sammi wird zudem von der Teilnahme an deutschen Meisterschaftsturnieren ausgeschlossen[163].

Gleichwohl bleibt Fajarowicz dem Turnierschach gewogen. So nimmt er 1935 durchaus erfolgreich an einem internationalen Turnier in Great Yarmouth teil und belegte bei der *1. Jüdischen Meisterschaft Deutschlands*, die in Leipzig stattfand, den geteilten 1. bis 3. Platz. 1937 wird er dann in Frankfurt am Main *Jüdischer Schachmeister von Deutschland.*

Trotzdem blieb seine finanzielle Lage bedrückend. Die belastenden Lebensumstände unter dem Naziregime taten ihr Übriges. Da aber eine Emigration aufgrund fehlender Geldmittel ausschied, versuchte Sammi, sich 1938 irgendwie in Frankreich zu etablieren. Er wird dort dann jedoch wegen einer illegalen Beschäftigung ausgewiesen.

Seine schier hoffnungslose Gesamtsituation brachte Sammi danach offenbar in einen äußerst labilen Geisteszustand, der einen Aufenthalt in einer psychiatrischen Klinik in Luxemburg zwischen Januar 1939 und März 1940 erklärt. Doch auch hier folgt eine Ausweisung.

---

162 Ein Fremdenpass ist ein Reisedokument für Angehörige fremder Staaten, Personen mit ungeklärter Staatsangehörigkeit oder fürStaatenlose (wikipedia).

163 Alfred Diel: Fremdenpass Nr. 16. Das kurze Leben des Sächsischen Meisters Sammi Fajarowicz, in: Kaissiber 16/Januar–März 2001, S. 20–39.

Zurück in Leipzig stellt man schließlich eine Tuberkuloseinfektion fest. Sammi wird in das *Israelitische Krankenhaus* eingeliefert und verstirbt dort kurze Zeit später im Alter von nur 32 Jahren[164].

Die nachfolgende Partie[165] stammt aus dem Jahre 1932.

Fajarowicz – Preusse

Zweispringerspiel (C56)

Bitterfeld 1932

1.e4 e5 2.♘f3 ♘c6 3.d4 exd4 4.♗c4 ♘f6 5.0-0 ♘xe4 6.♖e1 d5 7.♗xd5 ♕xd5 8.♘c3 ♕f5

Das ist durchaus spielbar. Alternativen sind 8...♕d7!∓, 8...♕a5= oder 8...♕d8⩲.

9.♘xe4= ♗e6?!

□9...♗e7!= hält das Gleichgewicht.

10.♘xd4± ♘xd4 11.♕xd4 ♗e7

Auch nach □11...♖d8 12.♕c3 f6 13.♕xc7 ♖d7 14.♕b8+ ♔f7 15.♗d2± steht Schwarz unbefriedigend.

12.♗h6

12.♕xg7?! 0-0-0= macht wenig Sinn! □12.♗g5 sieht hingegen stark aus. Nach 12...♗xg5 13.♕xg7 0-0-0 14.♕xg5± hat Weiß nicht nur einen Bauern mehr, sondern zugleich eine gute Stellung.

12...♖g8⩲ 13.♗d2

Aber natürlich nicht 13.♗xg7? ♕g6–+ und Weiß hat mehr Probleme, als er lösen kann.

13...a6

Nach 13...♕d5 14.♕xd5 ♗xd5= hätte Schwarz keine Sorgen!

14.♗c3

14.c4± scheint den weißen Vorteil wiederherzustellen.

14...♗f6?

Danach kommt Schwarz in Nachteil. Wieder hätte 14...♕d5!⩲ die Stellung in der Waage gehalten.

15.♕a4+ b5 16.♕a5 ♔d7

Preusse möchte offenbar seinen König in Sicherheit bringen. Doch stattdessen führt er ihn quasi zur Schlachtbank! Richtig Spaß macht die schwarze Stellung allerdings sowieso nicht mehr. 16...0-0-0 17.♕xa6+ ♔b8 18.a4 ♗c8 19.♕xb5+ ♕xb5 20.axb5+– sieht zumindest nicht sonderlich ersprießlich aus!

17.♗b4?!

Das geht besser! 17.♗xf6 gxf6 18.♕c3 ♔e7 19.♖ad1 ♖ac8 20.♘g3+– und Weiß steht überlegen!

17...♔c6?!

□17...♖gd8 18.♘xf6+ gxf6± war einen Gedanken wert.

18.♖ad1+– ♗d5?

Schwarz begegnet damit der Drohung 18.♗d6±. Besser war allerdings 18...♖gd8 19.♖xd8 ♗xd8+–.

19.♘g3! ♕f4 20.c4 ♗xc4 21.♖e4 ♕h6

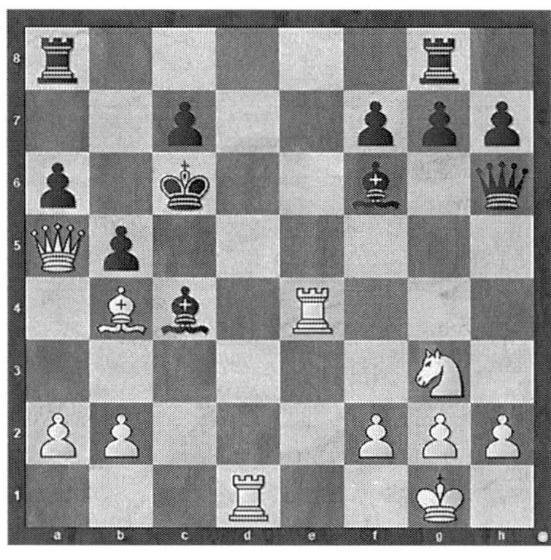

164 Peter Anderberg: Sammi Fajarowicz 100 Jahre, in Kaissiber 32/Juli–September 2008, S. 62–74.

165 www.chessgames.com

22.♖xc4+! 1-0

Schwarz gibt auf. Nach 22...bxc4 folgt 23.♕d5+ ♔b6 24.♗a5+ ♔a7 25.♕c5+ ♔b7 26.♕xc7#

Aufgabe 44

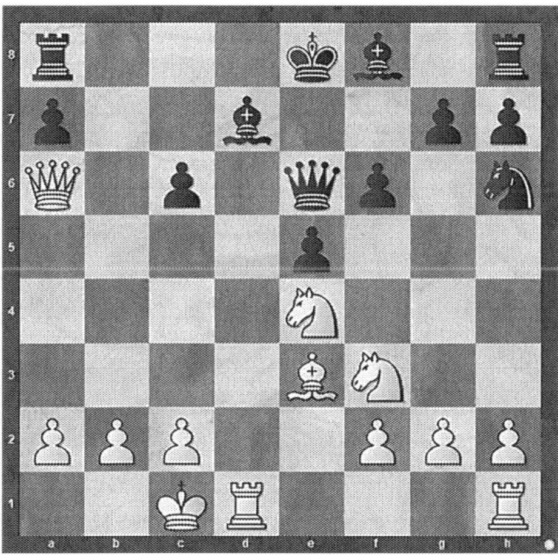

In dieser Aufgabe steht das ewige Thema des unrochierten Königs im Mittelpunkt. Die Partie, in der Fajarowicz gegen Barth spielte, wurde 1932 im sächsischen Bad Schandau gespielt. Erich Barth hatte zuletzt 13...♘g8–h6 gezogen und damit schon seine Niederlage besiegelt.

Oscar Wilde soll einmal gesagt haben, dass Großzügigkeit das Wesen der Freundschaft sei. Dementsprechend müssten die beiden Protagonisten nach der Partie eigentlich Freunde geworden sein.

Aufgabe 45

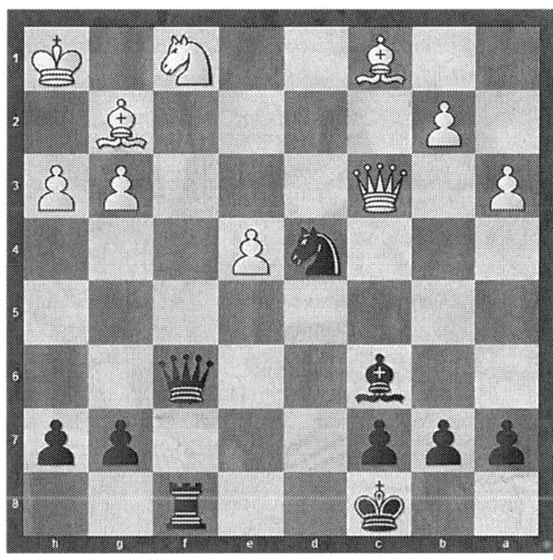

„...Ein Materialist ist ein Mensch, der die Schönheit des Sternenhimmels durch das Zählen der Sterne erfassen zu können glaubt...“ .

Dieser Aphorismus des Schriftstellers Christian Wagner lässt sich durchaus auf das Schachspiel übertragen. In diese Richtung mag unser Sammi wohl gedacht haben, als er 1928 in Wiesbaden gegen Hermann Steiner mit 29...♕f6xf1 die Dame ins Geschäft steckte. Ein Triumph des Geistes über die Materie?

Aufgabe 46

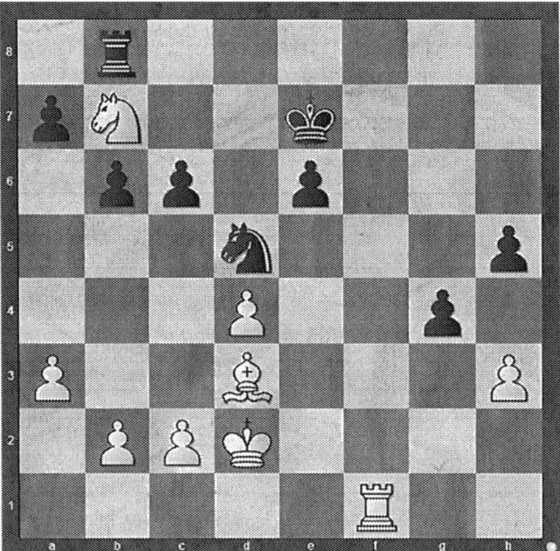

In dieser 1930 in Frankfurt an der Oder gespielten Partie hatte Fajarowicz mit Weiß zwar eine Figur mehr, doch sein Springer drohte im nächsten Zug von Hussong geschlagen zu werden. Sammi hatte aber eine nette Idee, wie er den Schimmel vielleicht noch aus dem Stall holen kann.

Aufgabe 47

Im gleichen Turnier führte Fajarowicz gegen Walter ebenfalls die weißen Steine. Diesmal ist die Anforderung nicht allzu hoch.

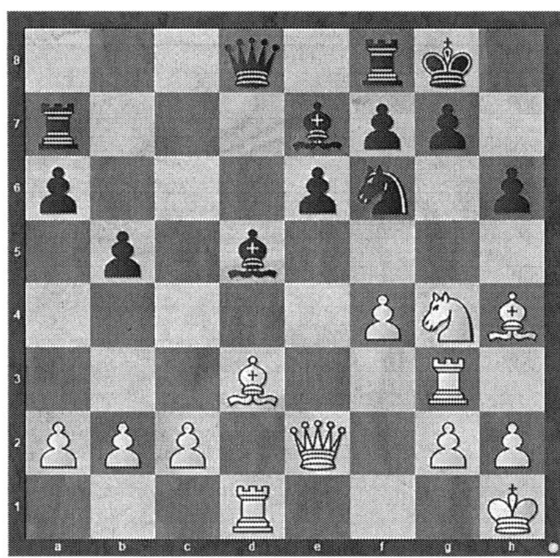

Der schwarze Monarch ist gestellt. So ziemlich alle weißen Figuren wollen ihm an die Krone. Was zog Fajarowicz, um den schwarzen König kurz und schmerzfrei zu erledigen?

Yosef Porath

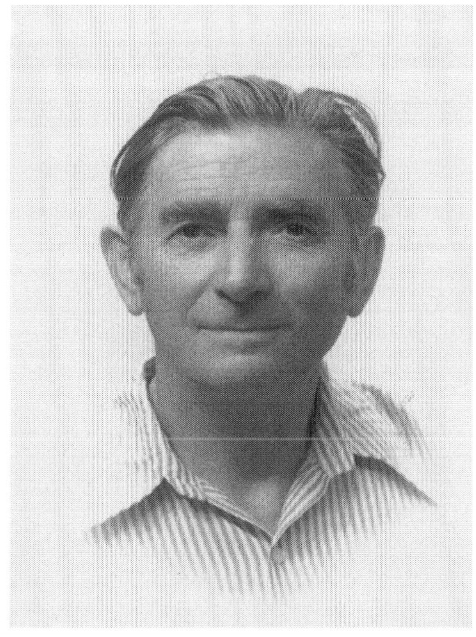

Der in Breslau unter dem Namen *Heinz Foerder* geborene Yosef Porath (1909-1996)[166] lag goldrichtig, als er 1934 nach Palästina auswanderte und mit seinem Leben im nationalsozialistisch geprägten Deutschland abschloss.

In den 1920er Jahren erlangt Foerder in der deutschen Schachszene bereits einen gewissen Bekanntheitsgrad. Er wird 1926 Meister von Breslau und nahm u.a. 1928 an der Schacholympiade in Den Haag und den deutschen Meisterschaften 1929 und 1931 sowie den schlesischen Landesmeisterschaften 1931 und 1932 teil.

Er legt 1927 das Abitur ab, studiert Jura und schließt das Studium 1931 mit dem Referendarexamen ab. Im März 1933 wird er jedoch als Jude aus dem Dienst entlassen. Er wandert daraufhin nach Palästina aus.

Dort hält sich Foerder zunächst mit einfachen landwirtschaftlichen Arbeiten im Kibbuz und als Lebensmittelfahrer über Wasser. Schließlich wird er als Schreibkraft und später als Hauptbuchhalter beschäftigt.

Foerder vertritt andererseits bereits 1935 die Farben Palästinas bei der Schacholympiade in Warschau. Er gewinnt zudem 1937 und 1940 die Landesmeisterschaften. Als ersten internationalen Erfolg kann Foerder zudem eine Goldmedaille für sein Einzelergebnis auf der Schacholympiade 1939 in Buenos Aires verbuchen (+9-1=4).

Mit der Staatsgründung Israels im Jahre 1948 ändert Heinz Foerder schließlich seinen Namen in Yosef Porath. Die FIDE verleiht ihm 1952 den Titel eines Internationalen Meisters.

In den Jahren 1953, 1957, 1959 und 1963 gewinnt er die israelische Meisterschaft. 1952, 1954, 1956, 1958, 1960, 1962, 1964, 1966 und 1968 vertritt er überdies sein neues Heimatland auf den Schacholympiaden.

1964 gewinnt Porath zudem das Zonenturnier in Ulan Bator und qualifiziert sich damit für das Interzonenturnier in Amsterdam. Dort trifft er auf die damalige Weltelite und hält gut mit. Die folgende Partie[167] stellt insoweit möglicherweise eine der Sternstunden in Poraths Karriere dar:

166 https://en.wikipedia.org/wiki/Yosef_Porat

167 https://www.chessgames.com

Gligoric – Porath

Französisch (C13)

Amsterdam 1964 (Interzonenturnier)

1.e4 e6 2.d4 d5 3.♘c3 ♘f6 4.♗g5 dxe4 5.♘xe4 ♘bd7 6.♘f3 ♗e7 7.♘xf6+ ♗xf6 8.h4 h6 9.♗xf6 ♕xf6 10.♕d2 0-0 11.0-0-0 e5! 12.♕e3 exd4 13.♖xd4 ♘c5

Bis dahin ist alles Theorie! Später wird der Zug 13...♘b6= versucht, der in der Remisbreite bleibt.

14.♗c4!± ♗e6?!

Vorzuziehen ist 14...♗f5±

15.g4?!

Gligoric verpasst △15.♖f4 ♕e7 16.♘d4+–.

15...♗xc4= 16.♖xc4 ♖fe8 17.♕xc5?!

Besser war △17.♕c3 ♕xc3 18.♖xc3=.

17...♕xf3∓ 18.♖g1 ♖ad8

Interessant ist 18...b5!? 19.♖c3 *(19.♕xb5? ♕xf2 20.♖d1 ♕e3+ 21.♔b1 ♕d2!–+)* 19...♕f4+ 20.♖e3 a6∓.

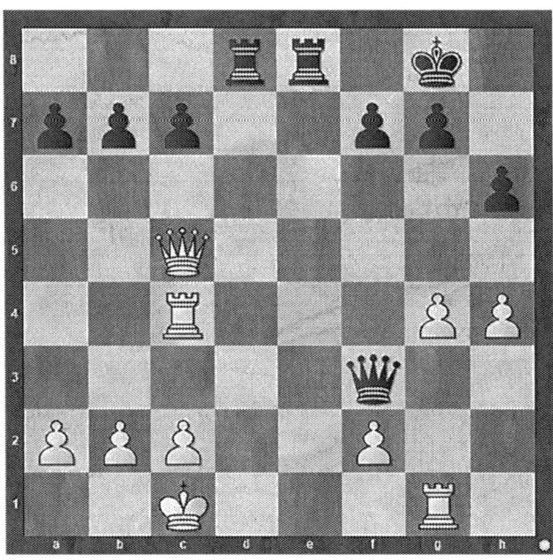

19.♕f5?

Der entscheidende Missgriff. Nötig war 19.b3∓ Wie wir gleich sehen werden, ein wichtiges Luftloch.

19...♕g2!! und Weiß gibt auf. **0-1**

In seiner beeindruckenden Karriere begegnete Porath den bekanntesten Schachmeistern seiner Zeit. Sein stärkster Gegner war aber zweifelsohne der spätere Schachweltmeister Boris Spasski.

Spasski – Porath

Französisch (C13)

Lugano 1968 (Olympiade)

1.e4 e6 2.d4 d5 3.♘c3 ♘f6 4.♗g5 dxe4 5.♘xe4 ♘bd7

Oder 5...♗e7=.

6.♘f3 ♗e7 7.♘xf6+ ♗xf6 8.♗xf6 ♕xf6 9.♗c4 c5

Möglich ist selbstverständlich auch 9...0-0 10.♕e2 a6 11.♕e4 ½-½ (11) Spasski, B. – Kortschnoj, V., Salamanca 1991.

10.♕e2± 0-0 11.0-0-0 a6 12.♕e3 cxd4 13.♖xd4 b5 14.♗d3 g6 15.♖d1 ♘c5?!

Zu erwägen war 15...e5 16.♖h4 ♖e8±.

16.♘e5± ♕e7?!

Relativ besser war △16...♕g7±

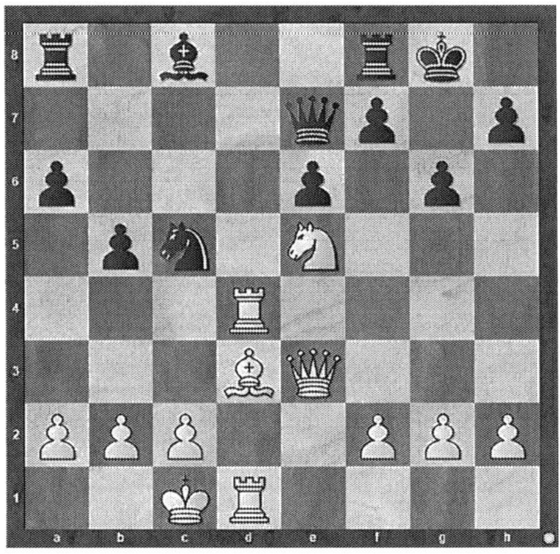

17.♗e2+– f6

17...♗b7 beantwortet Spasski mit 18.♖d7! ♘xd7 19.♖xd7+–.

18.♘c6 ♕c7 19.♖d8 ♘b7 20.♖xf8+ ♔xf8 21.♗f3 ♔g7 22.♕a3 ♔f7

Porath hätte sich wahrscheinlich auf 22...e5 23.♕e7+ ♕xe7 24.♘xe7+− einlassen müssen.

23.g3 e5

Nach 23...a5 folgt 24.♘d8+! ♘xd8 25.♗xa8+−.

24.♘d8+ ♔g8

24...♘xd8 25.♗xa8+− war nicht viel besser.

25.♗d5+ aufgegeben. Nach 25.♗d5+ ♔g7 *(25...♔h8 26.♕f8#)* 26.♗xb7+− bricht die Stellung zusammen. **1-0**

Francisco Benkö

Um der Verfolgung durch das Naziregime zu entgehen, wanderte Franz (*Francisco*) Benkö (1910 - 2010) im Jahre 1936 zusammen mit seiner Schwester nach Argentinien aus[168].

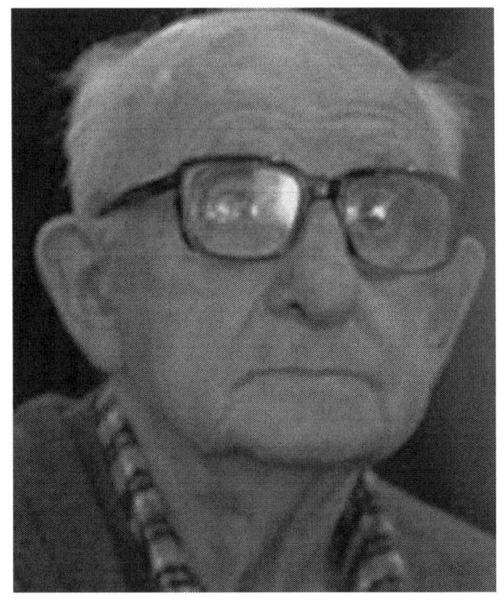

Benkö wurde v. a. als Problemkomponist bekannt. 1928 trat er, bereits Vollwaise, der *Schwalbe*[169] bei, deren Ehrenmitglied er später wurde[170].

Benkö komponierte u. a. retroanalytische Aufgaben, Studien und Direktmattaufgaben[171]. Schauen wir uns dazu einmal ein instruktives Beispiel an[172]. Matt in drei Zügen:

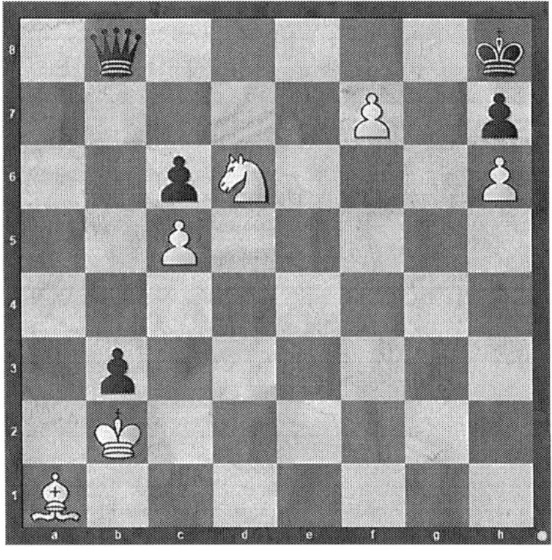

Der Schlüsselzug lautet **1.♘c4!** Nett ist beispielsweise 1...**♕e5+** (1...♕h2+ 2.♔xb3+ +−) **2.♔xb3** (2.♘xe5 patt!) **2...♕xa1 3.f8♖#**

Überliefert sind aber auch seine schachlichen Qualitäten. So wurde er 1935 der erste jüdische Schachmeister Berlins und war offenbar auch ein begabter Blindspieler.

---

168 http://www.chessbase.com/espanola/newsdetail2.asp?id=3624 (spanisch)

169 Die Schwalbe – Deutsche Vereinigung für Problemschach e. V..

170 Die Schwalbe, Heft 240 (Dezember 2009). S. 299–303

171 Kompositionen von Francisco Benkö auf dem PDB-Server

172 British Chess Magazine 1950

In Argentinien nahm Benkö ab 1938 an Turnieren teil und spielte noch im hohen Alter auf einem ansehnlich hohen Niveau[173]. Auch deswegen wurde ihm der *Delfo-Cabrera-Preis*[174] verliehen.

Er starb mit 100 Lebensjahren in Buenos Aires an Herzversagen.

Benkö war im Nahschach ein durchaus ernstzunehmender Gegner. Als Beweis mag eine Partie aus dem Jahre 1949[175] gelten.

Benkö, F. – Lasker, Ed.

Damengambit (D21)

Mar de la Plata 1949

1.d4 d5 2.c4 dxc4 3.♘f3 e6 4.♕a4+ ♗d7

4...♘d7= ist ebenfalls spielbar.

5.♕xc4 ♘c6

Gute Alternativen sind ⌓5...♘a6± oder 5...♗c6.

6.g3± ♘a5

Mit 6...♘f6± entwickelt sich Schwarz schneller.

7.♕c2

⌓7.♕c3 war auch möglich, da Weiß nach 7...♘c6 8.a3± keine Probleme haben sollte.

7...♖c8± 8.♗g2

8.♗g5 ♘f6 9.♘c3± kam ebenso in Betracht.

8...c5 9.♘c3 ♘f6 10.0-0 cxd4 11.♘xd4 ♕b6 12.♘b3 ♘c4 13.♗g5

Lieber 13.♘d2!±

13...♗e7= 14.♖ad1 h6 15.♗c1?!

Genauer war 15.♗xf6 ♗xf6 16.♕e4 *(16.♕d3 ♕c7∓)* 16...♗xc3 17.bxc3 ♖c7=.

15...0-0!∓ 16.♘d2 ♘xd2 17.♕xd2 ♗b4 18.♕f4 ♗xc3 19.bxc3 ♕a6 20.e4

20.♕e5∓ war zu überlegen.

20...♖c4

20...♕xa2?! war möglich, aber nicht sonderlich empfehlenswert. Es folgt z. B. 21.♗e3 ♗c6 22.♗d4 ♘d7 23.♖a1 ♕c4 24.♖xa7 ♖a8 25.♖xa8 ♖xa8 26.♕c7∓ und Weiß steht aktiv.

20...♖xc3 war ebenso wenig anzuraten. Nach 21.♗b2 ♖d3 22.♗xf6 gxf6 23.♕xh6+– steht Weiß schon auf Gewinn!

21.♖fe1 ♕a4?!

Mit 21...♕a5∓ hätte Lasker den leichten Vorteil festhalten können.

22.♕e5= ♗c6

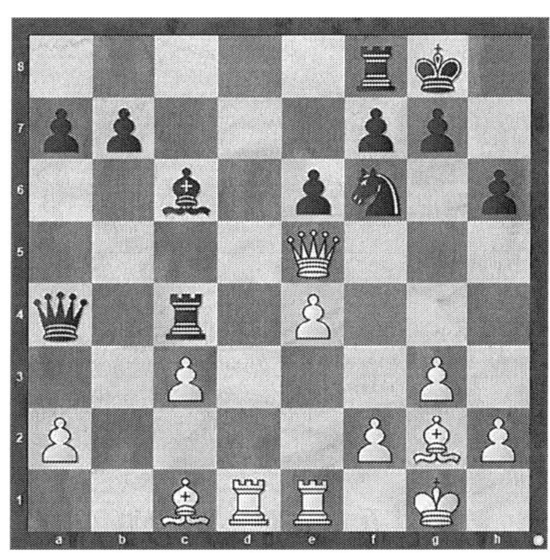

Nach ⌓22...♘g4! 23.♕d6 ♘f6 hätte sich vielleicht mit 24.♕e5= eine Remisschaukel einstellen können.

23.♗xh6! ♗xe4?

173 a.a.O. http://www.chessbase.com

174 Argentinischer Sportpreis, benannt nach dem Marathonläufer Delfo Cabrera (1919 – 1981)

175 https://www.chessgames.com

So nicht! Besser war 23...♕b5 24.♕xb5 ♗xb5 25.♗d2= Doch jetzt bleibt Benkö am Drücker!

24.♗xg7!+− ♔xg7 25.♗xe4 ♖xe4 26.♕g5+ ♔h7 27.♕xf6 ♖e2 28.♖b1 ♕e4 29.♖xe2 ♕xb1+ 30.♔g2 ♕g6 31.♕h4+ ♔g8 32.♖e5 f5 33.♕c4 ♖e8 34.f4

⌓34.♖c5 ♕f7 35.♕f4± gibt noch größeren Vorteil!

34...♕f7?

34...b6+− war vielleicht noch ein Strohhalm.

35.h3 ♕d7 36.g4 fxg4 37.hxg4

Nicht aber 37.♖g5+ ♔f7 38.♖xg4 ♖c8=.

37...♕d2+ 38.♖e2 ♕d7 39.f5 ♖c8 40.fxe6! ♕e8 41.♕d5 Schwarz gab auf!
1-0

Wolfgang Heidenfeld

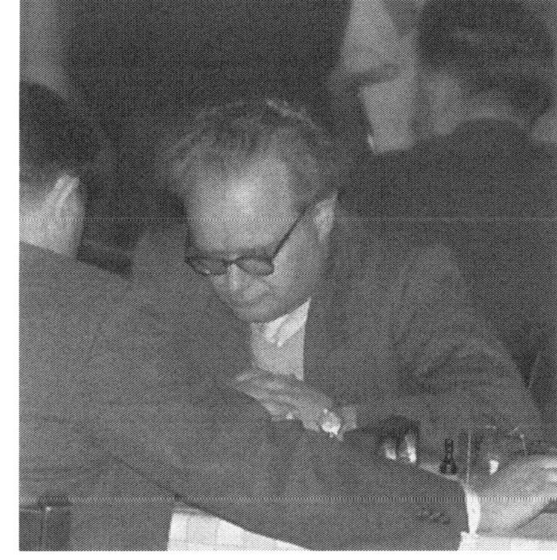

Der schachbegeisterte Wolfgang Heidenfeld (1911 – 1981)[176] wurde in Berlin-Schöneberg geboren. Seine Biografie steht beispielhaft für den Lebenslauf eines unfreiwillig entwurzelten Menschen.

Nach dem Abitur nahm Heidenfeld 1920 zunächst ein Jurastudium auf und sah einer glänzenden Karriere entgehen. Doch nach der Machtübernahme der Nationalsozialisten im Jahre 1933 musste er Deutschland aufgrund seiner jüdischen Herkunft verlassen und fand ab 1935 zunächst in Südafrika eine neue Heimat.

Es fällt Heidenfeld zunächst nicht leicht, in Südafrika seinen Lebensunterhalt zu verdienen. Er nimmt daher verschiedene Arbeiten an und ist u. a. als Handelsvertreter, belletristischer Autor von Kurzgeschichten sowie Journalist tätig.

Aufgrund seiner schachlichen Aktivitäten versteht sich der vielseitig begabte junge Mann, der in dieser Zeit auch nebenberuflich Kreuzworträtsel für Zeitschriften und Magazine verfasst, überdies auf die Analyse komplexer Systeme. Insoweit könnte die Information zutreffen, dass Heidenfeld während des Zweiten Weltkrieges in der Tat für die alliierten Streitkräfte bei der Entschlüsselung von deutschen Funksprüchen mitwirkte.

Wegen seinen persönlichen Erlebnissen kann Heidenfeld nach dem Krieg allerdings der Apartheid in Südafrika nichts abgewinnen und entschließt sich schließlich nach einem längeren Denk- und Entscheidungsprozess 1957 zu einer erneuten Auswanderung nach Irland, das er im Rahmen eines Schachturniers für sich entdeckt hatte. Er nimmt schließlich 1958 seinen Wohnsitz in Dublin.

Sein weiteres Leben wird jedoch noch durch mehrere Ortswechsel bestimmt. Heidenfeld lebt zunächst wieder einige Jahre in Deutschland, kehrt jedoch 1963 mit seiner neuen Frau, die er in Frankfurt am Main kennenlernt, nach Irland zurück. 1979 zieht er schließlich mit seiner Familie nach Ulm. Dort verstirbt er zwei Jahre später[177].

Während seines wechselvollen Lebensweges bleibt Schach für Wolfgang Heidenfeld jedoch eine andauernde Konstante.

Dabei feiert er bereits in Deutschland erste Erfolge und ist zudem schon früh als Schachkomponist tätig. Hierzu ein schönes Beispiel – Weiß setzt in drei Zügen Matt[178]:

176 Bild: Von GFHund – Eigenes Werk, CC BY 3.0,

177 https://de.wikipedia.org/wiki/Wolfgang_Heidenfeld

178 Die Schwalbe 88 , S. 270

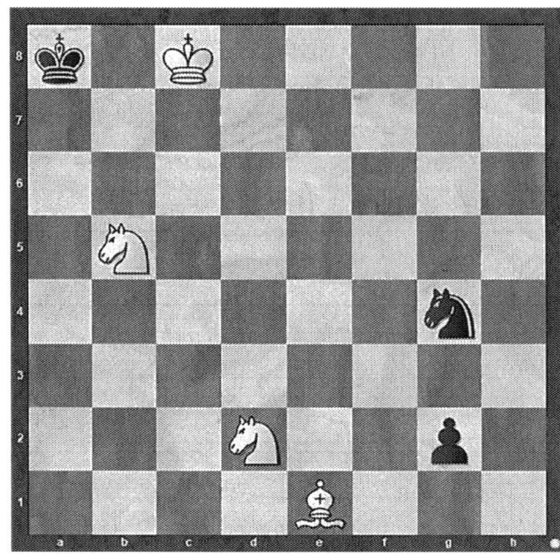

1.♗f2 ♘xf2 (1...g1♕ 2.♘c7#; 1...♘e3 2.♘c7+ ♔a7 3.♗xe3#) **2.♘c4 g1♕ 3.♘b6#**

Seine Schachkarriere setzt sich dann in Südafrika fort, wo er insgesamt achtmal die landesweite Meisterschaft erringt und sein neues Heimatland 1958 bei der Schacholympiade in München vertritt.

Auch in Irland machte Heidenfeld, der eine hohe Variabilität an Eröffnungen beherrschte[179], von sich reden und übte lange eine gewisse Dominanz aus. So gewann er zwischen 1958 und 1972 insgesamt sechsmal die Landesmeisterschaften. In den Jahren 1966, 1968, 1970 und 1974 gehörte er außerdem dem irischen Nationalteam bei der Schacholympiade an[180].

Heidenfeld, der auch gegen starke Gegner wie Euwe, Najdorf und Pachman bestehen konnte, war auf der anderen Seite ein zumindest sehr eigenwilliger Mensch. Er hasste Fehler und zögerte dem Vernehmen nach oft auch nicht, weniger guten Gegenspielern hier mit gewisser rechthaberischer Arroganz entgegenzutreten. Darüber hinaus war er in einige unschöne Auseinandersetzungen verwickelt, als er 1972 nicht in die irische Olympiamannschaft aufgenommen wurde, obwohl er in jenem Jahr Meister war. Ferner ist überliefert, dass Heidenfeld sogar die Verleihung des Titels eines Internationalen Meisters durch die FIDE, den Weltschachverband, abgelehnt haben soll. Über die konkreten Gründe hierfür kann man aber nur spekulieren.

Sein Sohn Mark (*1968), der übrigens in die schachlichen Fußstapfen seines Vaters getreten ist, beschreibt seinen Vater hingegen als *typisch deutschen Juden* (distinguiert, präzise und prinzipientreu). Diese Grundhaltung kann aus der speziellen kulturellen Perspektive und Wahrnehmung seiner irischen Kritiker durchaus Anlass zu Fehlinterpretationen gewesen sein[181].

179 https://players.chessbase.com/en/player/Heidenfeld_Wolfgang/103294

180 Ergebnisse bei Schacholympiaden auf olimpbase.org (englisch)

181 https://www.icu.ie/articles/46

182 https://everipedia.org/wiki/lang_en/Heidenfeld_Trophy

Nichtsdestotrotz ist nach Heidenfeld ein Mannschaftswettbewerb benannt worden, der ab 1971 jährlich in der ostirischen Provinz Leinster ausgetragen wird[182].

Wolfgang Heidenfeld war ferner Autor mehrerer Schachbücher, darunter die Werke *Chess Springbok* (1955), *My Book of Fun and Games* (1958), *Modern Chess Miniatures* (1960), *Große Remispartien* (1968), *Lacking the Master Touch* (1970), *French – Classical Lines* (1979) und *Damen sind Luxus* (1983).

Hier noch eine interessante Kurzpartie aus dem Jahre 1929[183].

Heidenfeld – Zietemann

Italienische Partie (C50)

Berlin 1929

1.e4 e5 2.♘f3 ♘c6 3.♗c4 ♗c5 4.0-0 ♘f6 5.d4 ♗xd4 6.♘xd4 ♘xd4 7.f4 ♘c6?

7...d6! war sehr gut spielbar. Es folgt 8.fxe5 dxe5 9.♗g5 ♕e7∓

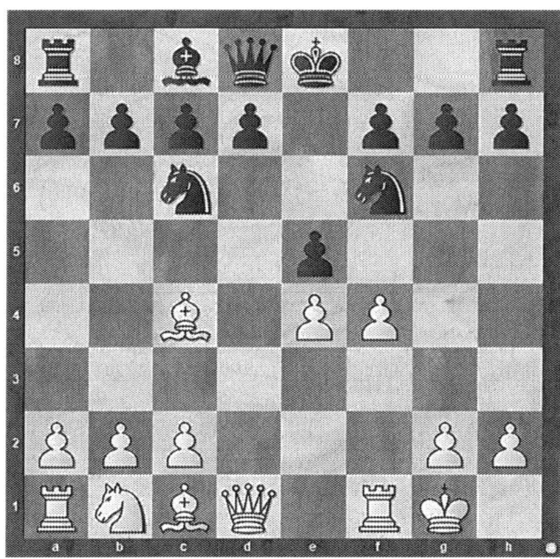

8.♗xf7+!+–

Ein wunderbarer Einschlag!

8...♔f8

Auf 8...♔xf7 folgt 9.fxe5 ♘xe5 10.♕d5++–

9.fxe5 ♘xe5 10.♗b3 d6 11.♗g5 ♗g4

Nach 11...h6 12.♕h5 ♔e7 13.♗xf6+ gxf6+– steht Weiß tadellos!

12.♕d2 ♔e7 13.♕f4

Vielleicht war ⌓13.♘c3 einen Tick genauer!

13...♖f8 14.h3?

Warum? Wieder war 14.♘c3+– der angezeigte Zug!

14...♗d7?

Nach 14...h6! hätte sich Schwarz zunächst keine Sorgen mehr machen müssen. 15.♗xf6+ *(15.hxg4 hxg5 16.♕xg5 g6=)* 15...♖xf6 16.♕g3 ♖xf1+ 17.♔xf1 ♕f8+ 18.♔g1 ♗d7=

15.♘c3 c6 16.♖ad1 h6 17.♖xd6!!

Noch ein Geniestreich!

17...♕b6+

17...♘g6 reicht nicht aus! 18.♕d2 hxg5 19.♖d1 ♕b6+ 20.♔h1 ♗c8 21.♕xg5+–

18.♔h1 ♔xd6 19.♕xe5+!!

Der Todeskuss!

19...♔xe5 20.♗f4+ ♔d4 21.♖d1+ ♔c5 22.♗d6#

183 chessgames.com (englisch)

Aufgabe 48

Bei der Schacholympiade 1974 in Nizza kam es in der 5. Runde zur Begegnung zwischen Irland und Trinidad & Tobago. Für die imposante Angriffsstellung hatte Wolfgang Heidenfeld lediglich ein Bäuerchen investieren müssen. Ein Traum für alle, die Gambits lieben!

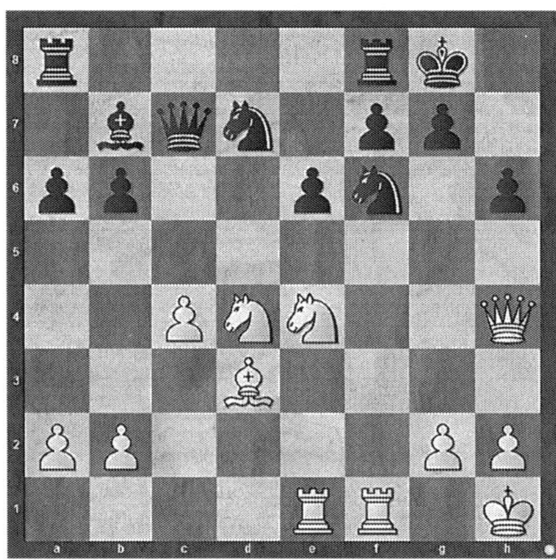

Heidenfeld sah nach dem letzten Zug von Cecile Lee (17...♗c8–b7) bereits die entscheidende Kombination und holte den Punkt für Irland.

Aufgabe 49

Paignton ist eine Küstenstadt an der *englischen Riviera*, angrenzend an Torquay im Südwesten der Insel. Dort saßen sich 1956 Wolfgang Heidenfeld und Oeter Fairbain Copping gegenüber.

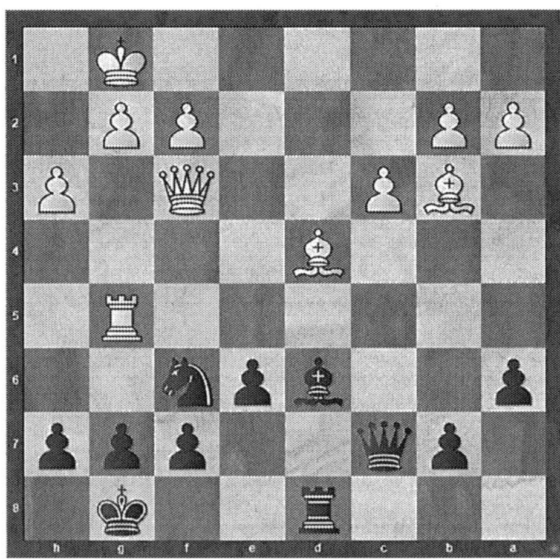

Copping stand etwas unter Druck, aber die Stellung war noch haltbar. Was hätte Schwarz ziehen sollen, um die Stellung im Gleichgewicht zu halten? 25...♗h2+ oder 25...♘e8?

Hermann Pilnik

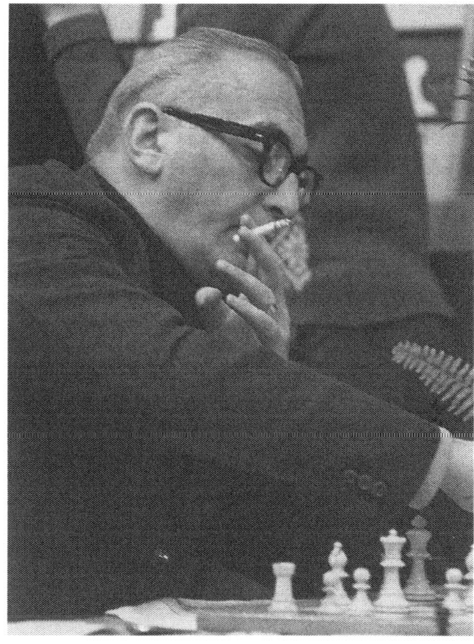

Herman(n) Pilnik (1914 – 1981) wird in Stuttgart geboren. Seine Familie stammte ursprünglich aus Wilna (heute Vilnius, Litauen).

Seine schachliche Begabung tritt früh zu Tage. Der Zehnjährige schaut seinem Vater und seinem Onkel beim Spiel zu und ist fasziniert. Mit 15 Jahren wird er bereits Stuttgarter Stadtmeister[184] und gewinnt ein Jahr später die württembergische Meisterschaft[185].

1930 emigriert die Familie nach Argentinien. Hermann probiert sich dort zunächst als Kaufmann. Der Erfolg bleibt aber eher mäßig. Ähnlich verhält es sich mit seinen ersten Versuchen, Berufsschachspieler zu werden.

Eine persönliche Begegnung mit Alexander Aljechin während der Schacholympiade in Buenos Aires 1939 – Pilnik fungiert dort als Hauptschiedsrichter – ist für den jungen Mann dann so etwas wie eine Initialzündung.

Fortan eilt Pilnik von einem Erfolg zum anderen. So wird er u.a. 1942 und 1945 argentinischer Meister und nimmt verstärkt auch an internationalen Turnieren teil. Herauszuheben sind dabei die guten Platzierungen in New York (1942), Mar del la Plata, Asuncion – Paraguay und Vina del Mar – Chile (1944) sowie bei der *Panamerikanischen Meisterschaft* in Hollywood (1945), die er entgegen ärztlichen Rates nach einem schweren Autounfall spielte.

Nach dem 2. Weltkrieg geht Pilniks Karriere dann weiter steil bergauf. Zum Jahreswechsel 1948/49 wird er in New York Dritter zusammen mit Euwe und reist nach einem Turnier in Mexiko schließlich nach Europa.

Er nimmt 1950 äußerst erfolgreich an der Schacholympiade in Dubrovnik teil, wird hinter Miguel Najdorf (1910 – 1997) Zweiter im stark besetzten Turnier von Bled und zum Internationalen Meister ernannt.

Es folgt 1951 ein ausgeglichener Wettkampf gegen Efim Bogoljubow in Zürich, ein zweiter Platz in Madrid und der Turniergewinn in Beverwijk.

Im Jahre 1952 gewinn er ein Turnier in Belgrad und nimmt am Interzonenturnier in Saltsjöbaden teil. Im gleichen Jahr verleiht ihm die FIDE den Großmeistertitel[186].

---

184 Klaus Lindörfer: Schachlexikon. Geschichte. Theorie und Spielpraxis von A-Z, München 1991, S. 195.

185 Interview mit Hermann Pilnik. Deutsche Schachrundschau Caissa Nr. 21, 1952: S. 405-406.

186 Willy Iclicki: FIDE Golden book 1924 – 2002. Euroadria, Slovenia, 2002, S. 74.

Pilnik ist danach kaum noch aus der Weltspitze wegzudenken. Hierfür stehen insbesondere seine Teilnahmen am Interzonenturnier in Göteborg (1955) und beim Kandidatenturnier Amsterdam (1956). Bedeutsam sind überdies seine Teilnahmen an den Schacholympiaden 1952, 1954, 1956 und 1958[187].

Nachdem er 1958 noch einmal die argentinische Meisterschaft gewinnt, siedelt er 1959 nach Chile um. Dort bleibt er bis 1970 und kehrt danach nach Argentinien zurück.

Seine letzten Lebensjahre verbringt er als Schachtrainer und wechselt (je nach Auftraggeber) sehr oft den Wohnsitz. Zuletzt ist er als Trainer an der Militärakademie von Caracas in Venezuela tätig und betreut eine Schachspalte in der Zeitschrift *El Universal*.

Pilnik verstirbt mit 67 Jahren.

Pilnik galt als ein Eröffnungsexperte. Nach ihm wird ein System in der Sizilianischen Verteidigung benannt (1.e4 c5 2.♘f3 ♘c6 3.d4 cxd4 4.♘xd4 ♘f6 5.♘c3 e5 6.♘b5 d6), das er zusammen mit Jorge Pelikan (1906 – 1984) ausgearbeitet hat. Die Variante wurde in den 1970er Jahren von sowjetischen Spielern aus Tscheljabinsk erforscht und besonders von Jewgeny Ellinowitsch Sweschnikow (1950 – 2021) weiterentwickelt.

In der nachfolgenden Partie[188] beweist Pilnik sein großes spielerisches Potenzial.

Pilnik – Najdorf

Caro-Kann (B15)

Mar de la Plata 1942

1.e4 c6 2.d4 d5 3.♘c3 dxe4 4.♘xe4 ♘f6 5.♘xf6+ exf6 6.c3 ♗d6 7.♗d3 0-0 8.♕h5

Ein aktueller Versuch ist 8.♕c2 ♖e8+ 9.♘e2 h5 10.♗e3 ♘d7 11.0-0-0±.

8...g6

Oder 8...♖e8+ 9.♘e2 f5 10.0-0 g6 11.♕h6 ♗f8 12.♕g5 ♗e7 13.♕g3=.

9.♕h4 c5 10.♘e2 ♘c6

Etwas besser ist 10...cxd4= 11.♘xd4 ♘c6 12.♗e3=.

11.♗h6!± f5 12.♗g5 ♕b6 13.0-0 cxd4

13...♕xb2? kostet zu viele Tempi. Nach 14.♖fb1 ♕a3 15.♖b3 ♕a5 16.♗f6 ♖e8 17.♘f4 ♗xf4 18.♕xf4 ♖e6 19.♕h4 cxd4 20.♗c4 ♖d6 21.cxd4+- steht Weiß auf Gewinn!

14.cxd4

Vorzuziehen ist vermutlich 14.♘f4! ♗e6 15.♖ae1 ♖fe8 16.♘xe6 fxe6 (16...♖xe6? geht mit großer Wahrscheinlichkeit kaputt. 17.♗c4 ♖xe1 18.♗xf7+ ♔xf7 19.♕xh7+ ♔e6 20.♖xe1+ ♘e5 21.♕xg6+ ♔d5 22.♕xf5 ♖f8 23.♕e4+ ♔e6 *(23...♔c4 24.cxd4 ♘d3 25.♕e6+ ♔b5 26.a4+ ♔c6 27.♕c4++-)* 24.cxd4+-) 17.♗c4 ♘e5 18.♗b3 dxc3 19.bxc3±.

14...♖e8?!

Najdorf ignoriert seine schwarzen Felderschwächen. Besser war 14...♘b4 15.♘c3! ♗e6 *(15...♘xd3? 16.♘d5!+-)* 16.♗e2±.

15.♗c4!+- h5 16.♖ae1?!

16.♘c3!+- wäre stark gewesen!

16...♖e4

16...♕b4! war vermutlich vorzuziehen. Nach 17.♘c3 ♖xe1 18.♖xe1 ♗d7 *(18...♕xc4? geht natürlich nicht wegen 19.♖e8+ ♔h7 20.♗f6+-)* 19.♗b5 ♗e6

187 Herman Pilnik – Ergebnisse bei Schacholympiaden auf olimpbase.org (englisch)

188 www.chessgames.com

(19...♕xb2? 20.♘d5+−) 20.d5 ♗xd5 21.♕xb4 ♗xb4 22.a3 ♗xc3 23.bxc3= steht Schwarz vielleicht sogar leicht besser!

17.♘f4!± ♕xd4 18.♖xe4 fxe4?

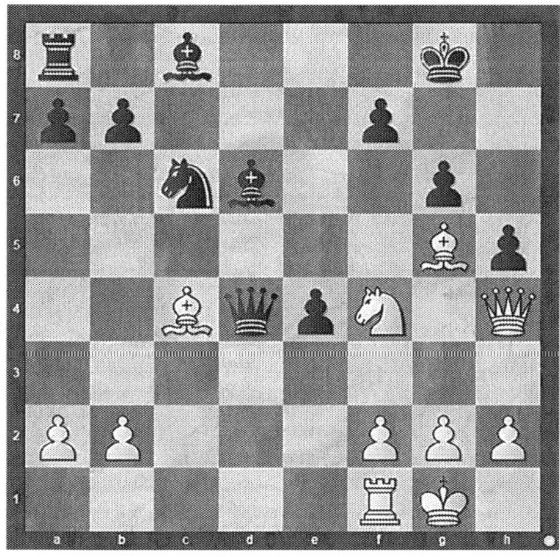

Übersieht die weißen Angriffsoptionen. Mit 18...♕xe4 19.♘xg6 ♕xh4 20.♗xh4 *(20.♘xh4 ♗e6±)* 20...♘a5 21.♗d5 ♔g7 22.♘e7± wäre die Remisbreite vermutlich noch nicht überschritten gewesen. Doch stattdessen zündet Pilnik jetzt ein kleines Feuerwerk!

19.♘xh5!+− gxh5

Nach 19...♕xc4? wird Najdorf mattgesetzt. 20.♘f6+ ♔f8 21.♕h8+ ♔e7 22.♕e8#.

20.♗f6! ♕c5

20...♕xc4? ist ein Selbstmatt: 21.♕xh5 ♗xh2+ 22.♔xh2 ♕xf1 23.♕h8#.

21.♖d1!→ ♔f8?

Unter dem Druck der tickenden Uhr macht man Fehler! Aber was sonst?

21...♗g4? scheitert jedenfalls an 22.♖d5 ♕xc4 23.♕g5+ ♔f8 24.♖xd6 e3 25.♕g7+ ♔e8 26.♕h8#;

doch 21...e3 22.♖xd6 exf2+ 23.♔f1 ♗g4 24.♕g5+ ♕xg5 25.♗xg5 ♘e5 26.♗d5± kann man vermutlich noch ganz gut aushalten.

22.b4! ♘xb4

22...♕xc4 23.♕xh5 ♔e8 24.♖xd6 ♕c1+ 25.♖d1+− muss man sich sicherlich nicht zeigen lassen.

23.♕g3 ♗g4

Natürlich nicht 23...♗xg3 24.♖d8#.

24.♖xd6

Deutlich schwächer ist <24.♕xd6+? ♕xd6 25.♖xd6 ♗e6 26.♗xe6 fxe6 27.♖xe6 ♔f7 28.♖xe4 ♘xa2 29.♗b2=

24...♘d3 25.♗xd3 ♕c1+ 26.♗f1 ♖c8 27.h3 ♕xf1+

Najdorf wehrt sich nach besten Kräften!

28.♔h2

28.♔xf1? wird matt! 28...♖c1+ 29.♖d1 ♖xd1#.

28...♕c1 29.hxg4 hxg4 30.♕xg4 ♕h6+ 31.♔g3 ♖c3+ 32.f3 und Schwarz gibt auf! Das Matt ist nicht mehr aufzuhalten! **1-0**

Aufgabe 50

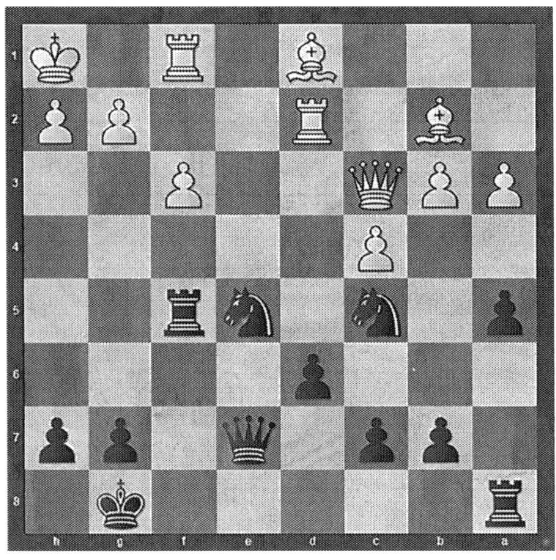

Gegen den Argentinier Holtey stand Hermann Pilnik in Buenos Aires 1934 als Nachziehender sehr angenehm. In der Diagrammstellung fand er ein instruktives Manöver, um den Stellungsvorteil zu bewahren. Sein Gegner schaffte es nachfolgend nicht, die besten Züge zu finden, und verlor bald.

Aufgabe 51

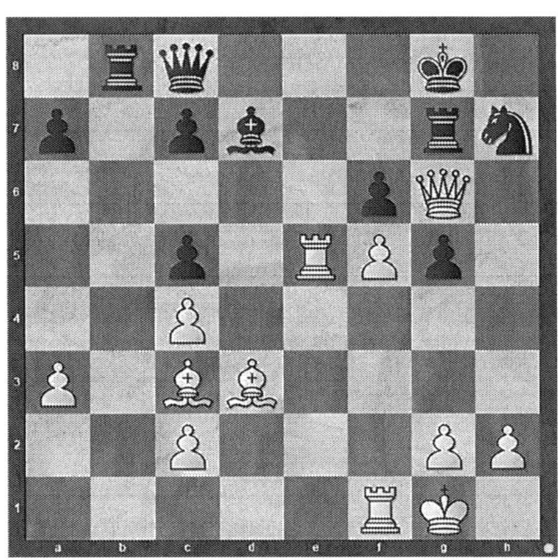

Sonja Graf (ab 1947 *Graf-Svenson*) war in den 30er Jahren des letzten Jahrhunderts eine der besten Schachspielerinnen der Welt. Sogar Siegbert Tarrasch gehörte zu ihren Förderern. 1939 wurde sie hinter Vera Menchik sogar Vizeweltmeisterin.

In der 1942 in Mar del Plata gespielten Partie gegen Hermann Pilnik stand Graf (1908 – 1965) allerdings auf verlorenem Posten. Wie gelang es Weiß, die schwarze Bastion zu erstürmen?

Gerhard Budowski

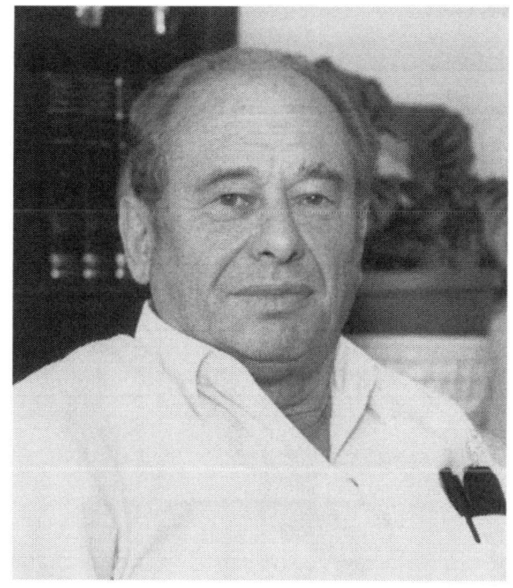

Gerhard (*Gert* / Gerado) Budowski (1925 - 2014)[189] wurde in Berlin geboren. Seine Familie floh 1933 zunächst nach Frankreich, als die ersten Sanktionen gegen jüdische Bürger einsetzten.

Seine schachbegeisterten Eltern sorgten dann in Paris dafür, dass ihr talentierter Sohn qualifizierten Schachunterricht durch Alexander Aljechin genießen durfte. Der Schachweltmeister soll dabei durchaus freundschaftliche Beziehungen zur Familie unterhalten haben. Nach Ausbruch des Zweiten Weltkrieges emigrierten die Budowskis dann nach Venezuela. Gert schloss dort seine Schulausbildung ab und studierte nachfolgend Agrarwissenschaften an der *Universidad Central* in Caracas. Er beendete sein Ingenieurstudium 1948, zog kurz danach nach Costa Rica und erwarb nachfolgend in *Turrialba*, einem eher verschlafenen Städtchen in der Provinz Cartago, einen Master am *Interamerikanischen Institut für Zusammenarbeit in der Landwirtschaft (IICA)*.

1951 macht *Gerado* Budowski dann endlich auch in der Schachszene auf sich aufmerksam. Er besiegt u. a. den Topspieler Julio García in einem Wettkampf um die venezolanische Meisterschaft überlegen mit 6:0 Punkten. Der Titel wird dennoch García zugesprochen, da nach den seinerzeit geltenden Bestimmungen kein Ausländer venezolanischer Meister werden durfte. Kurz nach diesem Ereignis nimmt Budowski allerdings die venezolanische Staatsbürgerschaft an[190].

In den 1950er Jahren beteiligt er sich auch an anderen Meisterschaften in Costa Rica, das ab 1952 seinen neuen Lebensmittelpunkt darstellt. Gleichwohl lässt er sich nicht auf das unstete Leben eines Schachprofis ein, sondern verfolgt zielstrebig eine akademische Laufbahn. So promoviert er schließlich 1962 an der renommierten *Yale University* in Forstwirtschaft.

Dr. Budowski kann gleichwohl einige schachliche Erfolge erzielen. So gewinnt er 1965 die costa-ricanische Mannschaftsmeisterschaft mit seinem *Club Ajedrez Turrialba*. Außerdem vertritt er 1968 Venezuela bei der Schacholympiade in Lugano[191].

Zwischen 1970 und 1976 war Budowski Generaldirektor der *International Union for Conservation of Nature (IUCN)*[192]. Ab 1980 engagierte er sich zudem maßgeblich an

189 Bild: IUCN, siehe Fußnote 192

190 https://web.archive.org/web/20140528081810/http:/www.zeitnot.com.ve/Campeones_de_Venezuela.htm

191 https://web.archive.org/web/20081021041214/http:/www.olimpbase.org/1968/ 1968id01.html

192 Die IUCN ist eine internationale, nicht regierungsgebundene Weltnaturschutzunion und Dachverband zahlreicher internationaler Regierungs- und Nichtregierungsorganisationen mit Sitz in der Schweiz (nach Wikipedia).

der Entwicklung der *University of Peace*[193] und ruft nicht nur das betreffende Umweltprogramm ins Leben, sondern bekleidet zugleich auch die Positionen des Interimsrektors und des Vizerektors. 2008 wird ihm schließlich für seine Vision der Beziehung zwischen Frieden und Umwelt der Ehrentitel eines emeritierten Professors verliehen[194].

Prof. h. c. em. Dr. Budowski verstirbt mit 89 Jahren in San José (Costa Rica).

In der nachfolgenden Partie[195] aus dem Jahre 1952 zeigt Budowski seine schachlichen Fähigkeiten. Sein Gegner, Hector Rosetto (1922 – 2009) war zum Zeitpunkt der Begegnung immerhin bereits auf dem Weg zum Großmeister!

Budowski – Rosetto

Französisch (C19)

Mar del Plata, 1952

1.e4 e6 2.d4 d5 3.♘c3 ♗b4 4.e5 c5 5.a3 ♗xc3+ 6.bxc3 ♘e7 7.a4 ♕a5 8.♕d2

8.♗d2!± gilt als stärker.

8...cxd4

Offenbar möchte Rosetto die Theorievarianten vermeiden, die üblicherweise nach 8...♘bc6= entstehen, und vereinfacht damit die Stellung.

9.cxd4± ♕xd2+ 10.♗xd2 ♘bc6 11.c3 ♘a5 12.♗d3 ♗d7 13.♘e2 ♖c8 14.♗c1

Weiß gruppiert um.

14...♘c4 15.♗a3 b6 16.♗xe7

16.h4± war Budowski vielleicht zu verpflichtend.

16...♔xe7= 17.0-0 ♖c7 18.♖fb1 ♘a5 19.f4 f6 20.h3 ♗e8 21.g4 h5 22.♔g2 ♔d8 23.f5 hxg4

Oder 23...fxe5 24.dxe5 hxg4 25.hxg4 ♖e7=, da der voreilige Bauernvorstoß 26.f6? leicht zu widerlegen ist. 26...gxf6 27.exf6 ♖f7 28.g5 ♖g8–+.

24.hxg4 exf5

Spielbar. Vorzuziehen ist jedoch 24...fxe5 25.dxe5 ♗d7=.

25.gxf5± fxe5 26.dxe5 ♖h4?

Ein seltsamer Zug. Zeitnot? Nötig war 26...♖e7! Nach 27.e6 g6 28.fxg6 ♖xe6 29.♘f4 ♖f6 30.♔g3 ♖g8± hat Schwarz die Stellung noch halbwegs im Griff.

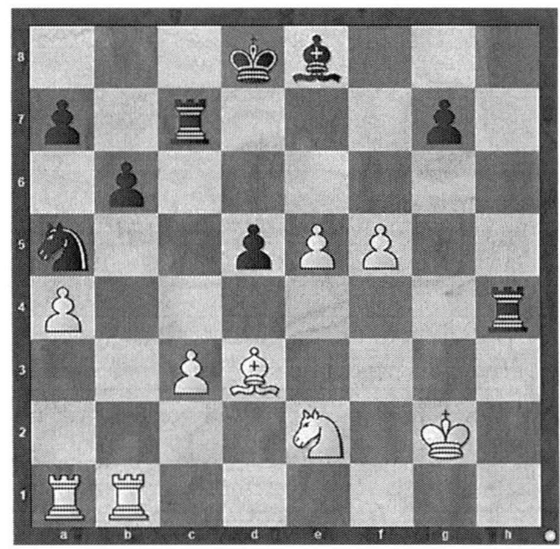

27.♖h1+– ♖xh1 28.♖xh1 ♖e7 29.e6 ♔c7?!

Rosetto möchte seinen König ins Spiel bringen. Doch das kostet wertvolle Zeit. Angesagt war vermutlich 29...♗xa4 30.♘f4 ♗c6+–.

30.♗b5 ♔d6 31.♖h8 ♗xb5 32.axb5 ♘c4

193 Die University of Peace (Universität für den Frieden) ist eine Lehranstalt der Vereinten Nationen in Costa Rica (nach Wikipedia)

194 https://web.archive.org/web/20120213141622/http:/www.upeace.org/news/activity.cfm?id_activity=241&actual=0

195 https://www.365chess.com/players/G._Budowski

33.♘d4 ♖c7 34.♖d8+ ♔e7 35.♖g8?!

Weiß scheint ebenfalls Zeitprobleme zu haben. Jedenfalls macht er es sich unnötig schwer. 35.♘c6++− wäre deutlich präziser gewesen. Nach 35...♔f6 36.♖f8+ ♔g5 gewinnt Weiß mit 37.e7+− leicht.

35...♘e3+± 36.♔g1?!

Budowski schmeißt den Vorteil buchstäblich in die Mülltonne. Erforderlich war 36.♔f3 ♘xf5 37.♘xf5+ ♔xe6 38.♘d4+ (aber nicht *38.♖xg7?! ♖xc3+ 39.♔f4 ♔f6=* und Schwarz könnte sich entspannen) 38...♔d6 39.♖d8+ ♔e7 40.♖xd5 ♖xc3+ 41.♔e4±. Weiß hat zumindest noch geringe Gewinnchancen.

36...♔d6?

Mit 36...♘xf5! 37.♘xf5+ ♔xe6 38.♖xg7 *(38.♘xg7+ ♔f7=; 38.♘d4+ ♔d6 39.♖d8+ ♔e7 40.♖xd5 ♖xc3=)* 38...♖xg7+ 39.♘xg7+ ♔d6= sollte Schwarz das Endspiel remislich gestalten können. Nach dem Textzug steht Budowski allerdings klar auf Gewinn.

37.♖d8++− ♔e7 38.♘c6+ ♔f6 39.♖f8+ 1-0

Aufgabe 52

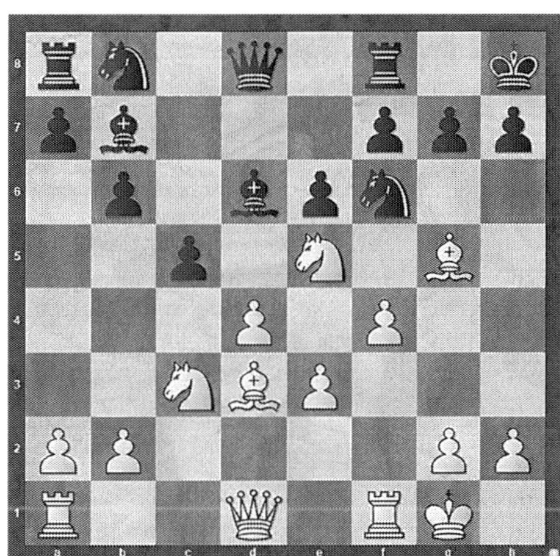

Bei der französischen Meisterschaft 1938 / 1939 hatte Rotenburg gerade 11...♔g8-h8 vom Stapel gelassen. Ein Tempoverlust, der sich schon als entscheidend erwies. Warum Schwarz diesen Zug wählte, wird ein Geheimnis bleiben. Nicht aber die entscheidenden Züge, die Sie jetzt finden sollen. Was zog Budowski?

Aufgabe 53

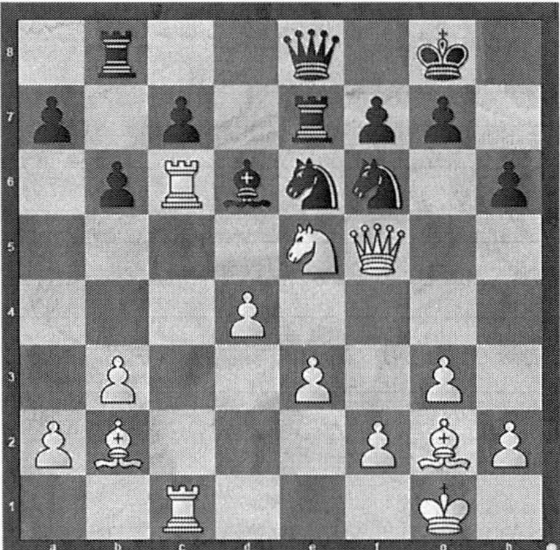

Das Partiefragment stammt aus einer Partie, die 1943 im venezolanischen Maracaibo gespielt in einer Blind-simultanveranstaltung gespielt wurde. Budowski hatte seine Truppen bereits in Stellung gebracht und fand eine Abwicklung, die ihm einen entscheidenden Vorteil einbrachte. Was hatte Budowski ohne Ansicht des Brettes *gesehen*?

Aufgabe 54

In der 11. Runde des Schachturniers in Mar del Plata kam es nach 29...♖a8xa2 zur nachstehenden Diagrammstellung. Budowski spielte die weißen Steine gegen den Argentinier Gacharna.

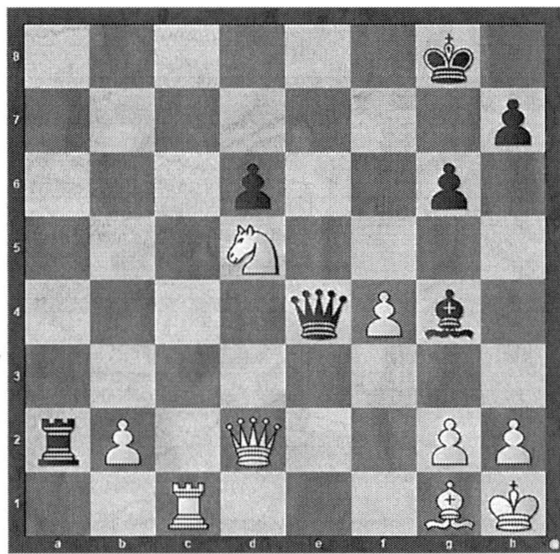

Der weiße Mehrbauer ist nicht so wichtig; wohl aber die wesentlich harmonischere Figurenaufstellung des Anziehenden und der deutlich sicherer stehende König.

Budowski demonstrierte, dass dem schwarzen Monarchen zu wenig Verteidiger zur Verfügung standen. Wie machte er das wohl?

Aufgabe 55

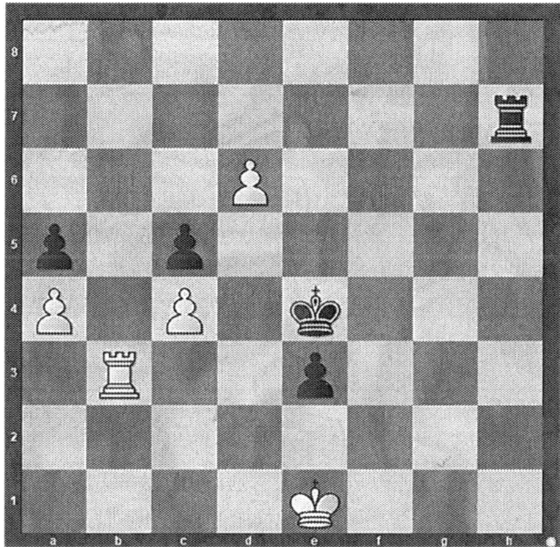

Bei der Schacholympiade 1968 in Lugano musste Budowski mit Weiß gegen den Italiener Alvise Zichini antreten. Zichini erhielt 1977 den IM-Titel und wurde 1984 italienischer Meister. Budowski spielte also beileibe nicht gegen ein Leichtgewicht.

In der Begegnung zwischen Venezuela kam es am 1. Brett zur Diagrammstellung. Weiß hat gewisse Probleme! Was soll er spielen? 71.♔e2 oder 71.♖b8+?

Hans Berliner

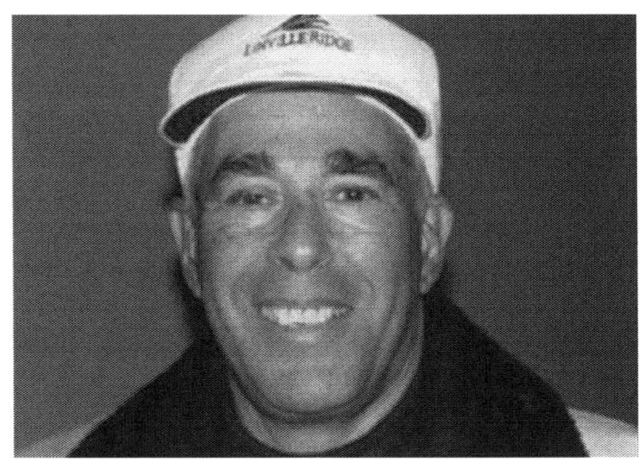

Hans (‚Jack') Berliner (1929 – 2017) emigrierte zusammen mit seiner Familie 1937 in die USA und wurde amerikanischer Staatsbürger. Er studiert Informatik.

Schach lernt Berliner mit 13 Jahren und macht schnell gute Fortschritte. Als er im Jahre 1951 als Soldat nach Deutschland kommt, ist er bereits so stark, dass er mit einem überragenden Ergebnis am Spitzenbrett des *Kreuznacher Schachvereins 1921* spielen konnte.

1952 gehört er zum US-Team bei der Schacholympiade in Helsinki. 1956 gewinnt er sogar die Meisterschaft der Oststaaten der USA und lässt dabei auch das junge Schachtalent Bobby Fischer hinter sich. Es folgt der 5. Platz bei den US-Landesmeisterschaften 1957.

Berliner widmet sich überdies auch früh dem Fernschach. 1955, 1956 und 1959 wird er jeweils überlegen Fernschachmeister der USA. Er qualifiziert sich damit zunächst für die Vorgruppe zur Fernschachweltmeisterschaft, die 1962 – 1963 ausgerichtet wurde. Nach knappem Gewinn der Qualifikationsphase gewinnt Berliner schließlich in überlegener Manier das folgende Hauptturnier 1965 – 1968 und wird 5. Fernschachweltmeister!

Nach dem Titelgewinn zieht sich Berliner für eine Weile aus dem Schachleben zurück und beginnt Forschungen auf dem Gebiet der Entwicklung von künstlicher Intelligenz und Schachcomputern. Als Professor an der *Carnegie Mellon University*, einer privaten Forschungsuniversität in Pittsburgh (Pennsylvania, USA), ist er u. a. an der Entstehung eines Schachprogramms beteiligt. Zudem entwickelt er Mitte der 1970er Jahre ein Programm, das den seinerzeitigen Backgammon-Weltmeister besiegen konnte.

Abgesehen von einem kurzen Ausflug in die Fernschachwelt in den Jahren 2001 – 2004 im Rahmen seiner Teilnahme am *ICCF 50 years World Champions Jubilee Tournament* beschäftigte sich Berliner nicht mehr mit dem praktischen Spiel. Sein Hauptinteresse besteht in dieser Zeit in eher schachtheoretisch orientierten Betrachtungen. Von Bedeutung sind in diesem Zusammenhang v. a. seine Veröffentlichungen

- *Chess as problem solving: The development of a tactic analyzer*, 1979 sowie
- *The System,* Gambit Publications, London, 1999.

In *The System* versucht er den Nachweis, dass der beste Eröffnungszug 1.d4 sei und Weiß in allen Varianten klaren Vorteil erreichen könne. Diese These wurde allerdings von vielen Kritikern und Rezensenten eher zurückhaltend aufgenommen.

Hans Berliner stirbt nach einem erfüllten Leben im Alter von 87 Jahren in Florida[196].

196 Dylan Loeb McClain: Hans Berliner, Master Chess Player and Programmer, Dies at 87. The New York Times, 16.01.2017

In der nachfolgenden Fernschachpartie aus dem Jahre 1965 spielte Berliner mit den schwarzen Steinen im Finale der 5. Fernschachweltmeisterschaft gegen den Russen Yakov Borissowitsch Estrin (1923 – 1987)[197]. Sie gilt aufgrund des hohen Spielniveaus als eine der besten Korrespondenzpartien der Schachgeschichte. Berliner veröffentlichte mehrfach Analysen zur Partie.

Estrin – Berliner

Zweispringerspiel (C57)

Fernpartie 1965

1.e4 e5 2.♘f3 ♘c6 3.♗c4 ♘f6 4.♘g5

Estrin galt weltweit als Experte für das vorliegende Eröffnungssystem. Daher hatte sich Berliner akribisch vorbereitet.

4...d5 5.exd5 b5

Eine Idee des Amerikaners Olaf Ulvestadt (1912 – 2000). Häufiger wird 5...♘a5 6.♗b5+ c6 7.dxc6 bxc6 8.♗d3 ♘d5 9.♘f3 ♗d6= gespielt.

6.♗f1±

6.♗xb5 bringt Weiß nach 6...♕xd5 7.♗xc6+ ♕xc6 8.♕f3 *(8.0-0 ♗b7=)* 8...e4 9.♕b3= nichts ein.

6...♘d4

Die *Fritz-Variante*. 6...♘xd5 gilt hingegen als unzureichend.

7.c3 ♘xd5 8.♘e4

8.♘xf7 ist möglich, aber nach 8...♔xf7 9.cxd4 exd4 10.♗xb5 (10.♕f3+ ♘f6 11.♕xa8 ♗c5 11.♗xb5 ♖e8+–/+) 10...♕e7+ 11.♔f1 (11.♕e2 ♕xe2 12.♗xe2 ♘b4=/+) 11...♕c5 12.♘a3 c6 13.♗d3= mag man eher mit Schwarz spielen.

Gleichwohl scheint Weiß nach 8.cxd4 ♕xg5 9.♗xb5+ ♔d8 10.0-0 ♗b7 11.♕f3 ♖b8 12.dxe5 ♘e3 13.♕h3 ♕xg2+ *(13...♘xf1 14.♕d7#)* 14.♕xg2 ♘xg2 15.d4± ganz gut zu stehen.

8...♕h4?!

Ruhiger geht's mit 8...♘e6 9.♗xb5+ ♗d7 (9...♕a4?! ♘df4 11.♗xd7 ♕xd7 12.♕xd7+ ♔xd7 11.g3?! ♘d3+ 14.♔e2 ♘xc1+ 15.♖xc1 f5=/+ Berliner – Friedmann, cor. 1946) 10.♗xd7+ ♕xd7 11.0-0 ♗e7 (11...f5 12.♘g3 g6 13.d4 exd4 14.cxd4 ♗g7 15.♘e2 ♖e8=) 12.d4 exd4 13.cxd4 0-0 14.♘bc3 ♖fd8= Spasski, B. – Schamkowitsch, Leningrad 1960 zu. Berliner hatte sich die Stellung angesehen, fürchtete aber, dass ihm der Minusbauer langfristig fehlen würde.

9.♘g3± ♗g4 10.f3 e4?!

Estrin war von diesem Zug nach eigenem Bekunden überrascht. Vermutlich hatte er auf 10...♘f5 11.♗xb5+ ♔d8 12.0–0 ♗c5+ 13.d4!+/– gehofft.

Zu beachten war auch 10...♗e6 11.cxd4. Nach 11...a6 12.♘c3 (oder *12.dxe5 0-0-0 13.♘c3 ♘e3 14.dxe3 ♖xd1+ 15.♘xd1 ♗b4+∞)* 12...0-0-0 13.♘xd5 ♖xd5∞ ist die weiße Stellung nicht einfach zu behandeln.

11.cxd4+– ♗d6 12.♗xb5+

Nachträgliche Analysen zeigen die Spielbarkeit von 12.♕e2 ♗e6 *(12...0-0 13.fxg4 ♗xg3+ 14.♔d1 ♘f6 15.♘c3+–)* 13.♕f2+–

12...♔d8 13.0-0

13.fxg4?! kann kompliziert werden. 13...♗xg3+ 14.hxg3 ♕xh1+ (14...♕xg3+ 15.♔f1 ♘f4 16.♖g1 ♘d3 17.♗xd3 ♕f4+ 18.♔e2 *(18.♔e1 ♕g3+ 19.♔f1 ♕f4+=)* 18...♕xg4+ 19.♔f2 ♕f4+ 20.♔e1 ♕g3+=) 15.♗f1 ♘h4∞

Berliner selbst gibt die Variante 13.♕b3 ♗xg3+ 14.♔d1 ♗e6 15.♗c6 exf3 16.♗xd5 fxg2 17.♕xg3 ♕xg3 18.hxg3 ♗xd5 19.♖g1 ♖e8 20.♘c3 ♗f3+ 21.♔c2 ♖b8∞ an.

197 www.chessgames.com

13...exf3 14.♖xf3

Estrin versuchte, das Abspiel später mit 14.♕b3 zu verbessern. Er gewann damit tatsächlich eine Korrespondenzpartie. Nach 14...♖b8 verflüchtigt sich der weiße Materialvorteil allerdings: 15.♕xd5 ♖xb5 16.♕xb5 fxg2 17.♘c3 (17.♖f2 ♖e8 18.♖xg2 *(18.♔xg2 ♗h3+ 19.♔g1 ♖e1+ 20.♘f1 ♗xh2+ 21.♖xh2 ♕g3+ 22.♔h1 ♕f3++-)* 18...♖e1+ 19.♔f2 ♖xc1-+) 17...gxf1♕+ 18.♕xf1 ♗xg3 19.hxg3 ♕xg3+ 20.♕g2 ♕e1+ 21.♔h2 ♕h4+ 22.♔g1 ♕e1+=.

14...♖b8

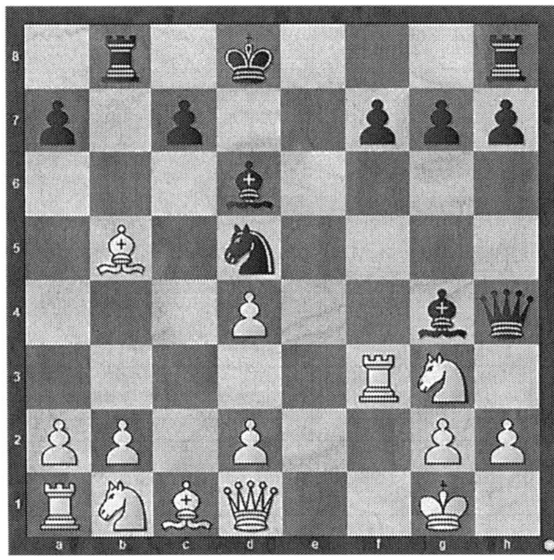

15.♗e2?

Der spielentscheidende Fehler. Stattdessen hätte sich Weiß nach 15.♗f1+- entspannen können. In den modernen Datenbanken findet sich zum Beispiel 15...♖b4 (15...♖e8 16.♘c3 c6 17.d3 ♘xc3 18.bxc3 ♖b5=/+) 16.♘a3 ♖e8 17.♘c2 ♗xf3 18.♕xf3 ♖xd4 19.♗b5 ♖e5 20.♘xd4 ♕xd4+ 21.♔f1 ♘f4 22.♘e2 ♘xe2 23.♗xe2 ♖e6 24.♕f2 ♖f6 25.♗f3 ♕c4+ 26.♕e2 ♕d4 27.♕e3 ♕h4 28.d3 ♖e6 29.♕g5+ 1-0 (29) Bagirov, R. - Gubajdullin, A., Moskau 2009.

15...♗xf3-+ 16.♗xf3 ♕xd4+ 17.♔h1 ♗xg3 18.hxg3 ♖b6! 19.d3 ♘e3! 20.♗xe3 ♕xe3 21.♗g4 h5!

Und nicht 21...♕xg3 22.♗h3 *(22.♕e2? ♖e8-+)* 22...♖e8 23.♘d2∞.

Auch 21...♖xb2 reicht nicht! 22.♕a4 ♕xd3 23.♘c3 f5 *(23...♕xc3 24.♕d7#)* 24.♕f4 ♕xc3 *(24...fxg4 25.♖d1+-)* 25.♕xf5 ♕d2 26.♕c8+ ♔e7 27.♕e6+ ♔f8 *(27...♔d8 28.♖d1+-)* 28.♖f1++-.

22.♗h3 g5!

Viel schwächer ist 22...♖xb2 23.♘a3 ♖e2 24.♕a4 ♖e1+ 25.♖xe1 ♕xe1+ 26.♔h2+-.

23.♘d2 g4 24.♘c4 ♕xg3 25.♘xb6 gxh3 26.♕f3 hxg2+ 27.♕xg2 ♕xg2+ 28.♔xg2 cxb6

Vermutlich hat Berliner Recht, wenn er anmerkt, dass die Zugfolge bis zu dieser Stelle mehr oder weniger alternativlos war.

29.♖f1 ♔e7 30.♖e1+ ♔d6

Auf den Bauern h5 muss Weiß einstweilen gut aufpassen!

31.♖f1 ♖c8

Mit 31...♖h7-+ oder 31...♔e6-+ hätte Schwarz am Material festhalten können. Doch Berliner weist nach, dass die Musik eigentlich auf dem Damenflügel spielt.

32.♖xf7 ♖c7 33.♖f2

33.♖f5-+ ist wohl etwas besser.

Das Bauernendspiel nach 33.♖xc7 ♔xc7 34.♔g3 ♔d6 35.♔h4 ♔d5 36.♔xh5 ♔d4-+ verliert Weiß natürlich!

33...♔e5!

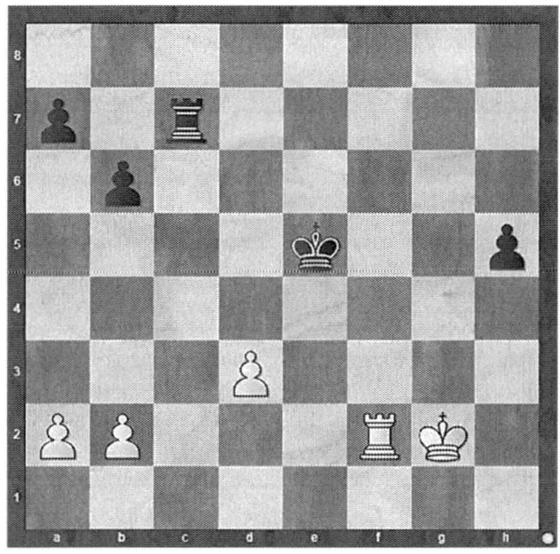

34.a4?

Das schwächt den Damenflügel! 34.♖f8 ♖c2+ 35.♔f3–+ war hingegen noch einen Versuch wert.

Auf 34.♔g3 hatte sich der Perfektionist Berliner ebenfalls vorbereitet. Er gibt u. a. 34...♔d4 35.♔h4 ♔xd3 36.♔xh5 ♖c2 37.♖f3+ (37.♖f7 ♖c5+ 38.♔g4 ♖a5 39.♖f3+ ♔d2 40.a3 ♔c2 41.♖f2+ ♔b3 42.♔f4 ♖b5 43.♔e4 ♔a2 44.♖f7 a6 45.♖a7 ♖a5 46.♖b7 b5–/+) 37...♔d2 38.b3 ♔c1 39.a4 ♖b2 40.a5 b5 41.a6 b4 42.♔g4 ♔c2 43.♖f7 ♖xb3 44.♖xa7 ♖a3 45.♖b7 b3 46.a7 b2 –/+ an.

34...♔d4 35.a5 ♔xd3 36.♖f3+ ♔c2 37.b4 b5 38.a6 ♖c4 39.♖f7 ♖xb4 40.♖b7

Nach 40.♖xa7 ♖a4 41.♖a8 *(41.♖c7+ ♔b2 42.a7 b4 43.♖c4 ♔b3 44.♖c7 ♔a2–+)* 41...b4 42.a7 ♔b3 43.♔h3 ♔a3 44.♔h4 b3+–+ gewinnt Schwarz ebenfalls.

40...♖g4+

Aber nicht 40...♖a4? 41.♖xb5 ♖xa6 42.♖xh5= mit theoretischer Remisstellung.

41.♔f3 b4 42.♖xa7 b3 Estrin gab auf! Nach 43.♖c7+ ♔b1 44.♖c5 ♖a4–/+ läuft der Bauer durch! **0-1**

Jack konnte aber auch Nahschach! In der 10. Meisterschaft der USA, die zum Jahreswechsel 1957/1958 in New York gespielt wurde, musste Berliner gegen einen aufgehenden Stern am Schachhimmel antreten. Ihm saß in der 6. Runde der erst 16 Jahre alte Robert (‚Bobby') James Fischer, der spätere Turniersieger, gegenüber und es entwickelte sich eine geradezu epische Schlacht. Aber schauen Sie selbst!

Berliner – Fischer

Königsindisch, Sämisch-Angriff (E88)

US-Meisterschaft 1957

(Ulrich Geilmann)

1.d4 ♘f6 2.c4 g6 3.♘c3 ♗g7 4.e4 d6 5.f3 e5 6.♘ge2 0-0 7.♗e3 c6 8.d5 cxd5 9.cxd5 ♘e8 10.♕d2 f5 11.0-0-0

Eine gute Alternative ist 11.h4±.

11...♘d7

11...♕a5± war vermutlich eher angebracht.

12.♔b1±

So weit – so Theorie!

12...♘ef6

Spielbar sind ebenfalls12...♘b6 oder 12...a6.

13.♘c1

Genauer ist wahrscheinlich 13.exf5 gxf5 14.♗f2±.

13...fxe4= 14.fxe4 ♘g4 15.♗g1! ♗h6 16.♕e1 ♘c5

16...♘gf6= bliebe in der Remisbreite.

17.♘d3

Vorzuziehen ist 17.h3 ♘f6 18.♗xc5 dxc5 19.♘b3±.

17...♘xd3 18.♗xd3 ♗d7 19.♗b5?!

Berliner verlangt viel von seiner Stellung. Er hätte sich gegebenenfalls mit 19.h3 ♘f6 20.♗e3 ♗xe3 21.♕xe3= zufriedengeben sollen.

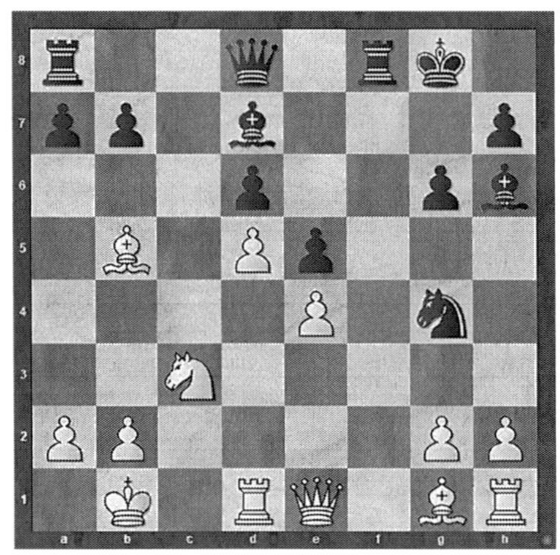

19...♗xb5∓ 20.♘xb5 a6

Man kann sicher auch 20...♕d7! 21.♘c3 b5∓ spielen.

21.♘a3

21.h3 axb5 22.hxg4∓ funktioniert auch, macht allerdings keinen besonderen Eindruck.

21...♖c8

Warum nicht △21...b5 ?

22.h3 ♘f6 23.♗e3 ♗xe3 24.♕xe3 ♕a5 25.♖he1

Oder besser △25.♖c1.

25...b5 26.♖c1 ♕a4?!

26...♖xc1+! 27.♖xc1 ♕a4 *(△27...♕b4 28.♖e1 ♘d7)* 28.♖e1∓ ♘d7!∓ macht mehr Druck!

27.♘c2

27.♖c6= war ebenfalls spielbar.

27...♖f7

27...b4∓ scheint genauer.

28.a3= ♖fc7 29.♘b4 ♖xc1+ 30.♖xc1 ♖xc1+ 31.♕xc1?

Etwas indifferent. 31.♔xc1 a5 32.♕b6! axb4 33.♕d8+ ♔g7 34.♕e7+ ♔h6 35.♕xf6= ist hingegen klar remis.

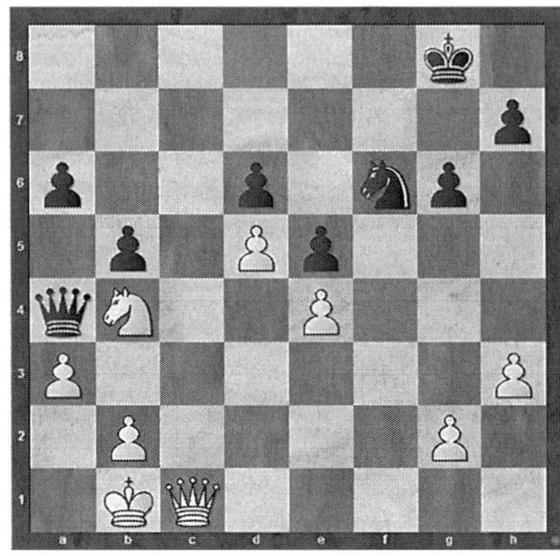

31...a5!–+ 32.♕c8+ ♔g7 33.♕c7+ ♔h6 34.♕c1+ g5! 35.h4 ♘xe4 36.♘c6 b4

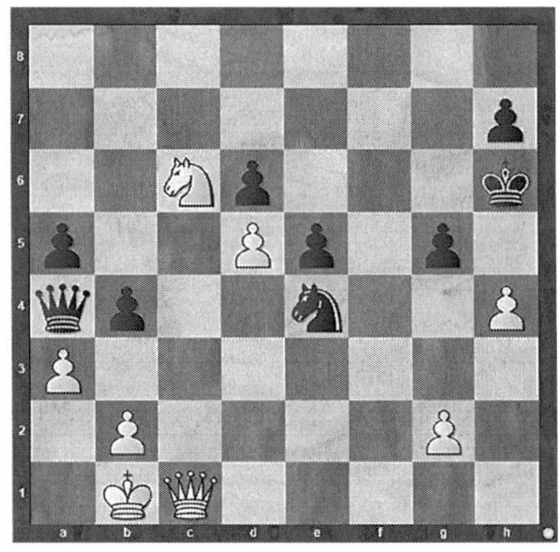

37.♕e1?

Besser war 37.hxg5+ ♔h5! 38.♕h1+ ♔xg5 39.♕e1∓.

37...bxa3 38.hxg5+ ♔g7 39.♘xa5

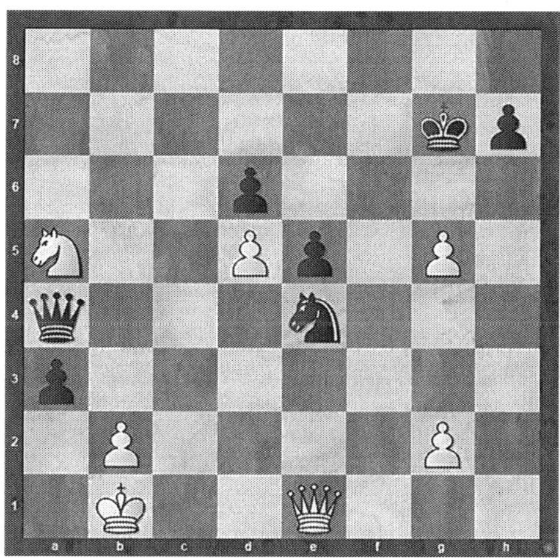

39...a2+

Eventuell eine Fehlkalkulation in hochgradiger Zeitnot. 39...axb2 40.♔xb2 ♕d4+−+ ging. ⌓39...♘c5 40.b4 ♘d3−+ hätte anscheinend auch irgendwie funktioniert.

40.♔a1 ♘c5

GM Karsten Müller führte zu dieser Stellung aus, dass der Springer besser auf seinem dominanten Posten bleiben sollte. Stattdessen böte sich beispielsweise die Zentralisierung der Dame mittels 40...♕d4∓ an. Hingegen war 40...♘xg5 wegen 41.♘b7∓ eigentlich nicht zu empfehlen. 40...♔g6−+ Sieht ebenfalls nicht uninteressant aus. Wer mag, kann sich hier einmal eine Stunde ausklinken, um sich die möglichen Implikationen einmal näher anzusehen. Wir machen inzwischen weiter.

41.b4= ♘b3+ 42.♘xb3 ♕xb3 43.♕e4 ♔g8 44.g6?

Nach 44.g4 ♔g7 45.♕h1= könnte man sich wahrscheinlich sogar die Punkte teilen.

44...h6!∓ 45.♕f5?

Günstiger ist 45.g3!∓.

45...♕xd5?

Gibt Weiß zuviel Gegenspiel. Fischer musste zunächst den b-Bauern beseitigen. 45...♕d1+ 46.♔xa2 ♕a4+ 47.♔b2 ♕xb4+ 48.♔c2 ♕c4+ 49.♔b1 ♕xd5−+ mit realistischen Gewinnchancen.

46.♕d7!= ♔f8 47.b5 ♕d1+ 48.♔xa2 ♕a4+ 49.♔b2 ♕b4+ 50.♔c2 ♕c5+ 51.♔b3 ♕d5+ 52.♔a3 e4 53.♕h7 ♕d3+ 54.♔a4 ♕d4+ 55.♔a5 ♕a1+ 56.♔b6 ♕f6?

Gibt eigentlich die Stellung aus der Hand. Hingegen wäre es nach 56...♕g7 57.♔c6 e3= Zeit für die Friedenspfeife gewesen.

57.♔c7?

Berliner verpasst den Moment für 57.♕xh6+ ♔e8 58.♔a7 ♕a1+ 59.♔b7+− mit exzellenten Gewinnchancen, weil die weißen Freibauern gefährlicher sind und sein König aktiver steht.

57...♕g7+ ½-½

Epilog: Käthe und Wally Henschel

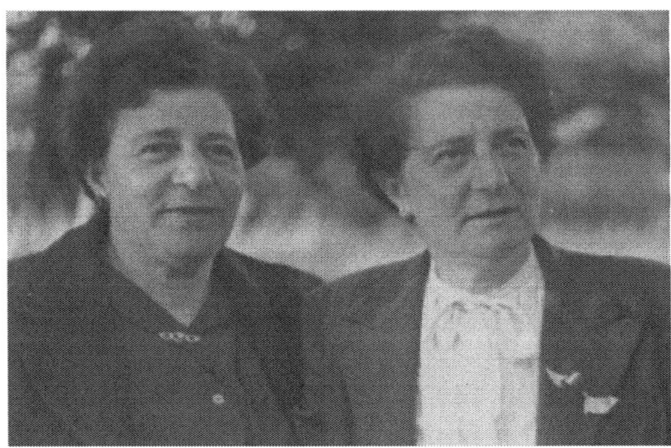

Bei der aufmerksamen Lektüre dieses Buches mag sich insbesondere die weibliche Leserschaft die durchaus berechtigte Frage gestellt haben, ob nicht auch jüdische Frauen für die Entwicklung des deutschen Schachs eine Bedeutung hatten. In der Tat fehlen ebenfalls hierzu systematische Untersuchungen. Überliefert worden ist jedoch die Geschichte der Zwillinge Käthe (‚Kate') und Wally Henschel.[198]

Käthe und Wally werden 1893 in Hamburg als Zwillingstöchter von Israel Abraham Henschel und seiner aus Posen stammenden Ehefrau Friedche Fanny (geborene Lewek) in eine jüdische Familie mit zwei weiteren Schwestern hineingeboren. Die Kinder, die jeweils die höhere Mädchenschule besuchen, fallen zunächst früh durch ihre musischen Begabungen auf[199].

Israel Henschel, der seine berufliche Laufbahn als Lagerist begann und dann als Hausmakler sowie später als *Filmvertreter* in der Branche seines Cousins, des *Kinokönigs* Jeremias Henschel, arbeite[200], soll in seinen jungen Jahren zu den stärksten Spielern des altehrwürdigen *Hamburger Schachklubs von 1830* gehört haben. Und so beginnen die Zwillinge ungefähr ab 1906 ebenfalls damit, regelmäßig Schach zu spielen. Es sollten jedoch noch Jahre ins Land gehen, bis die Schwestern dem Schachklub ihres Vaters beitreten. Für Käthe beginnt der schachliche Aufstieg 1922; Wally folgt ihr ein Jahr später.

Während Käthe unmittelbar nach der Schulzeit eine Ausbildung zur Kontoristin absolviert und danach eine Anstellung als Sekretärin bei der angesehenen Schiffsmaklerfirma *Axel Dahlström & Co.* annimmt, die sie auch in kritischen Zeiten unterstützen wird, entschließt sich Wally zu einer ihren Neigungen entsprechenden musikalischen Ausbildung am *Bernuthschen Konservatorium*. Hier erreicht sie bereits 1912 einen Abschluss als diplomierte Musikerin.

198 Bild: Familie Henschel privat.

199 Bettina Frankenbach: Wally Henschel. In: Lexikon verfolgter Musiker und Musikerinnen der NS-Zeit, herausgegeben von: Claudia Maurer Zenck und Peter Petersen unter Mitarbeit von Sophie Fetthauer, Universität Hamburg, 2005

200 Hamburger Gesellschaft für jüdische Genealogie e.V.: Liskor – Erinnern. 4. Jahrgang, Hamburg 2019.

Im Anschluss daran erhält Wally zudem intensiven Klavier- und Gesangsunterricht. Im Jahr 1927 erwirbt sie schließlich das Zertifikat als Gesangslehrerin und wird 1929 auch als Opernsängerin staatlich anerkannt[201/202]

Die schachliche Entwicklung der Schwestern erfolgt parallel. Sie gehören bald zur städtischen Elite, auch wenn Wally aufgrund vereinsinterner Erfolge bald als etwas spielstärker gilt. 1927 gehörten die Zwillinge überdies zu den Gründerinnen des Damen-Schachklubs von Groß-Hamburg.

Im Jahre 1930 werden die Zwillinge schließlich zu einem Ausscheidungsturnier für die Schacholympiade, die in Hamburg stattfindet, zugelassen.

Im gleichen Jahr qualifiziert sich Wally im direkten Vergleich gegen ihre Schwester Käthe zudem zur Teilnahme an der 2. Schachweltmeisterschaft der Damen, die ebenfalls in Hamburg durchgeführt wird. In dem betreffenden Turnier erspielt sich Wally dann gegen die starken Konkurrentinnen Vera Menchik, Paulina Wolf-Kalmar, Katarina Beskow und Agnes Stevenson immerhin einen achtbaren dritten Platz. Das Turnier gewinnt Menchik, die dabei allerdings eine der Partien gegen Wally Henschel verloren geben muss. Diese Partie, die wir uns gleich noch näher ansehen werden, war eine der wenigen Niederlagen, die Menchik zwischen 1927 und 1944 überhaupt einstecken musste. Bei dem Turnier trat Wally Henschel außerdem als Sängerin mit einem Vortrag von Liedern von Richard Strauss, Edward Grieg und einer Arie aus der Oper *Tosca* auf.

In der 3. Weltmeisterschaft der Damen, die dann im nächsten Jahr in Prag ausgetragen wurde, belegte Wally gegen die gleiche Konkurrenz den 5. Platz.

1931 erspielen sich die Zwillinge bei den *Groß-Hamburger Schachmeisterschaften* zudem die vorderen Plätze und deklassieren damit die gesamte männliche Konkurrenz.

Darüber hinaus konnte auch Käthe bedeutende Einzelerfolge verbuchen. So zum Beispiel als Siegerin der Gruppe B beim Bundesfest des Niederelbischen Schachbundes zu Lübeck.

Als Efim Bogoljubow beim Hamburger Schachklub im Jahre 1932 eine Simultanveranstaltung gibt, sind die Zwillinge ebenfalls dabei. Sie können dem vielfachen Weltmeisterschaftsaspiranten immerhin jeweils ein Unentschieden abknöpfen[203].

Die überragenden Erfolge der Schwestern waren übrigens bereits 1930 Gegenstand einer eher scheinwissenschaftlichen Arbeit des späteren „Rasseforschers“ *Verschuer* [204].

---

201 Grünberg, R. et al.: Frauen am Schachbrett. Bange Verlag, Hollfeld 1991.

202 Chalupetzky, F. und Toth, L. (Hrsg): *Die Schacholympiade von Hamburg*. Magyar Sakkvilag, Kecskemet 1931, S. 15..

203 Frauke Steinhäuser: „...bis zu seinem freiwilligen Ausscheiden im April 1933“ – Jüdische und als jüdisch verfolgte Sportler:innen im Nationalsozialismus in Hamburg, Herausgeberin: Geschichtswerkstatt Eppendorf Trägerverein: Eppendorfer Soziokultur e.V, Hamburg 2022.

204 Prof. Dr. med. Otmar Rheinhold Ralph Ernst Freiherr von Verschuer: Ein erbgleiches Zwillingspaar mit hervorragender Begabung für Schachspiel in: Eugenik. Erblehre. Erbpflege, Verlag Alfred Metzner, Berlin 1930. Verschuer machte sich während der NS-Zeit u. a. mit rasseideologischen Veröffentlichungen einen Namen im Dritten Reich. Einer seiner Assistenten war übrigens der als Kriegsverbrecher überführte Dr. Josef Mengele. Verschuer wurde nach dem 2. Weltkrieg erstaunlicher Weise dennoch nur als Mitläufer klassifiziert.

Ab 1933 wird Wally am *Neuen Jüdischen Tempel* angestellt. Sie singt dort regelmäßig zu feierlichen Anlässen und führt den Kinderchor. Darüber hinaus tritt sie bei Veranstaltungen des *Jüdischen Kulturbundes* auf und gibt Gesangs- und Klavierstunden.

Zu dieser Zeit beginnen die ersten Übergriffe der Nationalsozialisten. Infolgedessen werden die Schwestern auch aus dem Hamburger Schachklub ausgeschlossen. Im Dezember 1933 schließen sie sich deshalb zunächst der gerade gegründeten Schachabteilung der Sportgruppe Schild, einem jüdischen Sportklub an und beteiligen sich fortan dort auch an Wettkämpfen.

1935 wechseln die Zwillinge dann zur neu gegründeten *Schachabteilung von Blau-Weiß*. Auch hier machen sie Schlagzeilen. So berichtet beispielsweise das *Israelitische Familienblatt* im November des gleichen Jahres über eine Partie der Schwestern aus der Klubmeisterschaft 1935/36: *„...Eine Partie auf Biegen und Brechen lieferten sich die Damen Henschel. Wally, als Führerin der weißen Steine, spielte eine große Angriffspartie, sogar auf die Rochade verzichtend. Aber Käthe wies mit großer Kaltblütigkeit alle Gefahren ab, rochierte und siegte schließlich im Endspiel; ein glücklicher Sieg über die vielleicht etwas zu wagemutig spielende Schwester...“*

All dies kann jedoch nicht darüber hinwegtäuschen, dass sich auch die Lebenssituation der Zwillinge infolge der zunehmenden antisemitischen Ausgrenzungen, perfiden Anfeindungen und offenen Verfolgungen zuspitzte. Um sich diesem Druck zu entziehen, beschließen die Zwillinge schließlich bereits vor der Reichspogromnacht vom 9. November 1938, in die Vereinigten Staaten zu emigrieren.

Dem Plan folgt die Tat. Ein bereits in New York lebender Cousin bürgt für sie und am 25. März 1939, sechs Tage vor Sperrung ihrer Pässe, fliehen die Schwestern trotz bestehender Visaprobleme schließlich aus Deutschland. Sie landen nach einer nicht ganz ungefährlichen Odyssee über die Niederlande, England, Westindien, Mittelamerika und Haiti nach mehreren Monaten schließlich in New York an. Zu ihrem Umzugsgut gehörte auch Wally Henschels Bechstein-Flügel[205].

In den USA halten sie sich zunächst trotz der Unterstützung durch ihren Cousin nur mühsam über Wasser.

Dabei kann sich Wally weder als Musikerin noch als Musiklehrerin etablieren. Sie erblindet zu allem Überfluss auf einem Auge, eröffnet 1944 trotzdem eine kleine Pension und lebt fortan von knapp erwirtschafteten Einnahmen.

Auch Käthe, jetzt ‚Kate', findet schließlich eine Arbeit als Sekretärin in einer Im- und Exportfirma, was die gemeinsame Lebensgrundlage ebenfalls ein wenig aufbessert.

Nach ihrer Flucht etablierten sich die Zwillinge auch in der New Yorker Schachszene und nehmen ab 1944 an nationalen Frauenmeisterschaften teil[206]. Die Erfolge halten

205 a. a. O Frauke Steinhäuser: „...bis zu seinem freiwilligen Ausscheiden im April 1933".

206 Sarah's Chess Journal: Women in Chess – The (American) War Years 1942 – 1945.September 2007.

sich allerdings in engen Grenzen, zumal Wally in den nächsten Jahren fast ihr gesamtes Augenlicht verliert. Eine sehr kleine Invalidenrente, die sie mittlerweile als Wiedergutmachung erhält, gleicht diesen Verlust freilich nur unzureichend aus, was sie zeitlebens frustriert.

Aus der nachfolgenden Zeit sind nur wenige Informationen bekannt, die jedoch darauf schließen lassen, dass der Freundeskreis der Geschwister zu einem signifikanten Teil aus Emigranten besteht. Sie bleiben unverheiratet und ziehen 1986 schließlich in die Nähe ihres Neffen nach Miami.

Wally Henschel verstirbt dort 1988 im Alter von 95 Jahren. Käthe Henschel überlebt ihre Schwester um zweieinhalb Jahre.

Am Klubheim des Hamburger Schachklubs erinnert heute übrigens noch eine Ehrentafel an ehemalige jüdische Mitglieder des Vereins. Doch nun zur Partie:

Vera Menchik (1906 – 1944) gilt als erste Schach-Weltmeisterin der Damen. Ihre Resultate waren beeindruckend. In der nachfolgenden Partie gelingt Wally Henschel gleichwohl ein verdienter Punktgewinn[207]. Die einzigen beiden anderen Frauen, denen dieses Kunststück gelang, waren die Deutsch-Amerikanerin Sonja Graf (1908 – 1965) und Edith Price (1872 – 1956) aus England. Der *Hamburger Anzeiger*, der sich vorher noch kritisch zum Damenschach geäußert hatte, beschreibt diese Partie wie folgt: *„...(Wally Henschel) entwickelt ihren Plan von Anbeginn an in streng logischem Gedankengang, nutzt die etwas riskante Partieanlage von Miss Menchik rücksichtslos aus und krönt das Ganze durch einen vehementen Schlussangriff...“.* In diesem Sinne:

Henschel, W. – Menchik

Königsindisch (E94)

Hamburg 1930

1.d4 ♘f6 2.c4 g6 3.♘c3 ♗g7 4.♘f3 0-0 5.e4 d6 6.♗e2 ♘bd7 7.0-0 e5 8.♗g5 h6 9.dxe5

Heute spielt man eher 9.♗h4= und hält dadurch die Spannung im Zentrum aufrecht.

9...dxe5± 10.♗h4

10.♗e3± ist ebenfalls spielbar.

10...c6 11.♕d2

11.b4∓ mit Raumgewinn war gewiss etwas besser

11...♖e8∓ 12.♖fd1 ♕b6

Genauer ist die Zugfolge 12...g5!? 13.♗g3 ♕e7∓.

13.♗f1

Vermutlich gegen ♘g4 gerichtet. Gleichwohl sprach auch nichts gegen 13.♖ab1∓.

13...♘h5∓

Der Springer macht sich nun auf einen langen Weg. Die Alternative bestand wiederum aus ⌓13...g5 mit der Folge 14.♗g3 ♘c5∓.

14.b3 ♘f4

Menchik verfolgt ihren Plan konsequent. Besser ist allerdings 14...♕c7∓.

15.♘a4= ♕c7 16.♖ac1

16.c5!= war ebenso eine Überlegung wert!

16...♘e6

Durchaus folgerichtig gespielt. Vielleicht war aber 16...♘f8∓ besser, um die Entwicklung des ♗c8 zu erleichtern.

17.♘c3

207 www.chessgames.com.

17.c5= wäre immer noch eine gute Idee gewesen.

17...♘d4

Mission completed!

18.♘e1

Wally möchte sich offenbar nicht auf 18.♘xd4 exd4 19.♘e2 ♖xe4 20.♗g3 ♕d8 21.f3 ♖e8 22.♘xd4= einlassen. Vielleicht waren ihr die langen Diagonalen nicht ganz geheuer?!

18...♘f8 19.f3 ♗e6 20.♘c2

20.♘e2= war ebenfalls zu überlegen.

20...♔h7?!

Das muss man genauer spielen! 20...g5 21.♗f2 ♖ad8 22.♘xd4 exd4 23.♘d5! ♕d7 *(23...cxd5 24.cxd5 ♕e7 25.dxe6 ♘xe6 26.♗b5 ♖f8⩲)* 24.♘b4=.

21.♘xd4± exd4 22.♘e2

22.♘d5!± sollte wiederum spielbar sein.

22...c5⩲ 23.♘f4 ♗e5! 24.♗g3 ♕d6 25.♗d3 b6 26.♘e2 ♗xg3

Zu empfehlen war 26...g5!⩲. Damit hätte Menchik jedes Gegenspiel auf dem Königsflügel nachhaltig unterbunden.

27.♘xg3± a5

Schwarz möchte das Geschehen nur allzu gerne auf den Damenflügel verlagern. Exakter ist aber vermutlich 27...f6±.

28.a4

Wally lässt nichts anbrennen. Dennoch wäre hier 28.f4+− viel giftiger gewesen.

28...♗c8 29.♖f1 ♖a7 30.♖ce1 ♖ae7 31.f4 ♗b7?

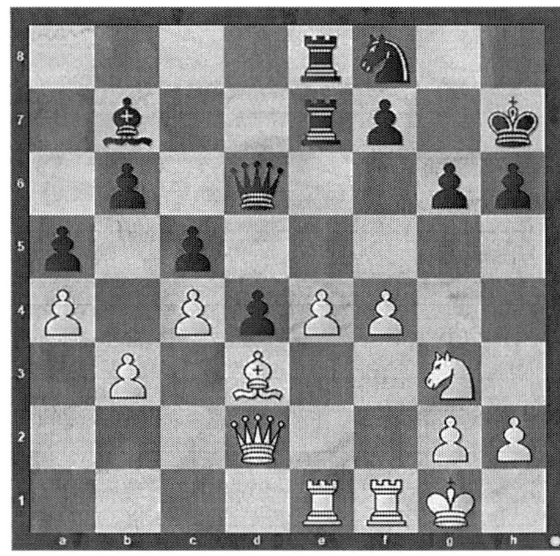

Der erste wirkliche Bock in der Partie. Nötig war 31...♕c6⩲. Stattdessen nimmt jetzt aber der weiße Angriff große Fahrt auf!

32.e5+− ♕b8 33.♘h5 ♘d7 34.f5 ♖f8

⌓34...♘xe5 35.fxg6+ fxg6 36.♕f4+− und Weiß steht klar überlegen. Die schwarze Stellung wird überlastet, z. B. 36...♗c6 *(36...♘c6 37.♗xg6+! ♔xg6 38.♕f5#)* 37.♗xg6+ ♘xg6 38.♖xe7+ ♖xe7 *(38...♘xe7 39.♕f7+ ♔h8 40.♕g7#)* 39.♕xb8+−.

35.fxg6+ fxg6 36.e6

Wally übersieht sogar das noch stärkere ⌓36.♗xg6+! ♔xg6 *(36...♔g8 37.e6 ♖xf1+ 38.♖xf1 ♘e5 39.♕xh6 ♘g4 40.♗f7+ ♖xf7 41.exf7#)* 37.♕d3+ ♔xh5 38.♖f5+ ♔g6 39.♖xf8+ ♔g7 40.♖xb8 ♘xb8 41.e6+/−.

36...♘e5 37.♖xf8 ♕xf8 38.♖xe5 ♗c8 39.♘f4 ♕f6 40.♘xg6 ♖g7 41.♖h5 und Schwarz gibt auf! **1-0**

Ehrende Erwähnungen

Eventuell werden der interessierten Leserschaft noch viele Personen einfallen, die aus ihrer Sicht wichtig für das jüdische Schachleben in Deutschland waren. Für sie mögen die beiden nachfolgenden Protagonisten stehen:

Moses Hoeflein

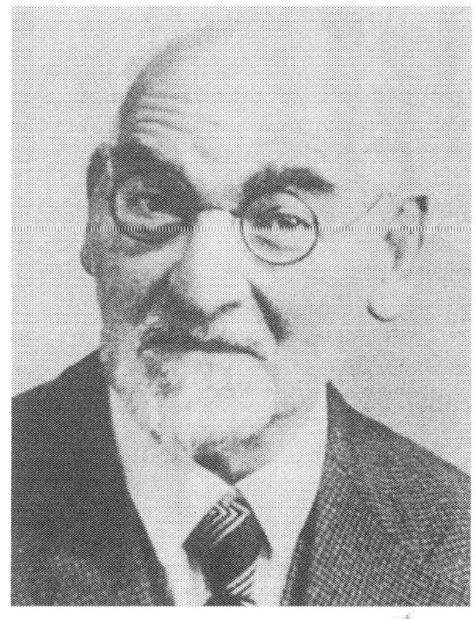

Moses Hoeflein (1866-1943) war ein hochangesehener Bamberger Bürger. Er studierte Jura und unterhielt danach eine eigene Rechtsanwaltskanzlei. Er war zudem Mitbegründer des örtlichen Anwaltsvereins[208].

Neben seinem beruflichen Engagement leistete Hoeflein soziale und karikative Arbeit. So wurde er u. a. 1. *Obermeister* der 1908 gegründeten *Frankenloge Nr. 12*, einem Ableger des *Odd Fellow Ordens.* Dieses Ehrenamt übte er mit einer kurzen Unterbrechung insgesamt 14 Jahre aus und hatte danach als *Altmeister* eine beratende Tätigkeit in der Loge[209].

Im Zuge der nach der *Machtergreifung* durch die Nationalsozialisten einsetzenden *Gleichschaltung der Justizbehörden*, die zunächst in Bayern und später in Großdeutschland durch Dr. Hans Frank, den späteren Generalgouverneur Polens und verurteilten Kriegsverbrecher, betrieben wurde[210], verliert auch Hoeflein 1938 seine Zulassung[211]. Frank, selbst Schachspieler, galt übrigens als enger Freund Aljechins[212].

Moses Hoeflein gelingt 1940 aber noch rechtzeitig vor der Deportation der Bamberger Juden durch die Nationalsozialisten die Flucht über Portugal nach Manila. Dort verstirbt er allerdings drei Jahre später.

Hoeflein war Mitglied des SC 1868 Bamberg und seinerzeit ein arrivierter Turnierschachspieler. So wurde er u. a. mehrfacher Klubmeister und in den Jahren 1923, 1927 und 1929 Oberfränkischen Meister[213].

Außerdem hatte er sich als Problemkomponist einen Namen gemacht. Beispielhaft sei hier eine Studie aufgeführt, die Hoeflein im Jahre 1902 zum 13. DSB-Kongress einreichte und dort den 1. Preis gewann[214]:

---

208 https://orchajim.de/2023/07/27/siebentes-offenes-bundesweites-moses-hoeflein-blitzschachturnier/

209 https://www.oddfellows.de/franken-loge/ueber-uns/geschichte/

210 https://de.wikipedia.org/wiki/Hans_Frank

211 https://rijo.hier-im-netz.de/pdf/DE_BY_JU_anwalt01.pdf

212 https://elib.uni-stuttgart.de/bitstream/11682/11306/1/2021_Rohrer_Aljechin.pdf

213 https://steffans-schachseiten.de/alle-oberfraenkischen-meister-im-ueberblick/

214 https://karlonline.org/102_1

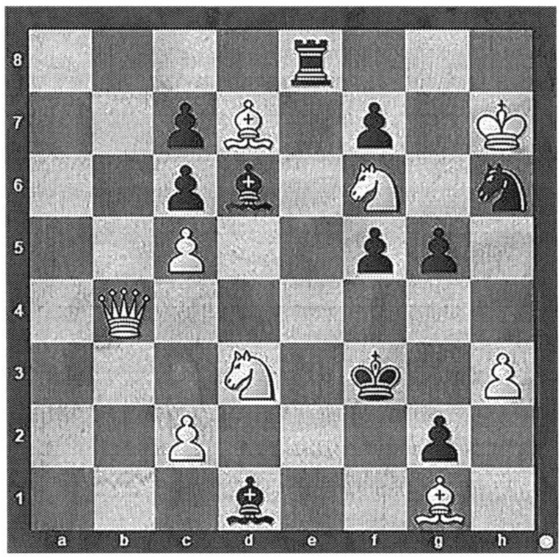

Weiß am Zug setzt im 4. Zug matt und lässt in einigen Varianten sogar zwei (!) Gegenschachs zu. Der Schlüsselzug lautet 1.♘h5! und Schwarz kann nicht entrinnen.

Bevor wir uns nun noch eine seiner Partie ansehen, sei darauf darauf hingewiesen, dass die *Israelitische Kultusgemeinde Bamberg* unserem Protagonisten ein bundesweit beachtetes, offenes Blitzturnier widmet.

Die nachfolgende Partie spielte Moses Hoeflein 1938 gegen seinen Glaubensbruder Nathan Mannheimer im Rahmen der 3. Deutschen Jüdischen Meisterschaft in Hamburg[215].

Hoeflein – Mannheimer

C87: Spanisch

Hamburg, 1938

1.e4 e5 2.♘f3 ♘c6 3.♗b5 a6 4.♗a4 ♘f6 5.0-0 ♗e7 6.c3 0-0 7.♖e1 d6 8.h3 ♘e8

Eine etwas merkwürdige Idee. Will Mannheimer den Aufmarsch des f7-Bauern vorbereiten? Die modernen Hauptabspiele ergeben sich jedenfalls nach 8...b59.♗c2 ♗b7±.

9.d4± b5

9...f5 verlöre jetzt jedenfalls sofort Material: 10.exf5 ♗xf5 *(10...♖xf5 11.♗xc6 bxc6 12.dxe5+–)* 11.♗xc6 bxc6 12.dxe5+–.

10.♗b3 ♘a5 11.dxe5 ♘xb3 12.axb3

Oder auch ◯12.♕xb3 dxe5 13.♘xe5±

12...♗b7 13.exd6 cxd6

Jetzt war 13...♘xd6 14.♕c2 f5± zumindest bedenkenswert.

14.♘bd2+– ♘c7

Mannheimer möchte offenbar nicht reuevoll ◯14...♘f6 15.♕c2 ♘d7+– spielen.

15.♘d4+– ♘e6 16.♘2f3 ♘c5 17.♕c2 ♖e8 18.b4 ♘a4 19.♗f4 ♘b6 20.♘f5 ♗f8 21.♖ad1 d5

21...♕f6 22.♘xd6 *(22.♗xd6 ♗xe4 23.♖xe4 ♕xf5 24.♖ed4+–)* 22...♕xf4 23.♘xb7 ♕c7 24.♘c5+– ♗xc5 25.bxc5 ♕xc5 26.e5+– sieht ebenfalls nicht sehr vertrauenerweckend aus.

22.e5 ♖c8 23.♘d6 ♗xd6 24.exd6 ♕d7 25.♘d4

Auf 25.♖xe8+ folgt 25...♖xe8 26.♘d4 ♘c4+–.

25...♖e4 26.♕c1 ♖ce8 27.f3 ♖xe1+ 28.♖xe1 ♖xe1+ 29.♕xe1 ♔f8

◯29...f6 30.♕g3 ♗c8+– war vielleicht noch einen Versuch wert.

30.♘f5!

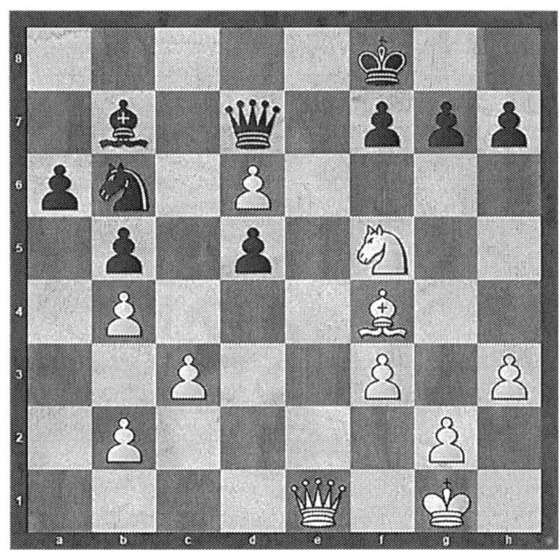

Ein starker Zug!

30...♘c8 31.g4

Vergiftet wäre 31.♕e5? f6 32.♕e3 ♕xf5 −+; △31.♕h4! war allerdings nicht so schlecht. 31...h6 32.♗xh6! gxh6 33.♕xh6+ ♔e8 *(33...♔g8 34.♕g7#)* 34.♕h8#.

31...♗c6 32.♕h4

Aber nicht 32.♕e5 f6 33.♕e2 ♕e8+−.

32...♔g8 33.♘xg7!

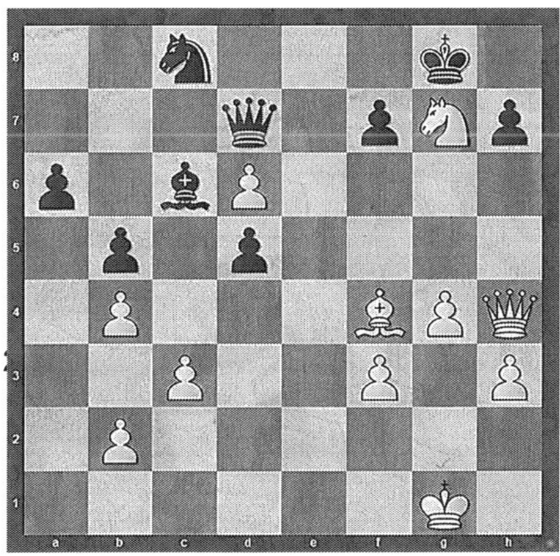

33... ♘xd6

33...♔xg7 34.♗h6+ ♔g8 *(34...♔h8 35.♕f6+ ♔g8 36.♕g7#)* 35.♕g5+ ♔h8 36.♕g7#.

34.♗xd6 ♕xd6 35.♘f5 ♕e6 36.♕d8+ ♗e8 37.♕g5+

1-0

Wilhelm Orbach

Aus allgemein zugänglichen Quellen lassen sich bedauerlicherweise nur wenige Fakten über das Leben von Wilhelm Orbach ableiten.

Orbach wurde 1894 in Offenbach geboren. Der jüdische Junge fand offenbar bereits früh zum Schach und erzielte ab 1922 regionale und überörtliche Erfolge. Er war u. a. Mitglied des 1880 gegründeten *Schachvereins Anderssen*, der als führender Klub in Frankfurt am Main galt.

Erwähnenswert sind seine guten Turnierergebnisse während der DSB-Kongresse in Oeynhausen 1922, Frankfurt am Main 1923 und Breslau 1925. Von Bedeutung sind ferner seine Teilnahmen bei einem Länderwettkampf des DSB gegen die Schweiz 1926 sowie an Turnieren in Hyères und Homburg 1927, Gießen 1928, Duisburg 1929, Frankfurt 1930 sowie Paris *(L'Echiquier)* 1938.

Orbach wurde 1944 im Konzentrationslager Auschwitz ermordet[216].

Nachfolgend eine Partie gegen Yosef Porath[217]:

Orbach – Porath

A47: Damenindisch

Duisburg, 1929

1.d4 ♘f6 2.♘f3 b6 3.g3 ♗b7 4.♗g2 c5 5.c3 e6 6.0-0 ♗e7 7.♘bd2 0-0 8.♖e1 d5 9.♘e5 ♘c6

Moderne Alternativen sind 9...b5 10.♘b3 c4 11.♘d2= oder 9...cxd4 10.cxd4 ♘fd7 11.♘d3 ♘c6 12.♘f3 ♖c8=.

10.e3

Besser war 10.♘xc6 ♗xc6 11.♘f3∓.

10...♘xe5 11.dxe5 ♘d7 12.f4 g5?

Sehr verpflichtend. 12...♕c7∓ hätte den leichten schwarzen Vorteil konserviert.

13.b3⩲

Zu langsam. 13.e4± und Weiß hätte bereits deutlich besser gestanden!

13...f6

13...f5 war spieltaktisch vielleicht schlauer.

14.exf6 ♗xf6= 15.♗b2 ♕e7 16.♕c2 ♕g7 17.♖ab1

17.♖ad1= verdient Beachtung.

17...♖ae8

Hier hätte Porath mit 17...gxf4! 18.exf4 e5⩲ die Initiative übernehmen sollen.

18.c4 gxf4 19.exf4⩲

Etwas schwächer war 19.♗xf6 ♘xf6 20.exf4 ♘g4=.

19...♗xb2

Die schwarze Stellung verschlechtert sich dadurch fast unmerklich. 19...e5!⩲ war vielleicht immer noch die richtige Idee.

20.♕xb2± ♕xb2 21.♖xb2 e5 22.cxd5

Doch nicht 22.♗xd5+?! ♗xd5 23.cxd5 exf4 24.♖xe8 ♖xe8=. Deutlich besser war allerdings 22.♗h3! ♘b8 23.fxe5 *(23.♖xe5 ♖xe5 24.fxe5 ♖e8⩲)* 23...♖e7+−.

22...exf4= 23.♖xe8 ♖xe8 24.gxf4 ♖f8

24...♘f6!= hält das Gleichgewicht.

215 https://www.chessgames.com/player/pid/141142

216 https://wp.vsg-1880-offenbach.de/?page_id=2289

217 https://www.365chess.com/game.php?gid=2651128

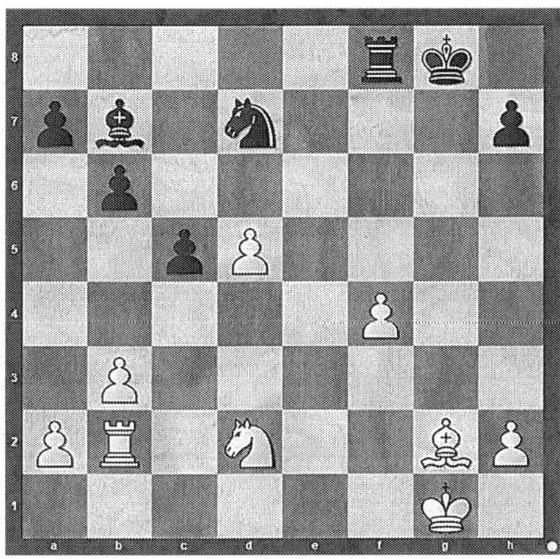

25.♗h3

25.♘c4!± macht deutlich mehr Probleme!

25...♘f6 26.♗e6+ ♔h8?!

Was sprach gegen 26...♔g7=?

27.d6± ♖d8?

27...b5± war nötig.

28.♘c4+− b5

28...♗d5 wäre mit einem letzten Aufbäumen verbunden gewesen. Jetzt geht die schwarze Stellung immer mehr den Bach runter.

29.♘e5 ♔g7 30.d7 ♔f8 31.♘f7 ♖xd7 32.♗xd7 ♘xd7 33.♘e5 ♘xe5 34.fxe5 ♗e4 35.♔f2 c4 36.bxc4 bxc4 37.♖b4 ♗d3 38.♔e3 ♔e7 39.♖a4 ♔e6 40.♔d4 1-0

Nachwort, Danksagungen und Widmung

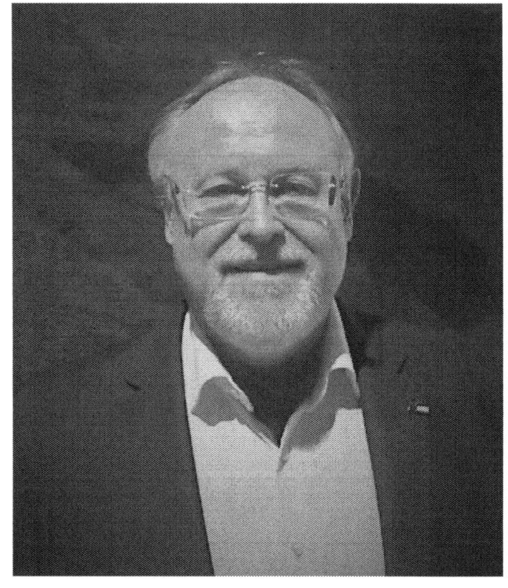

Zunächst darf ich mich für das Interesse und die Aufmerksamkeit bedanken, die Sie diesem Buch widmen. Es ist nicht selbstverständlich, dass Sie mich immer wieder auf meine doch eher exotischen Ausflüge in die Schachwelt begleiten.

Wie das so mit meinen Büchern ist, erwachsen sie zumeist aus eher fixen Ideen. So war es auch diesmal.

Es gibt hervorragende Schachhistoriker in Deutschland. Einige dieser begabten Damen und Herren durfte ich u. a. über die *Emanuel Lasker Gesellschaft* kennenlernen. Mich dabei mit Arno Nickel oder Michael Negele messen zu wollen, liegt mir fern. Den kühnen Vergleich mit diesen Persönlichkeiten kann ich nur verlieren.

Gleichwohl hatte ich nach einigen Nachforschungen den Eindruck, dass die Rolle, die jüdische Meisterspieler, Problemkomponisten, Turnierorganisatoren, Verleger, Autoren und Mäzene für die Entwicklung des Schachs nicht nur in Deutschland gespielt haben, kaum systematisch zusammengefasst und illustriert worden ist[208]. Diesem Manko wollte ich ohne Anspruch auf Vollständigkeit ein wenig abhelfen.

Außerdem stellte ich bei der Arbeit zu diesem Buch wieder einmal fest, wie viel man von den alten Meistern lernen kann. Einige der Partien und Studien, die v. a. von *Fränk* Stiefel ausgegraben wurden, ließen mich mit Staunen zurück und ihre Kommentierung, die freundlicherweise IM Jonathan Carlstedt geprüft hat, bereitete mir zudem große Freude.

Mein besonderer Dank gilt aber meinem lieben Schachfreund Herbert Bastian. Der ehemalige Präsident des Deutschen Schachbundes ist nicht nur ein besonders starker Schachspieler, sondern mittlerweile auch ein namhafter Schachautor und -historiker. Von daher habe ich sein freundliches Vorwort als eine besondere Ehrung empfunden!

Danksagen muss ich aber ebenso dem Team des Joachim Beyer Verlags um Robert Ullrich und Thomas Beyer. Dabei hat besonders Thomas Beyer entscheidend zum Gelingen dieses Buches beigetragen. Dank schulde ich ferner Manfred Herbold, Thomas Binder und dem leider viel zu früh verstorbenen Torsten Stau für ihre Mitwirkung.

---

208 Eine gewisse Ausnahme bildet Ludwig Steinkohl, Schach und Schalom, Düsseldorf 1995. Ich bin Monika Mädler für diesen wichtigen Hinweis zu Dank verpflichtet.

Widmen möchte ich dieses Werk der *Emanuel Lasker Gesellschaft*, die mich durch ihre unermüdliche Arbeit zum Andenken an den bislang einzigen deutschen Schachweltmeister Dr. Emanuel Lasker zu diesem Buch inspiriert hat.

Erlauben Sie mir abschließend noch eine ganz persönliche Bemerkung:

Beim Schach als Wettstreit des Intellekts sollten auf demokratischen Prinzipien beruhende, politische Meinungsverschiedenheiten, ethnische und soziale Herkünfte, kulturelle und religiöse Überzeugungen oder genderspezifische Fragen keine Rolle spielen. Ausgrenzungen, wie sie in diesem Buch beschrieben werden, dürfen sich daher nie mehr wiederholen. Auch sollte der Schachsport nicht zum Spielball juristischer Auseinandersetzungen werden.

Es gilt, gemeinsam daran zu arbeiten, entsprechende Versuche künftig im Keim zu ersticken.

Gens una sumus!

Ihr

Ulrich Geilmann

Partienverzeichnis

Name	Ort, Jahr	Eröffnung	Ergebnis	Seite
Mendheim - NN	Berlin, 1832	Italienisch	1 - 0	16
Horwitz - Staunton	London. 1856	Schottisch	1 - 0	20
Harrwitz - Morphy	Wettkampf, 1858	Damengambit	1 - 0	25
Anderssen - Dufresne	Berlin, 1852	Evans-Gambit	1 - 0	30
Dufresne - Wittberg	1859	Königsgambit	1 - 0	31
Zukertort - Anderssen	Breslau. 1865	Spanisch	1 - 0	36
Zukertort - NN	Leipzig, 1877	Wiener Partie	1 - 0	36
Tschigorin - Zukertort	London, 1883	Spanisch	0 - 1	37
Zukertort - Blackburne	London, 1883	Reti	1 - 0	38
Steinitz - Zukertort	New York, 1886	Schottisch	0 - 1	40
Rice - Donisthorpe	London, 1882	Königsgambit	1 - 0	45
Schottländer - Bird	Nürnberg, 1883	Sizilianisch	1 - 0	48
Cohn, W - Schlechter	London, 1899	Ponziani	1 - 0	54
Lasker, B - Phillips	Berlin, 1905	Russisch	1 - 0	58
Tarrasch - Marco	Dresden, 1882	Spanisch	1 - 0	62
Tarrasch - Tschigorin	St. Petersburg, 1893	Spanisch	1 - 0	62
Lasker, E - Tarrasch	WM-Kampf, 1908	Spanisch	0 - 1	64
Lewitt - Caro	Berlin, 1905	Schottisch	1 - 0	68
Keidanski - Polak	Berlin, 1923	Skandinavisch	1 - 0	72
Mieses - Tschigorin	Ostende, 1906	Wiener Partie	1 - 0	76
Mannheimer - Trimborn	Amsterdam, 1898	Wiener Partie	1 - 0	80
Lasker, E - Bauer	Amsterdam, 1889	Bird-Eröffnung	1 - 0	87
Pillsbury - Lasker, E	St. Petersburg 1896	Damengambit	0 - 1	88
Lasker, E - Napier	Cambridge, 1904	Sizilianisch	1 - 0	90
Lasker, E - Schlechter	WM Kampf, 1910	Grünfeld	1 - 0	92
Lasker, E - Capablanca	St. Petersburg, 1914	Spanisch	1 - 0	96
Kagan - Euwe	Berlin, 1922	Spanisch	½ - ½	101
Aljechin - Teichmann	Berlin, 1921	Spanisch	0 - 1	104
Lipke - Janowski	Wien, 1898	Spanisch	1 - 0	108
Cohn, E - Johner	Bad Pistyan, 1912	Vierspringerspiel	1 - 0	111
Lasker, Ed - Sir Thomas	London, 1912	Holländisch	1 - 0	114
Emmrich - Moritz	Bad Oeynhausen, 1922	Albin	1 - 0	122
Moritz - Richter	Swinemünde, 1932	Englisch	1 - 0	124
Fischer - Platz	Hartfort, 1964 *sim.*	Französisch	0 - 1	128
Klein - Eising	Meinberg, 1986	Sizilianisch	1 - 0	131
Fajarowicz - Preusse	Bitterfeld, 1932	Zweispringerspiel	1 - 0	136
Gligoric - Porath	Amsterdam, 1964	Französisch	0 - 1	140
Spasski - Porath	Lugano, 1968	Französisch	1 - 0	140

Benkö, F – Lasker, Ed	Mar del Plata, 1949	Damengambit	1 – 0	143
Heidenfeld – Zietemann	Berlin, 1929	Italienisch	1 – 0	147
Pilnik – Najdorf	Mar del Plata, 1942	Caro Kann	1 – 0	150
Budowski – Rosetto	Mar del Plata, 1952	Französisch	1 – 0	154
Estrin – Berliner	Fernpartie, 1965	Zweispringerspiel	0 – 1	159
Berliner – Fischer	New York, 1957	Königsindisch	½ – ½	161
Henschel, W. – Menchik	Hamburg, 1930	Königsindisch	1 – 0	167
Hoeflein – Mannheimer	Hamburg, 1938	Spanisch	1 – 0	170
Orbach – Porath	Duisburg, 1929	Damenindisch	1 – 0	172

Literaturverzeichnis

Bachmann, Ludwig: Das Schachspiel und seine historische Entwicklung, Leipzig und Berlin 1924

Bachmann, Ludwig: Schachkongreß Teplitz-Schönau 1922, Zürich 1981

Bauschinger, Sigrid: Else Lasker Schüler Biographie, Wallstein, Göttingen 2004

Brinckmann, Alfred: Siegbert Tarrasch, Lehrmeister der Schachwelt, Berlin 1963

Bruns, Dr. Edmund: Das Schachspiel von Juden aus nationalsozialistischer Sicht unter Einbeziehung des Weltmeisters Alexander Aljechin, Bremen 2003

Domański, Cezary W. / Lissowski, Tomasz: Der Großmeister aus Lublin, Wahrheit und Legende über Johannes Hermann Zukertort, Exzelsior Verlag, Berlin 2005

Chalupetzky, F. und Toth, L. (Hrsg): Die Schacholympiade von Hamburg, Magyar Sakkvilag, Kecskemet 1931

Clausen, Lars: Krasser sozialer Wandel, Leske + Budrich, Opladen 1994

Colin Amy D. / Silbermann Edith: Paul Celan - Edith Silbermann, Zeugnisse einer Freundschaft. Gedichte, Briefwechsel, Erinnerungen, New York 2010

Dittmann, Wolfgang: Der Flug der Schwalbe. Herausgegeben von: Die Schwalbe, Wegberg 1988

Dudakow, Saweli Jurewitsch: Kaissa i Wotan. Jerusalem/Moskau 1909

Encyclopaedia Britannica (1888), Bd. 5,

Feenstra Kuiper, P.: Hundert Jahre Schachturniere. Die bedeutendsten Schachturniere 1851 - 1950, Amsterdam 1964

Forster, Richard / Negele, Michael / Tischbierek, Raj: Emanuel Lasker. Bd. I: Struggle and victories. World chess champion for 27 years, Berlin 2018, Bd. II: Choices and chances. Chess and other games of the mind, Berlin 2020 und Bd. III: Labours and Legacy. Chess, Philosophy, and Psychology, Berlin 2022

Frankenbach, Bettina: Wally Henschel. In: Lexikon verfolgter Musiker und Musikerinnen der NS-Zeit, herausgegeben von: Claudia Maurer Zenck und Peter Petersen unter Mitarbeit von Sophie Fetthauer, Universität Hamburg, 2005.

Gaige, Jeremy: CHESS TOURNAMENT CROSSTABLES, Electronic Edition, Anders Thulin, Malmö 2005

Hamburger Gesellschaft für jüdische Genealogie e.V.: Liskor - Erinnern. 4. Jahrgang, Hamburg 2019.

Grünberg, R. et al.: Frauen am Schachbrett, C. Bange Verlag, Hollfeld 1991

von Heydebrand und der Lasa, Tassilo: Berliner Schach-Erinnerungen, Leipzig 1859

Holländer, Barbara & Hans: Schadows Schachklub, Ein Spiel der Vernunft in Berlin 1803 – 1850, Berlin 2003,

Hooper, David und Whyld, Ken: The Oxford Companion to Chess, Oxford University Press, 2. Auflage 1992

Iclicki, Willy: FIDE Golden book 1924 – 2002. Euroadria, Slovenia, 2002

Kamm, Wolfgang: Siegbert Tarrasch, Leben und Werk, Unterhaching 2004

Kohlmeyer, Dagobert: Oscar Blumenthal – Schriftsteller–Theatermann–Schachspieler, Chaturanga, 2020

Klüsener, Erika: Else Lasker–Schüler, Reinbek 1980

Krüger, Arnd: Once the Olympics are through, well beat up the Jew. German Jewish Sport 1898 – 1938 and the Anti–Semitic Discourse, in: Journal of Sport History, 1999 Vol. 26 No. 2 p. 353–375

Lindörfer Klaus: Schachlexikon. Geschichte. Theorie und Spielpraxis von A-Z, München 1991

Saremba, Andreas: Jean Dufresne – Schachautor wider Willen?, Publikation der Emanuel–Lasker–Gesellschaft, 2. Auflage, Berlin 2006

Saint–Amant, Pierre–Charles Fournier de: Nécrologie: A. Alexandre, La Régence, 1st ser., 3, no. 1 (January 1851)

Singer, Isidore / Templer, Bernhard: Hirschel, Moses (Christian Moritz), Jewish Encyclopedia, 1901-1906.

Spence, Jack: The chess career of Richard Teichmann. Revised edition. The Chess Player, Nottingham 1995

Standage, Tom: Der Türke – Die Geschichte des ersten Schachautomaten und seiner abenteuerlichen Reise um die Welt, Campus Verlag, Frankfurt/New York 2002

Steinhäuser, Frauke: „...bis zu seinem freiwilligen Ausscheiden im April 1933“ – Jüdische und als jüdisch verfolgte Sportler im Nationalsozialismus in Hamburg, Herausgeberin: Geschichtswerkstatt Eppendorf Trägerverein: Eppendorfer Soziokultur e.V, Hamburg 2022.

Steinkohl, Ludwig: Schach und Schalom, Düsseldorf 1995

Tarrasch, Siegbert: Dreihundert Schachpartien, Leipzig 1895

Tree, Stephen: Moses Mendelssohn, Rowohlt, Reinbek bei Hamburg 2007

Freiherr von Verschuer, Prof. Dr. med. Otmar Rheinhold, Ralph, Ernst: Ein erbgleiches Zwillingspaar mit hervorragender Begabung für Schachspiel in: Eugenik. Erblehre. Erbpflege, Verlag Alfred Metzner, Berlin 1930.

Woelk, Ralf: Schach unterm Hakenkreuz. Politische Einflüsse auf das Schachspiel im Dritten Reich, Pfullingen 1996

Zepler, Erich E.: The Technique of Radio Design, Wiley, New York NY 1943

Lösungen

Aufgabe 1

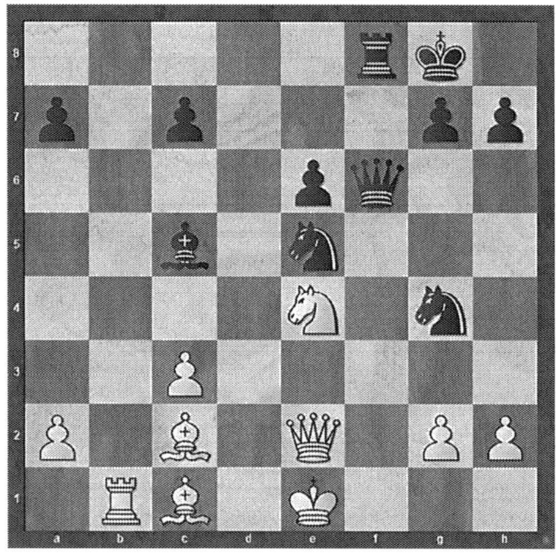

Mit **1...♕h4+** hätte Schwarz weiter auf die Jagd gehen können. **2.g3 ♘f3+!** Den hätte man allerdings auch sehen müssen. **3.♔d1** (3.♕xf3 ♕xh2 4.♕xg4 ♕g1+ 5.♔e2 *(5.♔d2 ♕e3+ 6.♔d1 ♖f1#)* 5...♕f1+ 6.♔d2 ♖d8+−+) **3...♕h5 4.♗b3 ♕f5** und Schwarz gehen die natürlichen Züge aus. So verliert beispielsweise **5.♖b2** wegen **♖d8+ 6.♔c2 ♘e3+ 7.♗xe3 ♕xe4++−**

Aufgabe 2

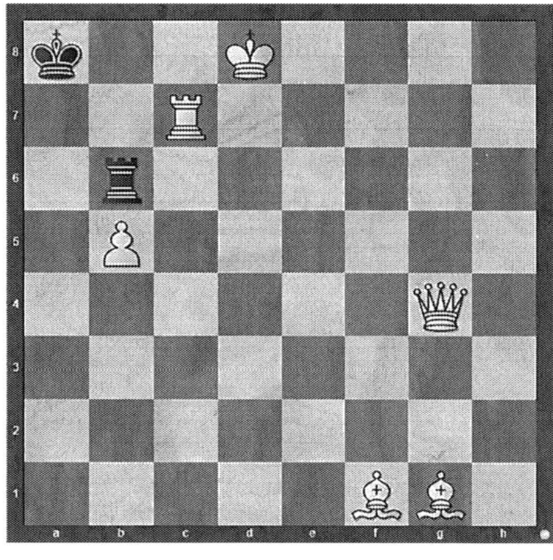

Zugegeben, die Aufgabenstellung ist vielleicht etwas seltsam, zumal u. a. *1.♖c8+ ♖b8 2.♗g2#* unmittelbar tötet. Der Bauer wird durch **1.♕c8+ ♖b8 2.♔e7 ♖xc8 3.♗g2+ ♔b8 4.♗a7+ ♔xc7 5.b6#** zum Helden.

Aufgabe 3

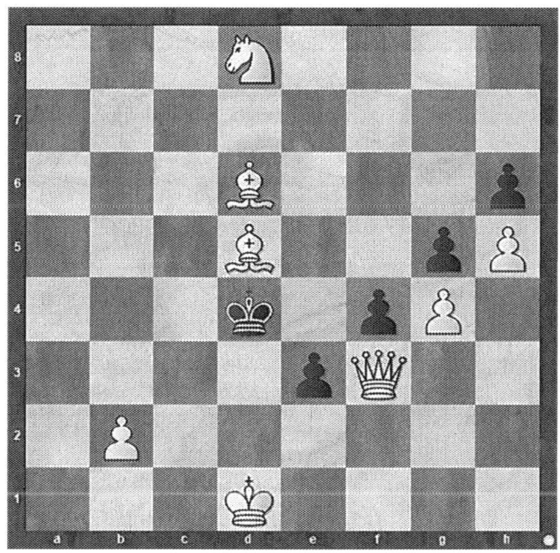

1.♕e4# ist in der Tat leicht zu sehen. Der „lange Ritt“ ist auch eher etwas für Masochisten. **1.♘e6+ ♔d3 2.♘g7 ♔d4 3.♘f5+ ♔d3 4.♘xh6 ♔d4 5.♘f5+ ♔d3 6.♘g7 ♔d4 7.♘e6+ ♔d3 8.♘xg5 ♔d4 9.♘e6+ ♔d3 10.♘xf4+ ♔d4 11.♘e6+ ♔d3 12.♘g7 ♔d4 13.♘f5+ ♔d3 14.♘xe3 ♔d4 15.♘c2#**

Aufgabe 4

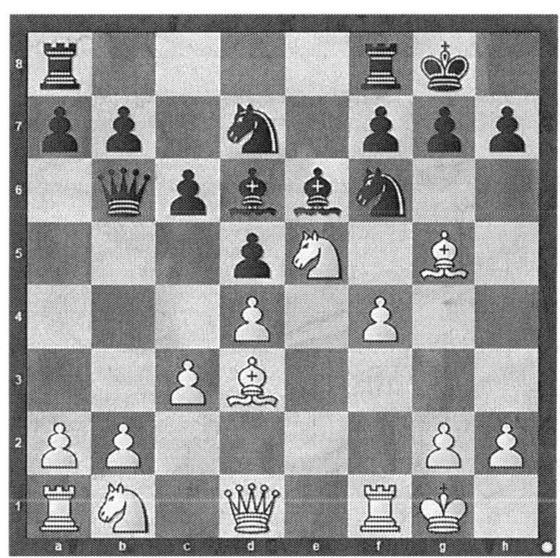

Horwitz wickelt das relativ unprätentiös ab. Schach kann so einfach sein! **11.♘xd7 ♗xd7** (11...♘xd7 12.f5+−) **12.♗xf6 gxf6 13.♕h5 f5** (13...♖fe8 14.♕h6+−) **14.♕g5+ ♔h8 15.♕f6+ ♔g8 16.♕xd6 1–0** Bird hatte gewiss nicht seinen allerbesten Tag!

Aufgabe 5

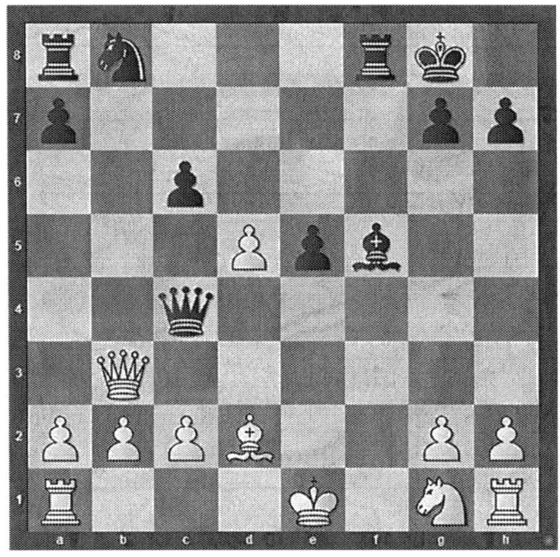

Es scheint kaum etwas los zu sein, aber schon nach 3 Zügen ist alles vorbei! **15...♕f1+!** Das wird Schulten aus dem Stuhl gehoben haben! Rien ne va plus! **16.♔xf1 ♗d3+ 17.♔e1 ♖f1#** Darum liebe ich die alten Meister!

Aufgabe 6

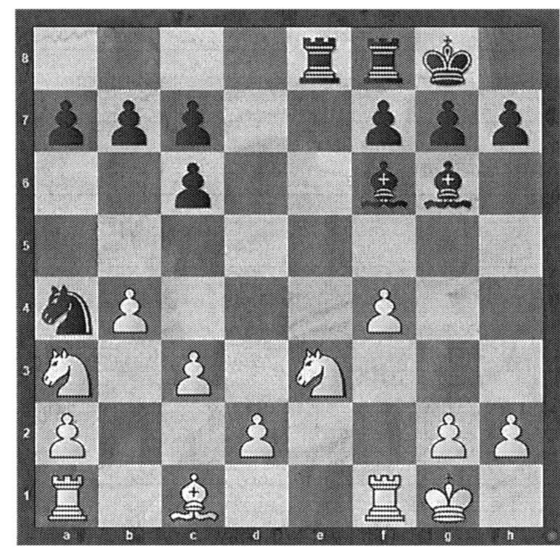

Schwarz durchschlug den gordischen Knoten mit **16...♖xe3** (16...♘xc3 17.dxc3 ♗xc3−+ wäre auch gegangen.) **17.dxe3** (Hier war 17.f5 etwas besser. Aber nach 17...♖e4 18.fxg6 fxg6 19.b5 cxb5 20.♘xb5 c6 21.♘d4 ♗xd4+ 22.cxd4 ♖xd4−+ steht Schwarz auch bärig.) **17...♗xc3 18.f5 ♗xa1 19.fxg6 hxg6 20.e4 ♖e8−+ 0-1**

Aufgabe 7

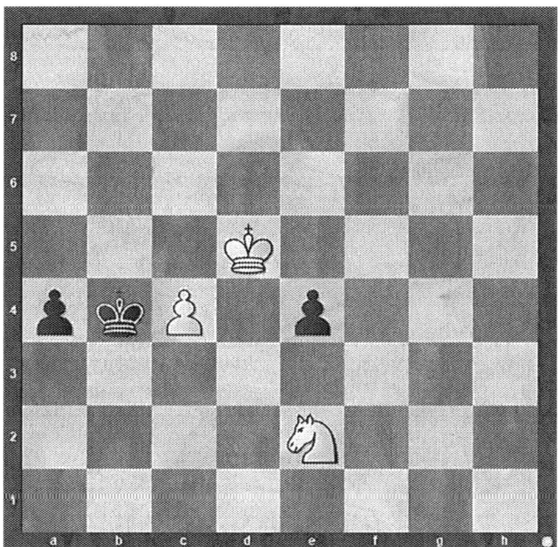

Der Schlüsselzug lautet **55.c5**. Die Partie ging mit **55...a3** weiter. Es folgte **56.♘c1 e3.** Beide Freibauern sind nicht aufzuhalten. **57.c6 e2** (57...a2 58.♘xa2++– reicht selbstverständlich nicht. Der e–Bauer kommt nicht ans Ziel.) **58.♘xe2 a2 59.♘d4!** (Nach 59.c7? a1♕ 60.c8♕ ♕a2+= wird's Remis.) **59...♔c3 60.c7 a1♕ 61.c8♕+** Hier gab Schwarz auf. Keinesfalls zu früh, denn sein König wird in allen Varianten exekutiert. 61...♔d3 (61...♔b2 62.♕c2+ ♔a3 63.♕b3#; 61...♔b4 62.♕c4+ ♔a5 63.♕b5#; 61...♔d2 62.♕c2+ ♔e3 *(62...♔e1 63.♕e2#)* 63.♕e4+ ♔f2 (63...♔d2 64.♕e2+ ♔c1 *(64...♔c3 65.♕c2+ ♔b4 66.♕c4+ ♔a3 67.♕b3#)* 65.♕c2#) 64.♕f3+ ♔g1 *(64...♔e1 65.♕e2#)* 65.♘e2+ ♔h2 66.♕f2+ ♔h3 *(66...♔h1 67.♕g1+)* 67.♕g3#) **62.♕f5+ ♔e3 63.♕f3+ ♔d2 64.♕e2+ ♔c3 65.♕c2+ ♔b4 66.♕c4+ ♔a3 67.♕b3#** Ein Fest für den Problem– und Studienkomponisten Horwitz!

Aufgabe 8

Erstaunlicherweise kann man die schwarzen Felderschwächen nur ausnutzen, wenn man den schwarzfeldrigen Läufer tauscht!

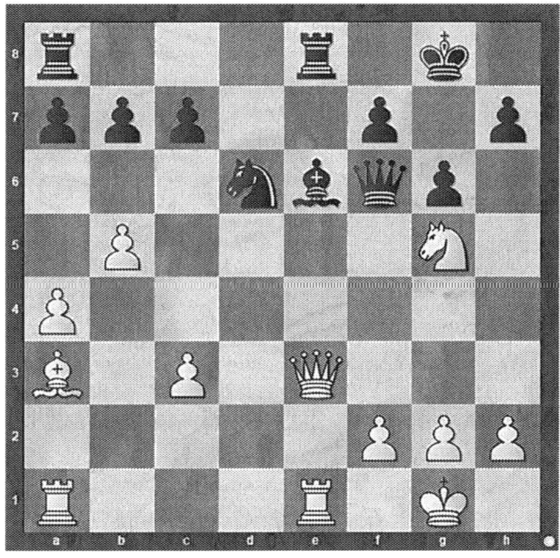

1.♗xd6! cxd6 2.♘e4! Das kostet in jedem Fall Material. 1.**♕e7** (auf 2...♕e5 folgt 3.f4 ♕g7 4.♘xd6**+/–**) **3.♕d4 ♖ed8 4.♘f6+ +/–.**

Aufgabe 9

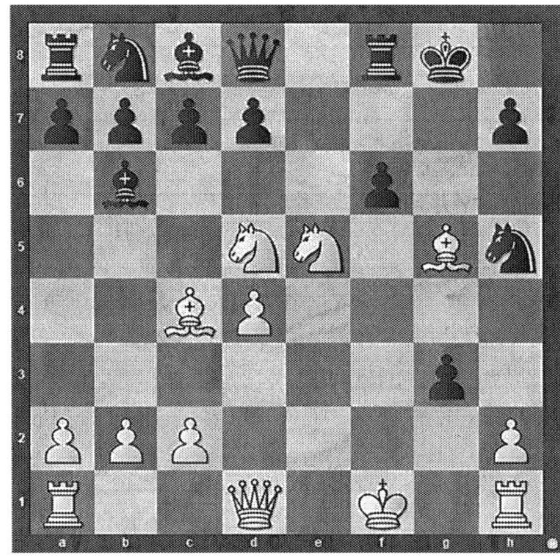

Harrwitz beseitigte zunächst eine Verteidigungsfigur: **14.♕xh5** Nach **14...fxg5+** klärte **15.♘f6++!** dann die Lage. Was für ein Zug! Ein Abzugsschach wird mit einem Doppelschach beantwortet, das unweigerlich zum Matt führt. Mehr Schach geht nicht! **15...♔g7 16.♕xh7+ ♔xf6 17.♘g4#**

Aufgabe 10

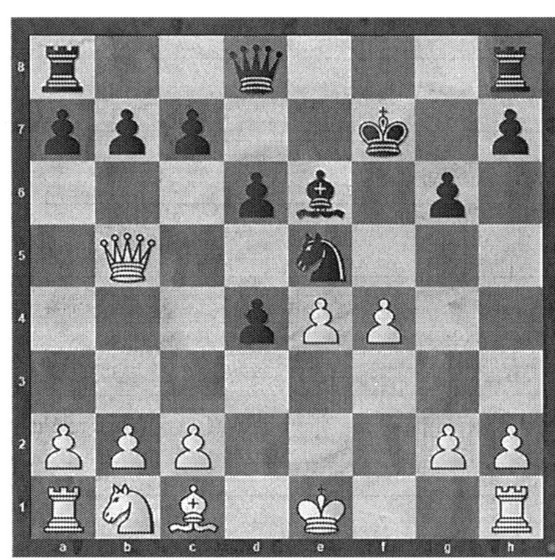

Der Tempozug **12...♗c4** brach Weiß bereits das Genick. **13.♕b4.** So weit – so gut! **♕h4+ 14.g3** Andernfalls wird Weiß sofort plattgemacht. **14...♕g4 15.♕d2 ♘f3+** und Aufgabe! Ein einziger schlechter Zug genügte Harrwitz, um seinen Gegner aus der Bahn zu werfen!

Aufgabe 11

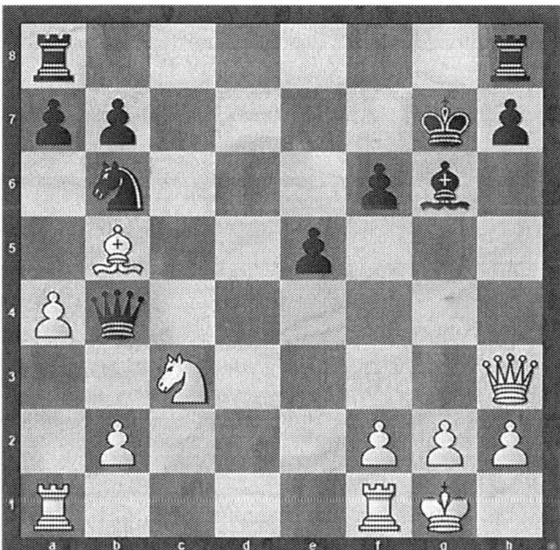

Nach **19...♕xb2** begann der Tanz! Der Bauer ist jedoch hochgradig giftig. **20.a5 ♖hc8** Logisch, aber letztendlich doch unzureichend. **21.axb6 ♖xc3** (Nach 21...♕xc3 22.♕d7+ ♔h6 23.♖xa7! +/− fliegt der Laden ebenfalls auseinander.) **22.♕d7+ ♔h8 23.♕xb7 ♖ac8 24.♖xa7** Der Damenflügel ist verspeist. Nun wird der Königsflügel ins Visier genommen. Guten Appetit! **24...♖g8 25.♕e7 1-0**

Aufgabe 12

Die Partie[209] sollten wir uns zunächst noch einmal näher anschauen.

1.e4 e5 2.♘f3 ♘c6 3.♗b5 ♘d4?!

Man muss einräumen, dass die Bird-Verteidigung durchaus der seinerzeitigen Spielauffassung entsprach. Mit den heutigen Theoriekenntnissen spielt man ohne groß darüber nachzudenken ⌓3...a6 oder ⌓3...♘f6.

4.♘xd4± exd4 5.♗c4?!

Schon recht eigenartig. Weiß möchte dem in der Luft hängenden Läufer offenbar ein neues Ziel geben. Objektiv betrachtet war gleichwohl ⌓5.0-0± vorzuziehen.

5...♘f6⩲ 6.e5?!

Wiederum wäre es Zeit für ⌓6.0-0⩲ gewesen.

6...d5= 7.♗b3?!

⌓7.♗e2= war eher angezeigt. Weiß behält den Königsflügel unter Kontrolle.

7...♗g4?

Warum nicht einfach ⌓7...♘g4?=/+

8.f3+− ♘e4!? 9.0-0

Wie bereits an anderer Stelle angemerkt, scheitert 9.fxg4? an 9...♕h4+ 10.g3 ♘xg3!−+.

9...d3

Auf <9...♗h5 10.g4 ♗g6 11.fxe4+− kann man sich eigentlich nicht einlassen wollen.

209 Der Schachhistoriker Edward Winter meldet in seinen Chessnotes Nr. 3885 ff. (https://www.chesshistory.com) erhebliche Zweifel an der Echtheit der Partie an. Danach sei nicht belegt, dass Anderssen diese Partie überhaupt gegen Dufresne gespielt habe; auch Datum und Ort seien fragwürdig. Er führt Quellen an, die die Partie vielmehr der Begegnung Anderssen gegen Lange (Breslau 1851) zuordnen. Andere Thesen besagen, dass die vorliegende Partie nur das Ergebnis einer Analyse gewesen sein soll.

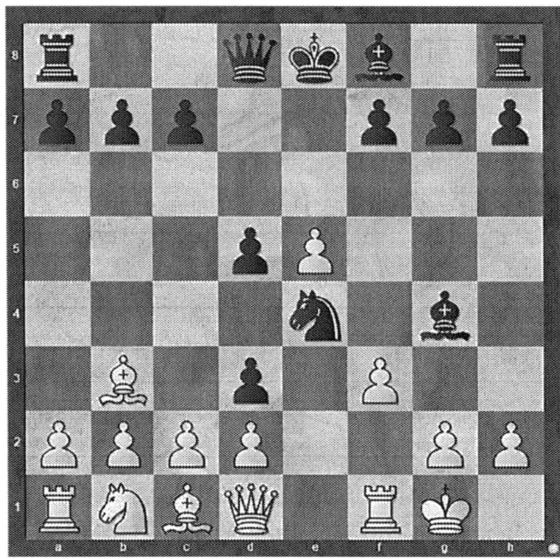

10.fxg4?

Die Aufgabenstellung. Jetzt wird praktisch eine Mattmaschine angeworfen, und das, obwohl Schwarz nur zwei Leichtfiguren entwickelt hat. Hätte Weiß an dieser Stelle allerdings ⌓10.♕e1!+– gezogen, stünde Schwarz vor schier unlösbaren Aufgaben. Eine sehr eigenartige Partie, oder?

10...♗c5+ 11.♔h1 ♘g3+

Sollte Anderssen wirklich die weißen Figuren geführt haben, dann hätte er die nun folgende Zugfolge offenbar völlig falsch eingeschätzt. Kann man eigentlich nur schwerlich annehmen.

12.hxg3 ♕g5 13.♖f5

Moment! Hält das vielleicht doch die Stellung? Nein! Schwarz hat noch einen Pfeil im Köcher!

13...h5!

Weiß kann dem Matt nicht entrinnen.

Eigentlich müsste auch diese Kurzpartie einen Namen bekommen. Wie wäre es mit *Anderssens Unglaubliche*?

Die Skepsis, dass diese Partie wirklich von unseren Protagonisten gespielt wurde, ist jedenfalls durchaus angebracht, auch wenn man Dufresne diesen Schwarzsieg durchaus hätte gönnen können.

Aufgabe 13

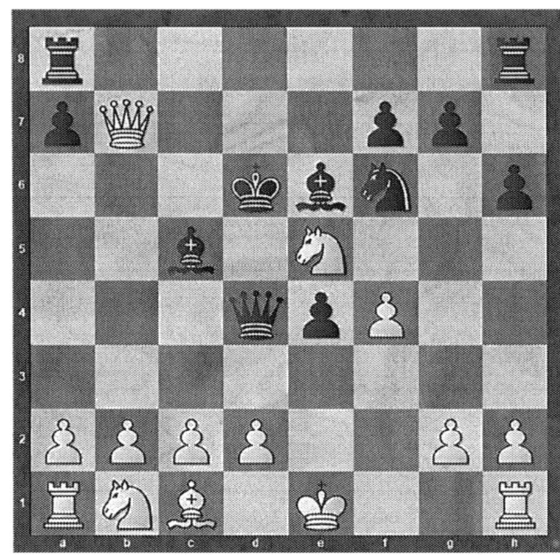

Schwarz zog **16...♕f2+**. Gewiss keine schlechte Idee, aber auch nicht der beste Zug. Noch stärker wäre ⌓16....exf3! mit der Folge 17.♘xf3 ♕f2+ 18.♔d1 ♕xg2+ 19.♕a6+ ♗b6 20.♕f1 ♗h3!–+ gewesen. Das haben Sie natürlich gesehen! Nach **17.♔d1** zog Schwarz dann allerdings **17...♕xf4?** (anstatt mit ⌓17...♗g4+ 18.♘xg4 ♕xg2 19.♕a6+ ♔c7 20.♕f1 ♕xg4+∓ eine Gewinnstellung zu erreichen). Dufresne ließ sich danach nicht mehr lang bitten und beendete das böse Spiel mit **18.♕c6+ ♔xe5 19.d4+!** (natürlich hätte auch 19.♕xc5+ ♘d5 20.d4+!+– gewonnen.) **19...♗xd4 20.♕c7+ 1-0**

Aufgabe 14

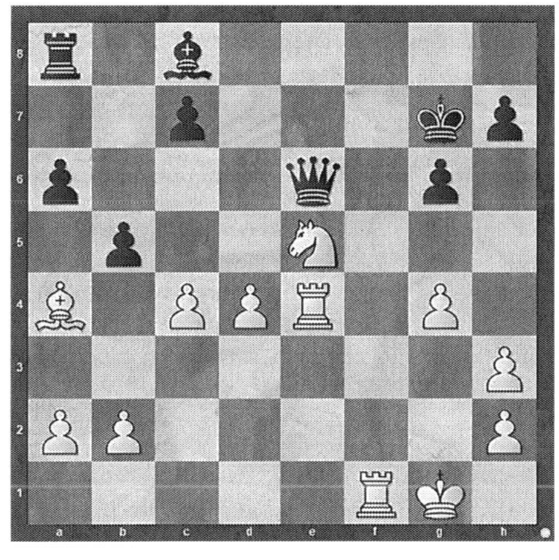

Der Zug 24...♕e6 war ein Fehler. Weiß zog **25.♖f7+** und es folgte **25...♔g8**

Alle anderen Züge sind nicht besser.

a) 25...♕xf7 26.♘xf7 ♔xf7 *(26...bxa4 27.♖e7 ♗e6 28.♘d6+ ♔f6 29.♖xc7+-)* 27.♗b3 bxc4 28.♗xc4+ ♔f6 29.♔f2+-;

b) 25...♔h6 26.g5+! ♔xg5 *(26...♔h5 27.♘f3+-)* 27.♘f3+ ♔h6 28.♖h4#;

c) 25...♔h8 26.♖f8+ ♔g7 27.♖ef4 bxa4 28.♖4f7+ ♔h6 29.h4 ♗b7 30.g5+ ♔h5 31.♖xh7#.

26.♗b3! Jetzt stehen Dame und König auf der Läuferdiagonale. Der Typ mit der Bischofsmützemutiert damit zum Riesen!

Es folgte **26...♗b7 27.♖ef4 ♔h8** (27...bxc4 28.♗xc4 ♗d5 29.♖4f6 ♕xf7 30.♖xf7 ♗xc4 31.♖xc7+-) **28.c5** (⌓28.♖xc7+-) **28...♕e8** (28...♗d5 29.♖xc7 ♗xb3 30.♖ff7 ♗xa2 31.♖xh7+ ♔g8 32.♖cg7+ ♔f8 33.♘xg6++-) **29.♖xc7 ♕b8** (29...♗c8 30.♖ff7+-) **30.♖ff7 1-0**

Aufgabe 15

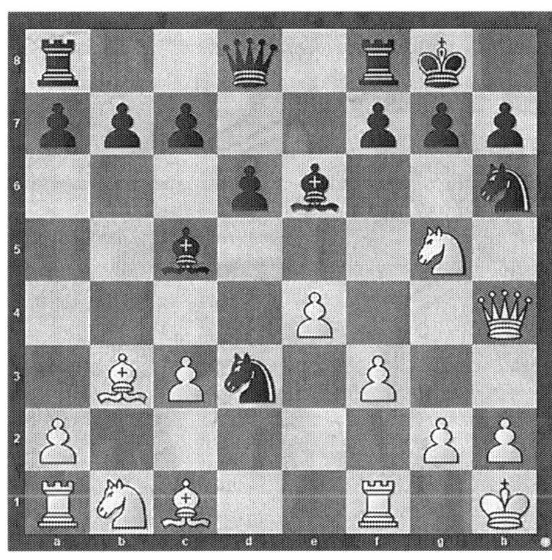

Weiß steht schon deutlich schlechter! Aber nach **14.♗c2?** (relativ besser war ⌓14.♗xe6 fxe6 15.♕h3 ♘xc1 16.♘xe6 ♕c8 17.♘xf8 ♕xh3 18.gxh3 ♖xf8 19.♖xc1 ♖xf3∓) folgte einfach **14...♘xc1 15.♖xc1 ♗e3 0–1**

Aufgabe 16

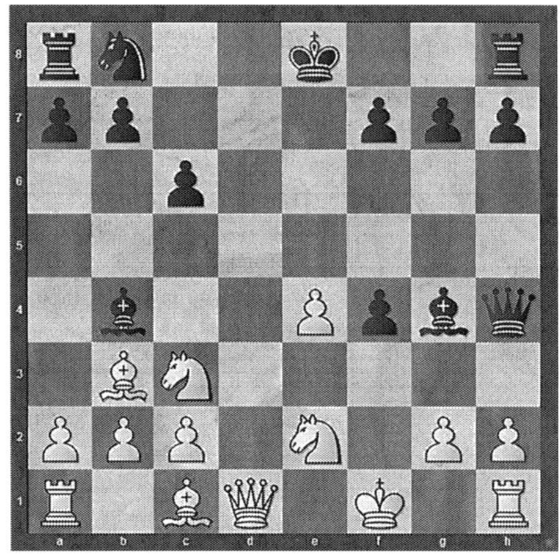

Hier geht es mit **10...f3** weiter und nach **11.gxf3** wird Weiß geschmackvoll mattgesetzt. **11...♗h3+ 12.♔g1 ♗c5+ 13.♘d4 ♗xd4+ 14.♕xd4 ♕e1#**

Aufgabe 17

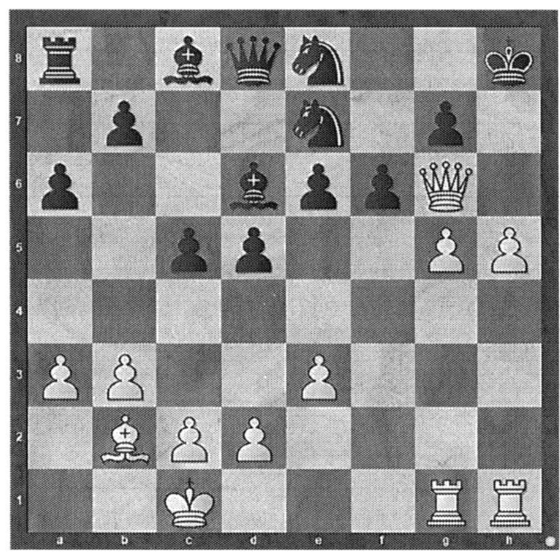

In dieser Stellung fand Zukertort den Ausheber **20.gxf6!** Schön und genial zugleich, finden Sie nicht? Nach **20...♘xg6 21.hxg6+ ♔g8 22.♖h8+ ♔xh8 23.f7!** hält das Matt in seinem Lauf weder Ochs noch Esel auf! **1-0**

Aufgabe 18

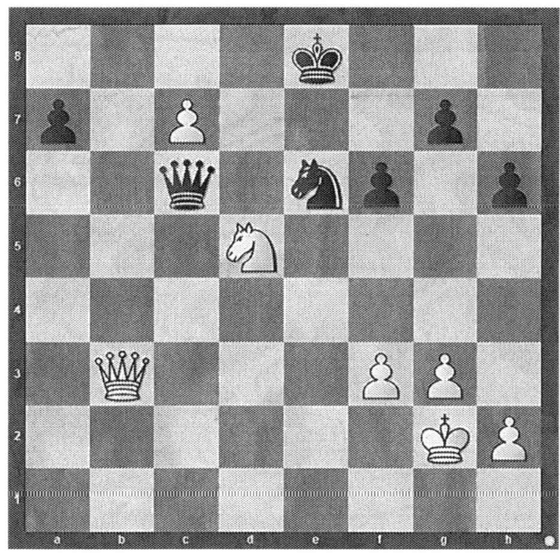

Tatsächlich funktionierte an dieser Stelle **47.♕b5!** Nach dem praktisch erzwungenen **47...♕xb5** folgte **48.c8♕+ ♔f7 49.♕xe6+ ♔xe6 50.♘c7+ ♔e5 51.♘xb5+–** und Zukertort zwang seinen Gegner dann im 68. Zug in die Knie.

Aufgabe 19

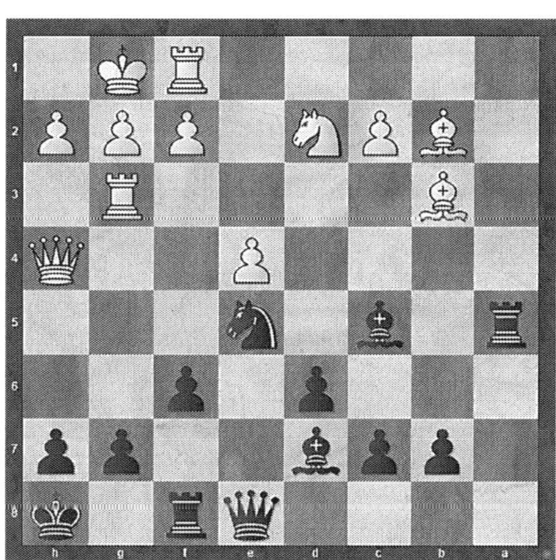

Schottländer spielte **20...♘g6** und Weiß musste bereits mit **21.♖xg6** die Qualität geben, da 21.♕h5 an 21...♗xf2++– gescheitert wäre. Es folgte noch **21...♕xg6 22.♗c3 ♖aa8 23.♔h1 ♖ae8 24.f4 ♕g4 0-1**

Aufgabe 20

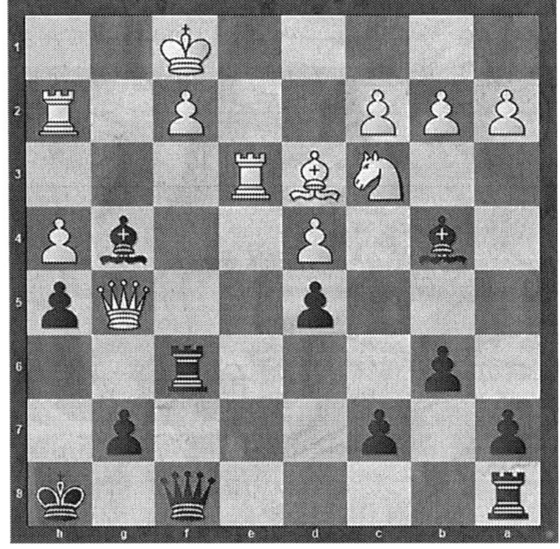

Es war schon schwierig für Weiß eine ordentliche Verteidigung zu organisieren. Schwarz steht deutlich im Vorteil. Schottländer zog **23...♝d6** und Weiß gab auf. Gunsberg muss die Qualität geben und hätte zudem ohne Gegenspielchancen eine klar schlechtere Königsstellung. Reicht!

Aufgabe 21

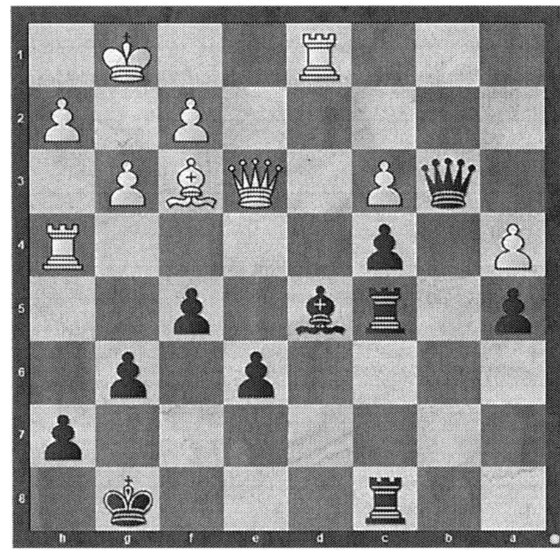

Paulsen war offenbar entgangen, dass sein Königsflügel geschwächt war. Weiß machte jedenfalls sofort Gulasch aus der Stellung und zog **30.♖xd5!** Natürlich, denn der nun freigelegte Punkt e6 ist in der Folge der Dreh und Angelpunkt des Angriffs. Dem König geht es an den Kragen! 30**...exd5** (30...♖xd5 ändert nach 31.♕xe6+± wenig.) **31.♕e6+ ♚h8** (31...♔g7 verlängert das Leiden nur unwesentlich. Dazu beispielhaft zwei hübsche Mattbilder: 32.♕e7+ ♔g8 33.♕xh7+ ♔f8 34.♕xg6 ♕xc3 35.♕xf5+ ♔e8 36.♕e6+ ♔f8 *(36...♔d8 37.♕d6+ ♔e8 38.♗h5#)* 37.♖f4+ ♔g7 38.♕f7+ ♔h6 39.♖h4+ ♔g5 40.♖h5#.) **32.♕e7 ♜5c7 33.♖xh7+ ♚g8 34.♗xd5#**

Aufgabe 22

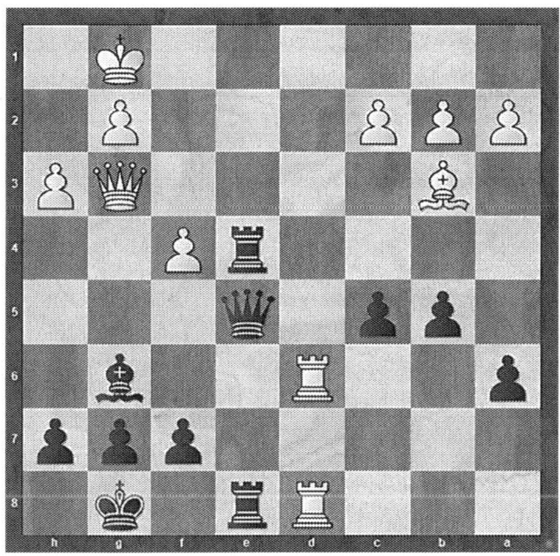

Schwarz steht nicht optimal – so viel steht fest. Richard Teichmann zog jedenfalls **25...♖e1+**. Er hatte dabei vermutlich übersehen, dass er nach dem Textzug **26.♔h2** nicht die natürlichen Verteidigungszüge 26...♕e7 oder 26...♕e3 spielen kann, da sein König mit 27.♖xe8+ ♕xe8 28.♕xe1 ♕xe1 29.♖d8+ ♕e8 30.♖xe8# in den einstweiligen Ruhestand versetzt worden wäre. Deswegen gab er die Partie an dieser Stelle auf! Manchmal lohnt aber ein frischer Blick auf die Lage. Mit 25...♕xb2 wäre die Stellung tatsächlich noch gut spielbar gewesen. Weiß stünde nach 26.♗d5 ♕c1+ 27.♔h2 ♖e1 28.♕f2± „nur" minimal aktiver.

Aufgabe 23

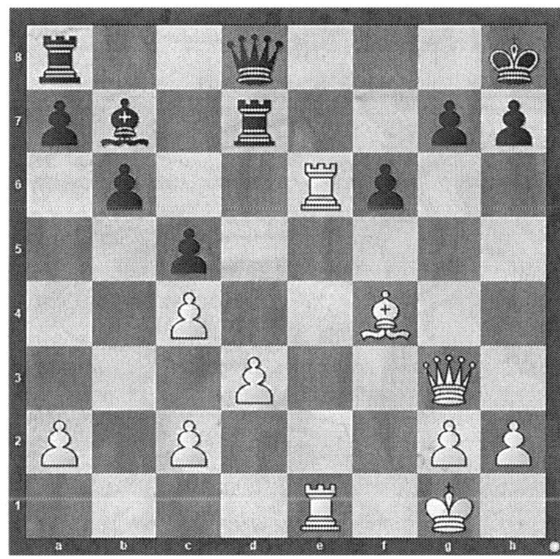

Weiß spielte **22.♗b8!** und Gerad Oskam strich die Segel. Aufgrund der nun entstandenen Grundlinienschwächung gab es tatsächlich keinen sinnvollen Zug mehr für Schwarz!

Aufgabe 24

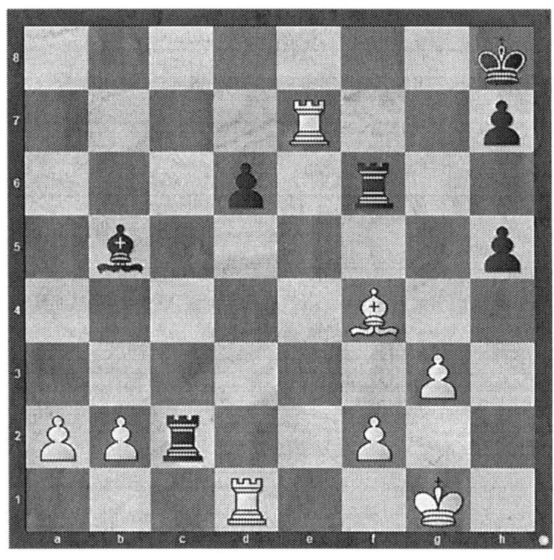

Die schnelle Lösung, die Berthold Lasker präsentierte, bestand in **33.♗e5!** und Weiß gewann in wenigen Zügen. Der Läufer ist tabu, da 33...dxe5 an 34.♖d8++– scheitert. Auch 33....♖cxf2 geht nicht. Weiß spielt einfach 34.♖xd6. Schwarz steht nach 34...♖f1+ 35.♔g2 ♖1f2+ 36.♔h3+– vor einem Scherbenhaufen!

Aufgabe 25

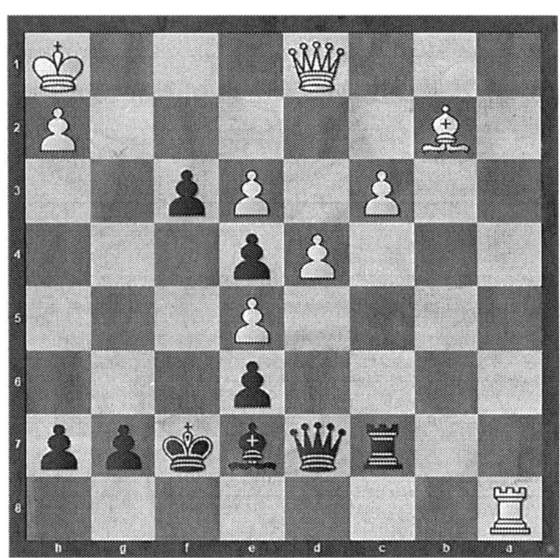

Schwarz stellte mit **32...♕b5** eine Frage, die Weiß mit **33.♖a2** beantwortete. Doch nach **33...♕e2** gab es keine sinnvollen Antworten mehr. Wegen der Folge 34.♕xe2 (34.♕g1 f2+–) 34...fxe2 35.♖a1 ♗h4+– gab sich Weiß geschlagen. 33.♗a1 hätte übrigens nichts geändert.

Aufgabe 26

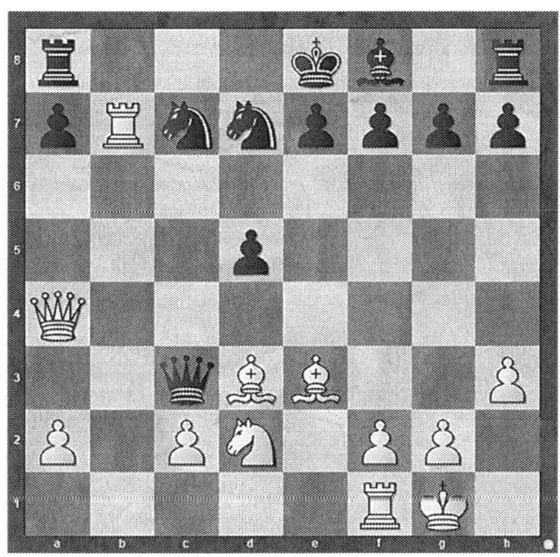

Siegbert Tarrasch spielte den wunderschönen Zug **15.♗d4!,** was zwar die Deckung des Springers aufgab, aber die schwarze Dame von c7 ablenkte. Nach **15...♕xd2 16.♖xc7 ♖d8** folgte dann der Todesstoß durch **17.♕xd7+ ♖xd7 18.♖c8+ ♖d8 19.♗b5#.** Was für eine Kombination!

Aufgabe 27

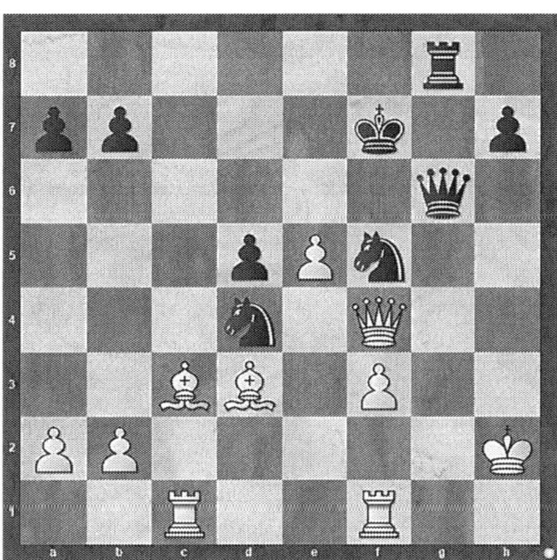

Tarrasch stand gegen seinen Erzrivalen Nimzowitsch unter Druck und zog **31.♕g4=**. Die Partie endete dann nach 71 Zügen im Remis. Mit 31.e6+! ♔xe6 32.♖ce1+ ♔d7 33.♖e7+ ♔xe7 34.♕c7+ ♔f6 *(34...♔f8 35.♗b4+ ♔e8 36.♖e1+ +−)* 35.♗xd4++− hätte er den schwarzen Angriff hingegen erfolgreich abwehren und gewinnen können!

Aufgabe 28

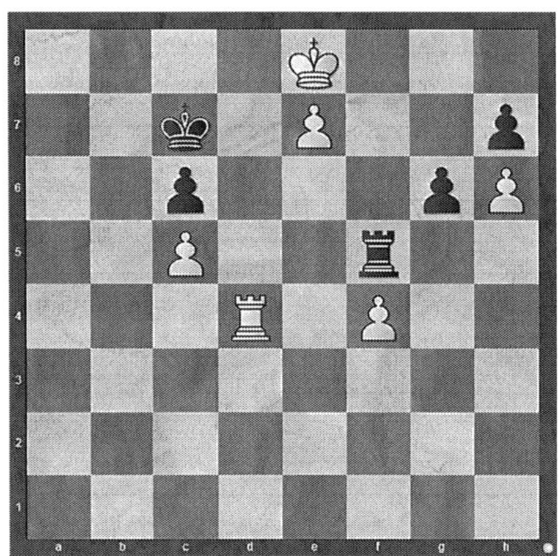

Den eigentlichen Schlüsselzug sieht man nicht sofort. Die Lösung ist dann aber ziemlich logisch. **1.♖d7+ ♔c8** (Auf 1...♔b8 folgt einfach 2.♔d8+−.) **2.♖d6 ♔c7** und jetzt **3.♖xg6!** Ach so!! **3...hxg6** (Nach 3...♖xf4 zieht Weiß 4.♖g7+−.) **4.h7 ♖h5 5.♔f8 ♖xh7 6.e8♕ ♖h8+ 7.♔f7 ♖xe8 8.♔xe8+−.**

Aufgabe 29

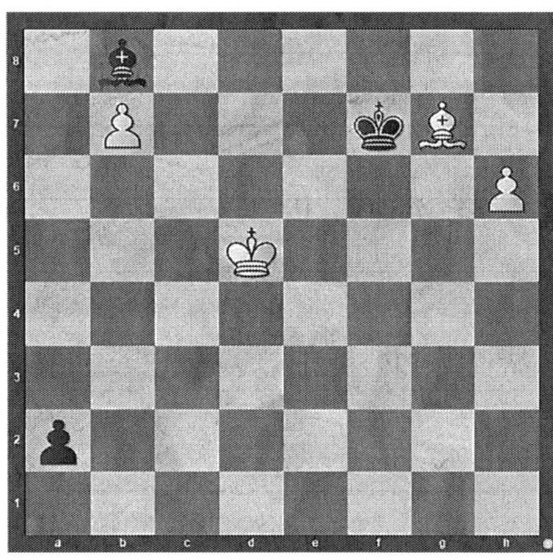

Ein solches Endspiel kann man nur mit äußerster Präzision gewinnen. 1.**♔c4 ♔g6 2.♔b3 a1♕ 3.♗xa1 ♔xh6.** So weit – so gut! Aber wie weiter? **4.♔c4 ♔g6 5.♔d5 ♔f5 6.♗d4 ♗h2 7.♗c5 ♗b8 8.♗d6 ♗a7** Okay, die Figur mit der sakralen Hut lugt aber immer noch auf das Einzugsfeld. Doch das können wir ändern: **9.♔c6 ♔e6 10.♗c7 ♔e7 11.♔b5 ♔d7 12.♔a6+−**.

Aufgabe 30

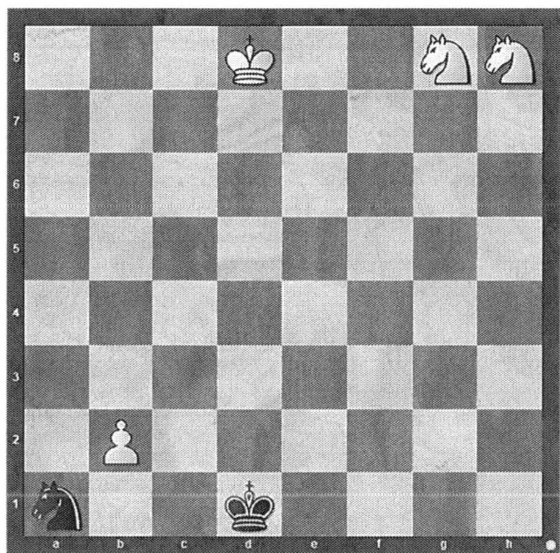

Gut, den Bauern bekommt man recht einfach durch: **1.b4 ♘c2 2.b5 ♘a3 3.b6 ♘c4 4.b7 ♘a5**

Hübsch, aber was nun?

5.b8♘!

Jede andere Umwandlung hat 5...♘c6+ 6.♔c7 ♘xb8 7.♔xb8= zur Folge und mit einem Springerpaar kann man bekanntlich nicht mattsetzen.

Also – Frage an die Experten unter Ihnen:

Kann man mit der nun auf dem Brett befindlichen Konstellation innerhalb der 50-Züge-Regel überhaupt gewinnen?

Sie liegen richtig, falls Sie wie folgt geantwortet haben:

Im Prinzip ja!

Theoretisch muss Weiß eigentlich nur geeignete Springerblockaden aufbauen und irgendwann den gegnerischen Springer abklemmen. Der Rest ist dann Technik!"

Dass das praktisch funktionieren könnte, zeigt folgendes Beispiel:

5...♔d2 6.♘f6 ♔e3 7.♘g6

So sperrt man erfolgversprechend ab!

7...♔d4 8.♔d7 ♔c5 9.♔c7 ♘c4 10.♘bd7+ ♔d4 11.♔c6 ♘a5+ 12.♔b5 ♘c4 13.♘c5 ♘d6+ 14.♔c6 ♘c4 15.♘e6+

Eine große Barrikade.

15...♔d3 16.♔c5 ♘d2 17.♘e5+ ♔e3 18.♔d5 ♘f1 19.♘e4 ♘d2 20.♘4g5 ♘b3 21.♘g4+

Und wieder die kleine Blockade.

21...♔d3 22.♘f4+ ♔c3 23.♘e4+

Die nächste Vollsperrung.

23...♔b4 24.♘e5 ♔b5 25.♘d6+ ♔b6 26.♘ec4+ ♔c7 27.♘e6+ ♔d7 28.♘f5 ♔e8 29.♘e5

Der schwarze Monarch ist am Rand und Weiß hat erst einmal alles unter Kontrolle. Er kann sich jetzt um den schwarzen Ritter kümmern.

29...♘d2 30.♔d4 ♘b3+ 31.♔c3 ♘a5 32.♘c5

Plötzlich ist der Rappe angenagelt. Schwarz gerät in Zugzwang.

32...♔f8 33.♔b4

Hab dich! Der König ist im Endspiel eine starke Figur.

34...♘c6+ 34.♘xc6

Mit drei Springern sollte es nun gehen, zumal man ab jetzt wieder 50 Züge machen darf, ehe es Remis wird!

34...♔f7 35.♘e4 ♔g6 36.♘fd4 ♔h5 37.♘e5 ♔h4 38.♔c4 ♔h5 39.♔d3 ♔h6 40.♔e3 ♔g7 41.♘e6+ ♔h6 42.♔f4 ♔h5 43.♘g7+ ♔h4 44.♘f5+ ♔h3 45.♘f3 ♔g2 46.♘e3+ ♔h3 47.♘f2#

Ob das wohl auch unter Turnierbedingungen gelingt?

Aufgabe 31

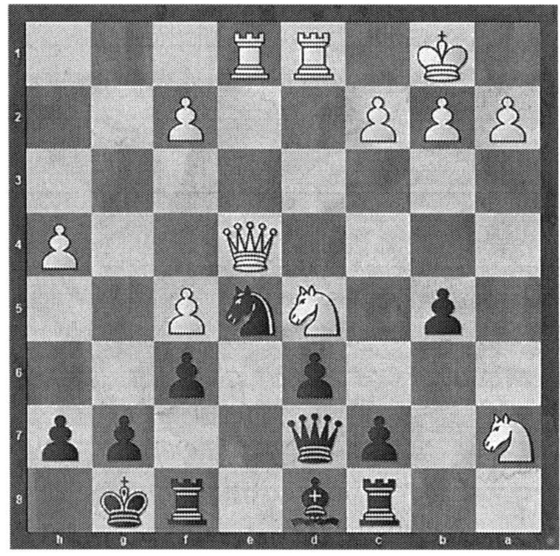

Bleiben wir ehrlich! Schwarz steht bereits wie ein Schluck Wasser in der Kurve. Selbst 22...♖b8 reicht nicht zum Ausgleich. Nach 23.f4 c6 24.♘b4 ♕xa7 25.fxe5 d5 26.♕g2+– möchte man lieber mit Weiß spielen, oder?! Auf **22...♖a8** folgte **23.♘b6 cxb6 24.♕xa8 ♕xf5 25.♕d5+ ♔h8 26.♕xd6** und Vorhang!

Aufgabe 32

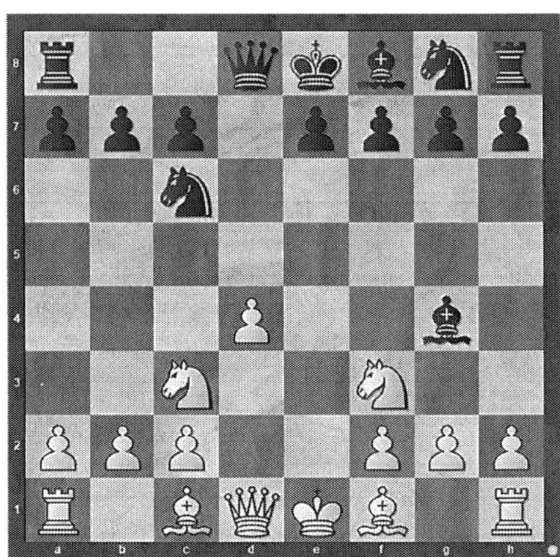

Mieses widerlegte den Läuferausfall recht instruktiv mit **6.d5 ♘e5 7.♘xe5 ♗xd1 8.♗b5+ c6 9.dxc6 ♕c7 10.cxb7+ ♔d8 11.♘xf7#.**

Aufgabe 33

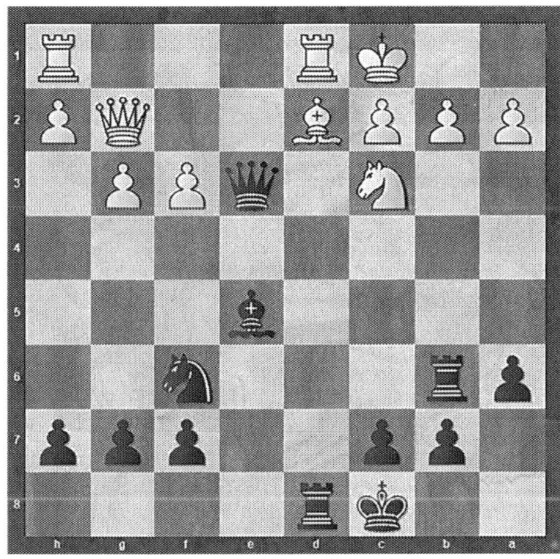

Mieses sah, dass **22...♗xc3!** der Gewinnzug war! Nach **23.♗xe3 ♗xb2+ 24.♔b1 ♗d4+ 25.♔c1 ♗xe3+ 26.♖d2 ♗xd2+ 27.♕xd2 ♖b1+ 28.♔xb1 ♖xd2−+** verblieb Schwarz mit einer Mehrfigur. Weiß gab deswegen auf!

Aufgabe 34

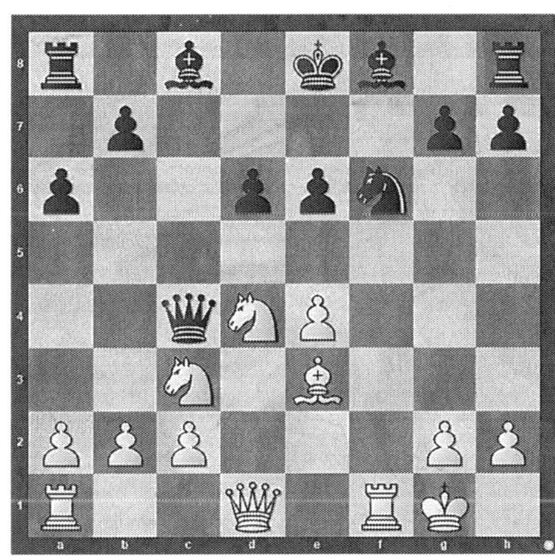

Lasker opferte zunächst die Qualle, um sich Zugang zum schwarzen König zu verschaffen! **13.♖xf6 gxf6 14.♕h5+ ♔d8.** Pirc hatte bereits kaum eine Wahl. Auf 14...♔e7 folgt das starke Springeropfer 15.♘f5+!. Schwarz ist bereits so kompromittiert, dass er nicht mehr mithalten kann. 15...exf5 *(15...♔d8 16.♗b6+; 15...♔d7 16.♕f7+ ♔c6 17.♘d4+ ♔b6 18.♘xe6+ ♔a5 19.♘d4 ♕xf7 20.♘b3+ ♕xb3 21.axb3+ ♔b4 22.♖a4#)* 16.♘d5+ ♔d7 17.♕f7+ ♔c6 *(17...♔d8 18.♗b6++−)* 18.♕c7+ ♔b5 19.a4+ ♕xa4 20.♘c3+ ♔b4 21.♖xa4#). Auf den Textzug folgte **15.♕f7 ♗d7.** Wieder hat Schwarz nur die Wahl der Qual. Auf 15...♗e7 folgt 16.♘f5 ♕c7 17.♘a4 ♖f8 18.♕xh7 exf5 19.♗b6+−. **16.♕xf6+ ♔c7 17.♕xh8 ♗h6 18.♘xe6+! ♕xe6 19.♕xa8 ♗xe3+ 20.♔h1+−.** Hier gab Pirc auf. Der weiße Materialvorteil war einfach zu groß!

Aufgabe 35

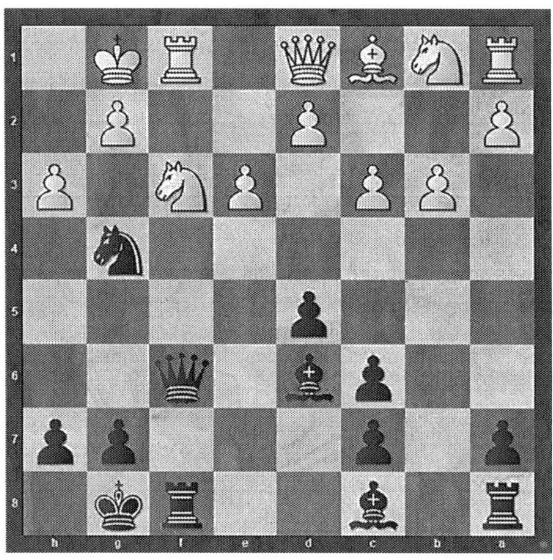

Schwarz gewann problemlos mit **1...♘h2!** Haben Sie bestimmt auch gesehen! Auf **12.♘xh2** geht's mit **12...♗xh2+ 13.♔xh2 ♕xf1–+** weiter!

Aufgabe 36

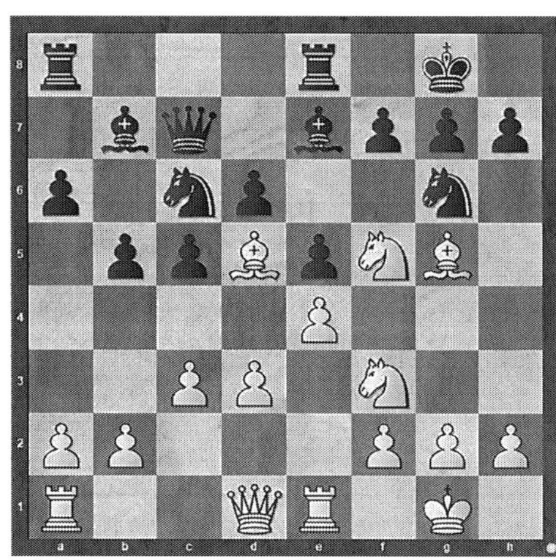

Weiß steht gewiss besser und Teichmann tauschte zudem zunächst auch so ab, dass die weiße Dame einen Zugriff auf den gegnerischen König bekam. **18.♗xe7 ♘gxe7** (<18...♘cxe7 19.♗xb7 ♕xb7 20.♘xd6+–). Dann spielte er mit **19.♗xf7+!** ein durchaus chancenreiches Opfer. **19....♔xf7 20.♘g5+ ♔g8** Letztlich nutzt Teichmann hier einen psychologischen Moment. Wer verteidigt, steht unter erhöhtem Druck und macht schneller Fehler. Vielleicht war 20...♔f6 zäher; zumindest fällt Weiß nicht sofort um, wie die nachfolgende Variante zeigt: 21.♘xh7+ ♔f7 22.♕h5+ g6 23.♘g5+ ♔f6 24.♕h6 ♘xf5 25.exf5 ♘e7 26.♘h7+ ♔f7 27.fxg6+ ♘xg6 28.♘g5+ ♔f6+–. Weiß steht immer noch sehr gut; allerdings muss man das auch erst einmal gewinnen. Jedenfalls spielte Weiß die nun folgenden Textzüge mit seinem Dream-Team – bestehend aus Dame, Springer und Turm – sauber herunter: **21.♕h5 ♘xf5 22.♕xh7+ ♔f8 23.♕xf5+ ♔g8** (23...♔e7 24.♕e6+ ♔d8 25.♘f7+ +–) **24.♕g6 ♕d7 25.♖e3 1–0**

Aufgabe 37

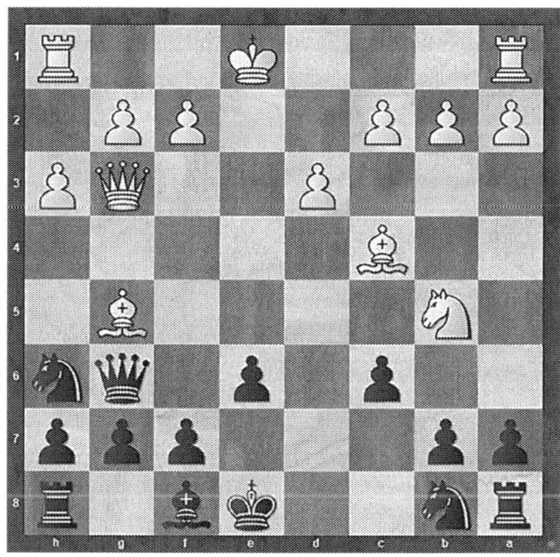

Aufgabe 38

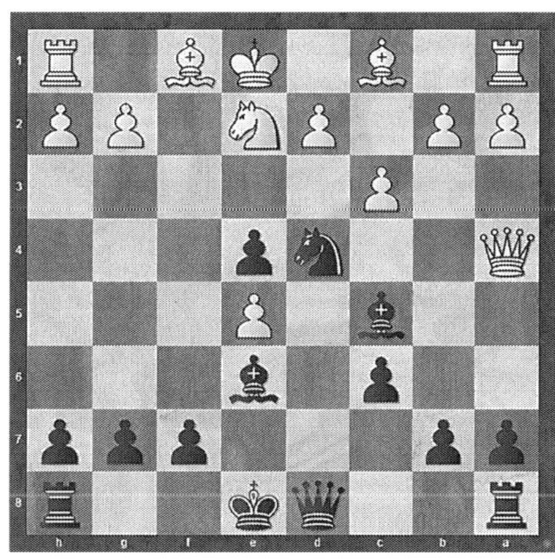

Schwarz konnte nicht widerstehen und nahm den aufdringlichen Gaul mit **11...cxb5** vom Brett. Doch nach **12.♕xb8+! ♖xb8 13.♗xb5#** musste er feststellen, dass er sich damit selbst in die Luft gesprengt hatte. 11...♘f5 hätte Weiß stattdessen erhebliche Probleme bereitet. Ein mögliches Abspiel lautet: 12.♕c7 ♕xg5 13.♕c8+ ♕d8 14.♕xb7 ♘d6 15.♘xd6+ ♗xd6 16.♕xa8 ♕c7–+ und Schwarz steht gut! Statt dem Zug **11.♘b5?,** der fast so aussieht, als sei er für die Galerie gespielt worden, hätte Teichmann einfach 11.h4 ziehen sollen. Danach droht der Einstieg der weißen Dame auf c7. Schwarz hätte sich dagegen vermutlich nicht mehr sinnvoll verteidigen können.

Schwarz zerlegte die weiße Stellung mit **11...b5.** Jetzt ging 12.♕a6? wegen 12...♗c8–+ nicht. Deswegen spielte Englund **12.♕d1**, um allerdings nach **12...♕h4+** zu Recht aufzugeben. So folgt nach 13.g3 ♘f3#. Nach 13.♘g3 tötet ♗g4–+.

Aufgabe 39

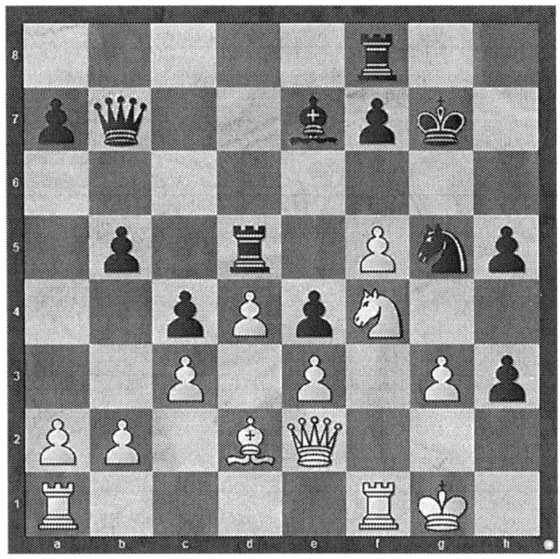

Erich Cohn zerstörte mit einem gezielten Nadelstich den kompletten schwarzen Aufbau. **29.f6+!** Nach **29...♗xf6 30.♘xh5+ ♔g6 31.♘xf6 ♘f3+ 32.♖xf3 exf3 33.♕xf3 ♖d7 34.e4** war Schwarz nicht nur materiell im Nachteil, sondern zappelte zudem in einem Mattnetz. Als Beispiel mag die Variante 34.♖dd8 35.♕f5+ ♔g7 36.♕g5+ ♔h8 37.♕h6# stehen.

Aufgabe 40

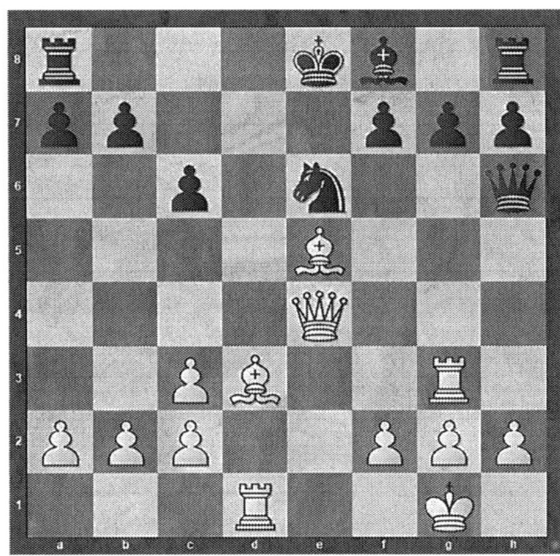

Es ist leider nicht überliefert, ob Fritz Englund ein heiterer Mensch war. Zumindest schien er über einen gehörigen Galgenhumor verfügt zu haben. Gegen Edward Lasker stand er bereits deutlich schlechter und zog vielleicht deshalb in der Stellung **19...0-0-0.** Ein Verlustzug mit gewissem Stil. Weiß machte jedenfalls mit **20.♕xc6+! bxc6 21.♗a6#** den Sack zu!

Aufgabe 41

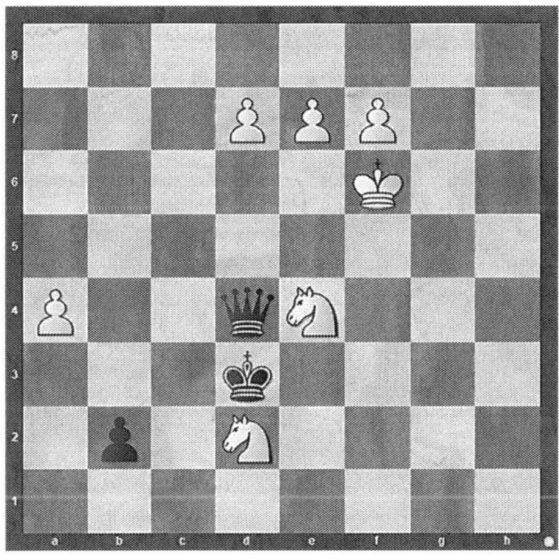

Lange Partien gehen auf die Knochen. Man verliert leicht die Konzentration. Janowski spielte in der Stellung **69.♔e6?**. Danach konnte Schwarz tatsächlich noch das Remis erzwingen. 69.♔g6! ♕xd7 70.f8♕ ♕g4+ 71.♔f6+− hätte hingegen sofort gewonnen. Jetzt war allerdings **69...b1♕** stark, da Weiß zu **70.♘xb1** gezwungen war, wenn er dem Dauerschach entgehen wollte. Doch plötzlich war Schwarz wieder im Spiel und begann mit **70...♕xe4+** den weißen König zu belästigen. Es folgte noch **71.♔f6 ♕h4+=** mit Remisschluss. Tatsächlich musste auch Janowski einsehen, dass es kein Weiterkommen mehr gab. Auch 72.♔g7 ♕g5+ 73.♔f8 ♕h6+ 74.♔e8 ♕h8+ 75.f8♕ ♕h5+ 76.♔d8 hilft nicht weiter, da jetzt mit 76...♕a5+ die Schachs von der anderen Seite kommen. Die weißen Bauern stehen quasi Spalier und sperren alle möglichen Ausbruchsfelder ab.

Aufgabe 42

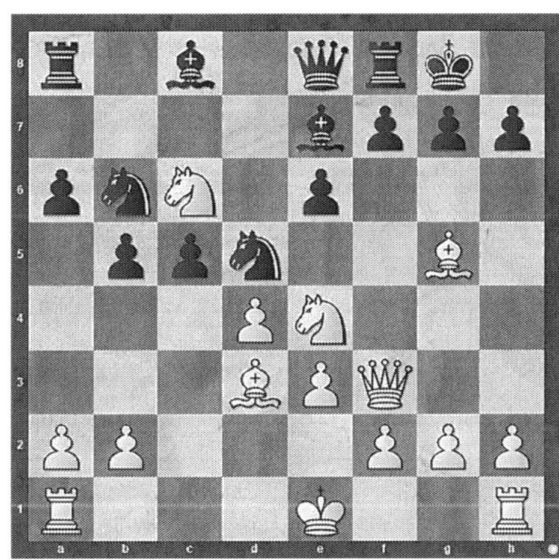

Edward ließ es natürlich auf dem Königsflügel krachen! **14.♘xe7+ ♘xe7 15.♘f6+ gxf6 16.♗xh7+ ♔xh7 17.♕h5+ ♔g8** (17...♔g7 18.♕h6+ ♔g8 19.♗xf6+−) **18.♗xf6 ♘g6 19.♕h6 1−0**

Aufgabe 43

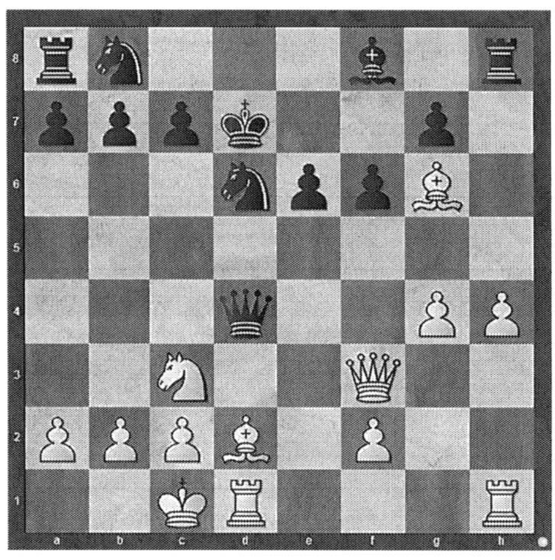

Weiß musste nicht allzu viel tun, um Schwarz den Garaus zu machen. Zunächst wurde mit **15.♗e3** die Dame befragt. Jetzt war b7 in Gefahr. Also zog Schwarz **15...♕b4.** Doch Weiß stichelte weiter. Er spielte **16.a3** und nach **16...♕c4 17.♕xb7 ♕c6 18.♗e4** blieb nur die schwarze Aufgabe.

Aufgabe 44

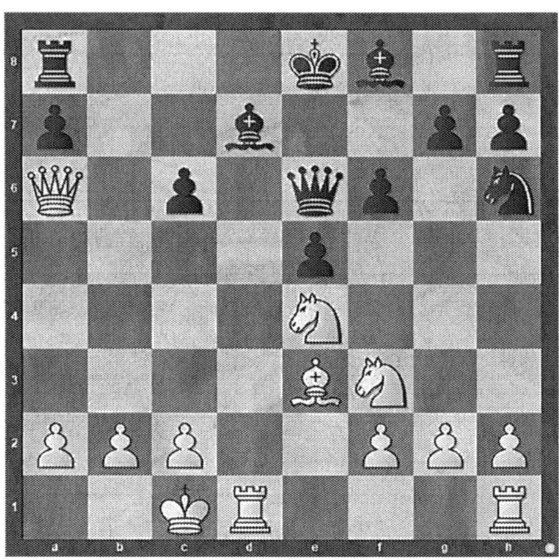

13...♘h6? war in jedem Falle ein äußert merkwürdiger Zug! Nach dem Präsent folgte **14.♗xh6 gxh6 15.♖xd7!.** Schwarz gab auf, da er nur noch zwischen Pest (15....♔xd7 16.♕b7++−) oder Cholera (15...♕xd7 16.♘xf6++−) wählen konnte.

Aufgabe 45

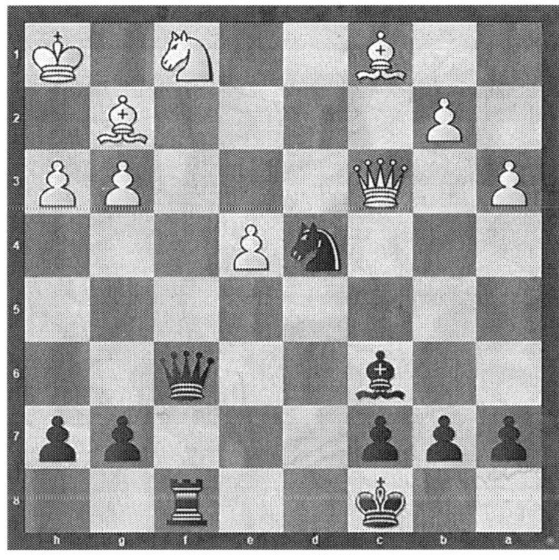

Statt mit 29...♗xe4! 30.♗f4 ♕c6 31.♕xc6 ♗xc6 32.♗xc6 ♘xc6–+ seine klare Gewinnstellung auszukosten, jagte Sammi einem Gespenst nach und zog **29...♕xf1+?**. Er hatte schlichtweg vergessen, dass bereits einer seiner Türme, mit denen er jetzt mattsetzen wollte, vom Brett verschwunden war, und gab nach **30.♗xf1 ♖xf1+ 31.♔g2** auf.

Aufgabe 46

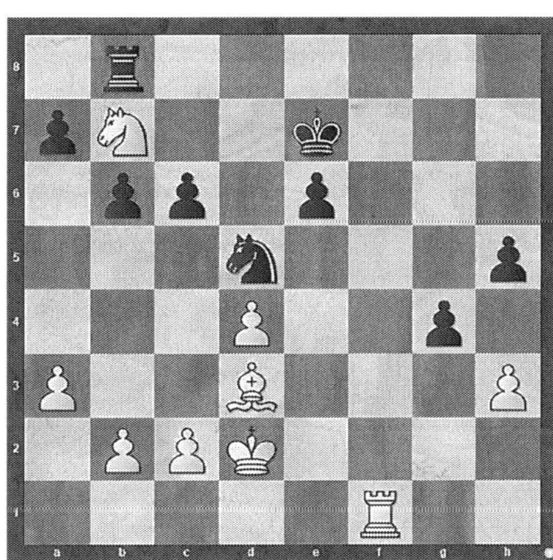

Weiß fand **27.♗g6!**. Jetzt scheitert 27...♖xb7? an 28.♖f7++–. Darauf zog sein Gegner **27....♘f6** und dachte vielleicht, dass er den weißen Springer gleich erobern würde. Allerdings hätte er besser 27...♔d7± versucht. Nach **28.hxg4 hxg4 29.♘d6** wurde jedoch offenbar, dass der weiße Springer gewiss nicht ohne Gegenwehr vom Brett verschwinden würde. Wie heißt es doch so treffend: *„...Wenn Du denkst, Du hast'n, springt er aus dem Kasten..."* Aber so ist das halt mit Hirngespinsten! Es folgte **29...♖d8** (△29...♖g8 30.♗d3 ♔xd6 31.♖xf6 g3 32.♖f1 g2 33.♖g1 e5 34.dxe5+ ♔xe5 35.♔e3+–) **30.♘e4 ♘xe4+ 31.♗xe4 c5 32.♖g1 ♖xd4+ 33.♔e3+–** und nach ein paar weiteren Zügen konnte Sammi den Gewinnpunkt einstreichen!

Aufgabe 47

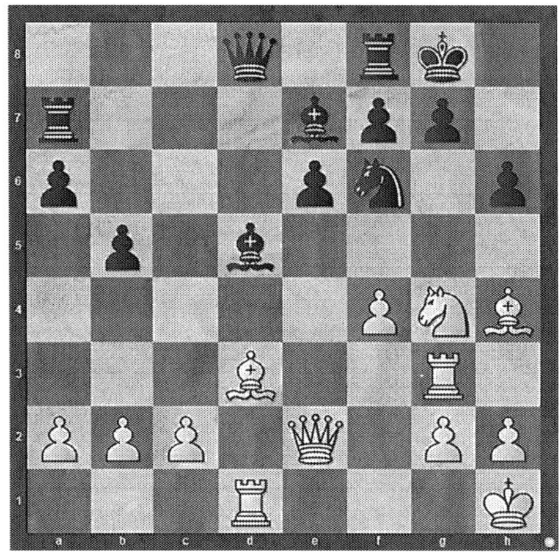

Hier ging es gleich zur Sache. **23.♘xh6+ ♔h8 24.♗xf6 ♗xf6 25.♕h5 g6** (25...♖e8 26.♘f5+ ♔g8 27.♖h3+−) **26.♘xf7++** und Schwarz wird matt!

Aufgabe 48

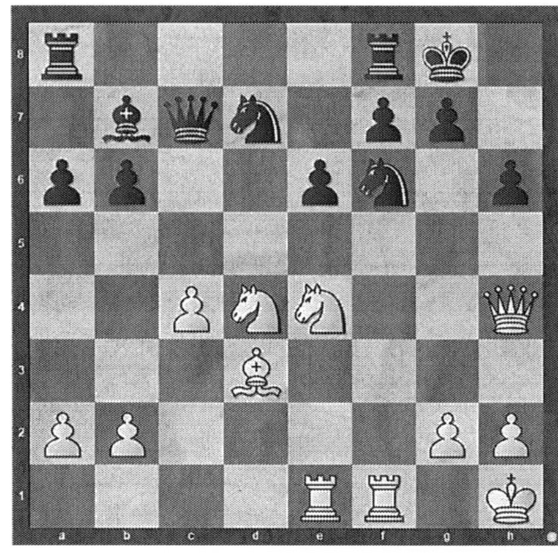

Der Punkt für Irland wurde nach **18.♘xf6+ ♘xf6 19.♖xf6 gxf6 20.♕xh6 ♖fd8 21.♗h7+ ♔h8 22.♕xf6+ ♔xh7 23.♖e3 ♔g8 24.♖h3** gutgeschrieben. Scheinbar keine allzu schwierige Aufgabe.

Dabei hatte Weiß richtigen Dusel!

Was wäre eigentlich gewesen, wenn Lee nicht 23...♔g8 sondern 23...♗xg2+ gezogen hätte?

Nun, zunächst scheitert 24.♔xg2 an 24...♖g8+−+. Auch 24.♔g1 ♖xd4 25.♕xd4 ♕c5=/+ reicht nicht! Höchst ärgerlich, oder?

Das eigentliche Problem war übrigens 22.♕xf6+. Stattdessen war 22.♗g6+ ♔g8 23.♕h7+ ♔f8 24.♖xe6+− nötig.

Wie sagte es Dr. Emanuel Lasker doch so schön:

„...Wenn du einen guten Zug siehst, suche nach einem besseren..."

Dem ist eigentlich nichts hinzuzufügen.

Aufgabe 49

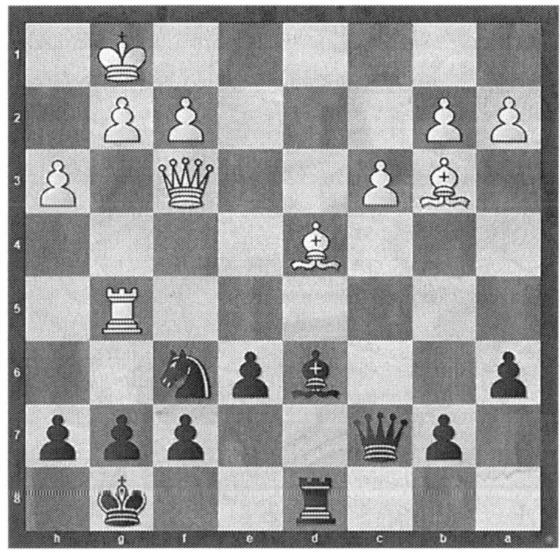

Schwarz hätte hier 25...♘e8± ziehen sollen und stünde dann noch recht passabel. Der tatsächlich gespielte Zug **25...♝h2+** war hingegen ein Fehler. Nach **26.♔h1** stellen sich zahlreiche Fragen, die nicht alle zu beantworten sind. So hängt beispielsweise der schwarze Springer. Auf 26...♘e8 ist jetzt aber 27.♖c5 möglich. Nach 27...♕f4 *(27...♕b8 28.g3+−)* 28.♕xb7+− fliegt Schwarz allerdings ziemlich schnell auseinander. Deswegen versuchte Fairbain Cöpping noch **26...♖xd4;** aber nach **27.♕xf6 ♝e5 28.♕xe5+−** war die Messe dann gelesen.

Aufgabe 50

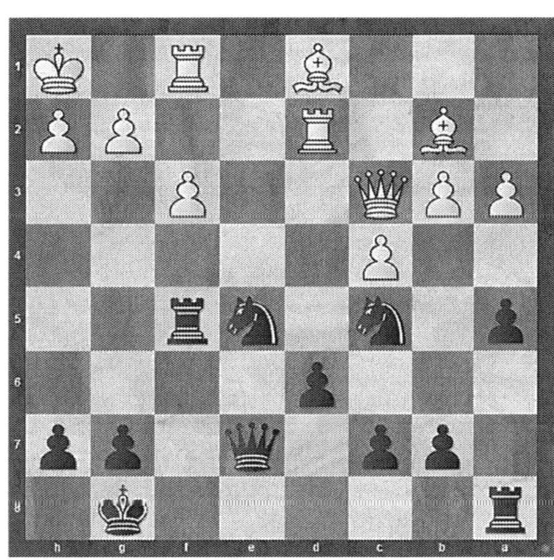

Pilnik ließ seine Springer tanzen und entkorkte **22...♞e4**. Jetzt scheitert 23.fxe4 natürlich an ♖xf1#. Gleichwohl hatte Holtey noch die Parade **23.♕c2**. Doch jetzt machte sich der andere Rappe auf den Weg. **23...♞g4**. Die taktische Rechtfertigung bestand wiederum in dem nach wie vor nicht gedeckten ♖f1. Schwarz zog nun **24.♖d4** und wurde zusammengeschoben. 24.♖e2 bot vielleicht noch etwas Widerstand. Allerdings muss man einräumen, dass Schwarz nach 24...♕h4 25.h3 ♘g3+ 26.♔g1 ♘xe2+ 27.♕xe2 ♘e5−+ sehr gut steht. Nach **24...♞g3+** gab Schwarz auf. Gegen 25.♔g1 ♕e3++− ist kein Kraut gewachsen.

Aufgabe 51

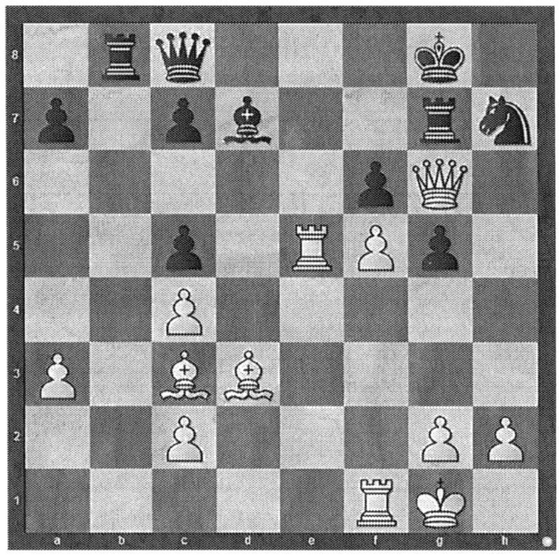

Weiß opferte die Dame! **24.♖e7!** und Vera Menchik, die *Grande Dame* ihrer Zeit, hatte keine Wahl. Sie musste das Danaergeschenk annehmen. **24...♖xg6.** 24...♕f8 war keine Alternative. 25.♖xd7 ♖xg6 26.fxg6 ♖b6 27.gxh7+ ♔h8 28.♖xf6 ♖xf6 29.♖xc7 a6 30.♗f5 ♕h6 31.♗xf6+ ♕xf6 32.♖c8+ ♔g7 33.h8♕+ ♔f7 34.♕f8#. **25.fxg6 ♘f8** (25...♔f8 ist nach 26.♖f7+ ♔g8 27.♖xh7 ♕f8+– ebenfalls völlig aussichtslos.) **26.♗xf6 ♘e6 27.♖h7 1–0**

Aufgabe 52

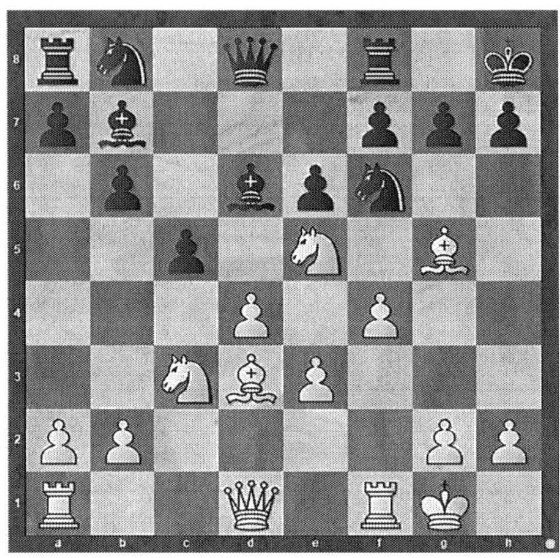

Budowski spielte **12.♘e4!**. Schwarz hätte jetzt noch 12...♗e7 13.♘xf6 ♗xf6 14.♕h5 g6 15.♗xg6 fxg6 16.♘xg6+ ♔g8 17.♘xf8 ♕xf8 18.f5+– versuchen können. **12...♗c7** verlor hingegen auf der Stelle. **13.♘xf6 gxf6 14.♕h5 1–0.** Das will man mit Schwarz nicht weiterspielen.

Aufgabe 53

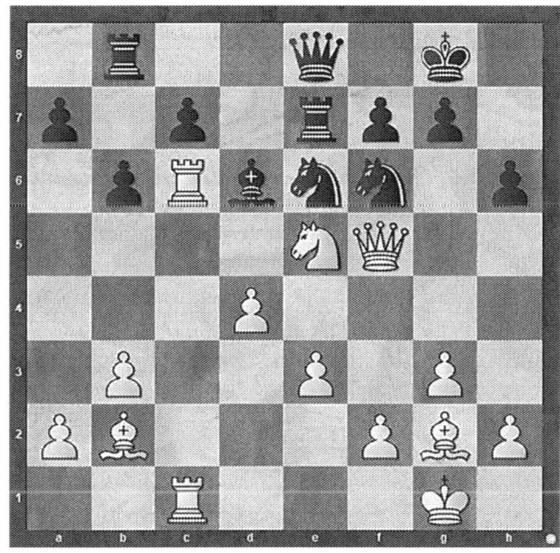

Weiß wickelte wie folgt ab. **21.Txd6 cxd6 22.Sc6 Tc7 23.Sxb8** (Blechtrottel empfehlen 23.d5+−.) **23...Txc1+ 24.Lxc1 Dxb8 25.Ld5** (Hier kann man auch über 25.Lb2 Dd8 26.d5 Sf8 27.Lxf6 gxf6+− nachdenken.) **25...Sxd5 26.Dxd5 Dc8 27.La3** und Schwarz gab auf!

Aufgabe 54

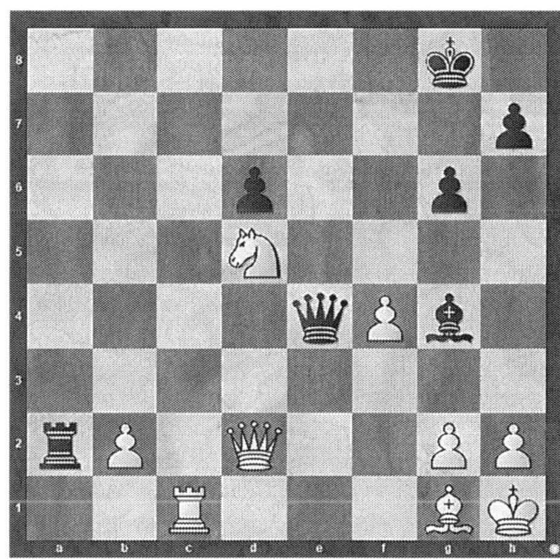

30.Te1 macht die Kräfteverhältnisse überdeutlich. Schwarz hat nur noch schlechte Züge. Es folgte noch **30...Da4 31.Sc3 Lxc3 32.Dxc3+ Kg8 33.Te7** und aus die Maus!

Aufgabe 55

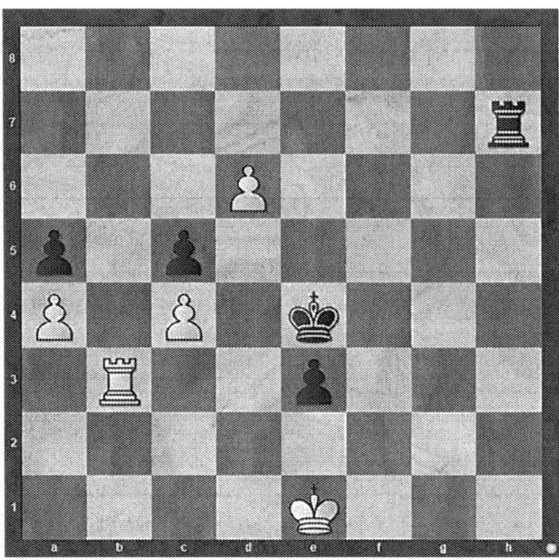

Nach **72.♔e2? ♖h2+ 73.♔e1 ♔f3 74.♔d1 ♖d2+ 75.♔e1 ♖xd6–+** musste Weiß aufgeben! Nach 72.♖b8! wäre ein Remis bei genauem Spiel sehr wahrscheinlich gewesen, auch wenn Turmendspiele so ihre Tücken haben. So ist selbst ♔d3 73.♖b3+ ♔xc4 74.♖xe3 ♖d7 75.♖e4+ ♔b3 76.♖e5 c4 77.♖d5 c3 78.♔d1 ♖h7 79.♖b5+ ♔xa4 80.♖b6 ♖h2 81.♔c1 ♖d2 82.d7 ♖xd7 83.♔c2 ♖c7 84.♖b8= nicht zu gewinnen. Wer mag, kann sich hier aber in viele Varianten eingraben.

Trotz der Niederlage unseres Protagonisten gewann Venezuela den direkten Vergleich mit 2,5 : 1,5

Ich hoffe, die kleine Auswahl hat Ihnen gefallen!

Kommentierungssymbole

Die Kommentierung von Schachpartien erfolgt oft in einer international verständlichen Symbolsprache.

Symbol	Bedeutung
!	Starker Zug
!!	Sehr starker Zug
!?	Interessanter Zug
?!	Zweifelhafter Zug
?	Ein Fehler
??	Ein grober Fehler
♔	König,
♕	Dame
♘	Springer
♗	Läufer
♖	Turm
♙	Bauer
→	Angriff
↑	Initiative
⇄	Gegenspiel
Δ	Idee
○	Raumvorteil
⊕	Zeitnot
⟳	Entwicklungsvorteil
⇔	Linie
⇗	Diagonale
⊙	Zugzwang
⊞	Centrum
×	Schwacher Punkt
□	Einziger Zug
∟	Einschließlich
┘	Ausschließlich
«	Damenflügel
»	Königsflügel
v	Endspiel
p	Läuferpaar
▞	Ungleiche Läufer
■	Gleiche Läufer
$\overline{\overline{\infty}}$	Mit Kompensation
+−	Weiß steht auf Gewinn.
±	Weiß steht besser
⩲	Weiß steht etwas besser
=	Ausgeglichene Stellung
∞	Unklar
⩱	Schwarz steht etwas besser
∓	Schwarz steht besser
−+	Schwarz steht auf Gewinn.
⌓	Besser ist
½	Remis
♁	Freibauer